刘邦的帝王路

一把手不是一般人

罗杰 著

鉴书客
陕西出版集团
陕西人民出版社

图书在版编目（CIP）数据

刘邦的帝王路 / 罗杰著；-- 西安：陕西人民出版社，2012
ISBN 978-7-224-10295-6

Ⅰ.①刘… Ⅱ.①罗… Ⅲ.①汉高祖(前256～前195)–传记 Ⅳ.①K827=341

中国版本图书馆 CIP 数据核字（2012）第 184528 号

刘邦的帝王路

作　　者 罗　杰
出版发行 陕西出版集团　陕西人民出版社
（西安北大街 147 号　邮编：710003）
印　　刷 西安正华印刷科技有限公司
开　　本 170mm×240mm　16 开　15.75 印张
字　　数 265 千字
版　　次 2013 年 1 月第 1 版　2013 年 1 月第 1 次印刷
书　　号 ISBN 978-7-224-10295-6
定　　价 32.80 元

目录

第四章

第五章

第六章

第七章

第八章

第九章

第十章

第十一章

第一章

刘邦的帝王路 LIUBANGDEDIWANGLU

NO.1 动物凶猛

吕雉很早就进入了刘邦的生活，早到公元前214年。

比这一年更早的时候，刘邦无所事事，终日闲荡于沛县街市，优哉游哉，漫不经心，把周遭一切都看在眼里，又都没放在眼里。

街市逢集，来了不少挑担背筐的外乡人，遭遇亲友，连声招呼寒暄，笑烂了一张脸。拉拉扯扯去往狗肉摊，称上二斤狗肉，用荷叶包了，一同进到酒铺中，买些散酒，把狗肉铺在桌上，纷纷落座，吱溜一口酒，吧嗒一口肉，边吃边侃，慢腾腾地，直到散了集才分手。

狗肉混杂老酒的醇香，飘进刘邦鼻腔，挥之不去。

与他同行者，还有二人——发小卢绾、好友周勃。

前日，周勃给人当出殡鼓手，得了些碎银，刚够买壶酒。有酒无菜，好比聋子看戏，净瞧眼前热闹，品不出更多滋味。

刘邦说："无妨，有酒便好，狗肉算我的。"

其实他兜里并无一文钱，只将卢、周二人带往樊哙的狗肉摊。

首次在樊哙那里赊账，刘邦心里还打鼓。赊得多了，习以为常，便不再有心理负担。

赊账，无疑是一项磨炼心理素质的经济活动。

樊屠夫也豪爽，从不记账，哪笔账清了，哪笔账没还，心头没数。

一路行来，刘邦眼前已浮出樊哙屠狗的情景——一条狗夹在他两腿之间，动弹不得，他提刀便剜，只消几刀，便如剥花生壳般利索，将狗皮剥落下来拎在手上。裸狗眼眶盈满惶恐热泪，战栗哀号，继而呜咽几声，倒地而亡。

每看到此处，刘邦都忍不住击掌喝个彩。

今日，又能观赏樊哙的劲爆表演了。

三人加快脚步，到了地方，一看，空无一人——樊哙没出摊儿。

"咋办？"周勃问。

“喝寡酒也可。”卢绾道。

“不。”刘邦一挥手，“换地儿。”

三人又辗转前往刘邦大哥家蹭饭，倒霉透顶的一天，就这样开始了。

刘邦的大哥刘伯，是个本分人、规矩人。其人生轨迹，乃千人一面之钟点人生：按点长大，按点干活，按点娶亲，按点产子，循规蹈矩，传宗接代，周而复始，宛如当了一辈子钟点工。

刘伯明白到什么年龄该干什么，却从没想过自己爱干什么。

刘邦明白自己爱干什么，却从没想过到什么年龄该干什么。

刘伯很满意自己的小日子，锅里有饭菜，床上有女人。

平常人，你还想要什么呢？

他想，刘邦理应羡慕他，理应像他一样，踏实一些，勤劳一些。

刘邦心领神会，极勤劳地来蹭饭，回回都吃得很踏实。

今日，偕友人前来，刘伯出外干活，单剩大嫂独自在家。

见到刘邦，大嫂只用鼻子发声：“哼！”

“啥意思？”周勃问。

“打招呼。”刘邦答。

卢绾深知底细，只顾偷笑。

说话间，饭点儿已到，却不见大嫂生火造饭。

刘邦进厨房踅摸，只见清锅冷灶，转而问：“吃什么？”

“吃屁！”大嫂摔盆砸碗敲锅铲。

“也行。”刘邦踌躇半秒，又问，“可否给碗凉水冲服？”

大嫂用足以击落苍蝇的目光盯他一眼，眼中的内容是给他的评价：混吃等死。

外屋，卢绾和周勃已经笑抽了。

“走！”刘邦掩饰难堪，尽量潇洒地一挥手。

凉水都混不到一碗，刘邦无语，喝了几口周勃的酒，心中发闷，身子打晃，晃晃悠悠回到家。父亲见他这副尊容，止不住感叹：“浪荡啊浪荡。”

继而絮叨：“小时候叫你念书，你光捣蛋；长大了，有手有脚却不干活，混至今日，你脚下的地在走，你身边的水在流，你是一无所有。”

往常，絮叨到此为止。今日奇了，刘太公越说越来劲：“似你这般不成器，往后只怕连婆娘都讨不到，去给人家做赘婿算了。”

此言犹如尖刀，在刘邦心上划了一道。

秦时，赘婿等同贱民。始皇修长城，征发的对象便包括贱民、罪犯和赘婿。

刘邦再无所谓，父亲这句骂词也不免让他怒火中烧。

他愤然出了家门，并不知往哪儿去。漫无目的地走街串巷，迎面撞上一帮人，为首是一壮汉，名唤雍齿，乃沛县名流。全称：沛县著名流氓。打瞎子、骂聋子、酗酒滋事，无恶不为。

刘邦曾与此人有些过节，今日狭路相逢，雍齿岂能放过。

刘邦环顾左右，此时想跑，已无退路。一帮小流氓早将他围堵，这打是挨定了。

刘邦准备捂脸，无论受多大伤，面子要保住。

一场狂殴即将来临，王陵钻了出来。此人与刘邦有些交情，在雍齿跟前也说得上话。

刘邦一直称他为大哥。今日，这大哥上帝般降临，救他于危难。

雍齿却不依不饶，一腔到手猎物被人夺走的悲愤。

王陵深知黑道含义。所谓黑道，就是为面子而活的一条道。吃了对方的亏，必然要喊一句：这事儿若传出去，我以后还怎么混！

若要雍齿这般轻易放过刘邦，以后他还怎么混？

王陵有心让刘邦摆桌酒席，大家一醉化积怨。

主意虽好，刘邦犯难，他身无分文，如何摆席？

王陵一眼瞧出刘邦的窘迫，却不点破，只若无其事道：“二位给我一分薄面，同饮几盏，如何？”

酒桌之上，男人通常比平时豪爽、通达，大话、义气话喷涌而出。刘邦只觉自己在演戏，他向雍齿敬的酒，分明是赔罪酒。敬得憋屈，喝得窝心。冷酒下了肚，混合着窝心的火，憋屈的酸，硬生生如长矛顶在胃里，难受得想吐，却吐不出来。

这一日，本该快活的。哪知赊肉未遂，转而蹭饭却遭受冷脸，回家又被阿父责骂，愤然出走，竟遇仇家。

回想起来，这般倒霉的日子，只是无数个倒霉日子的缩影。所谓人生不如意，十之八九。殊不知好运与厄运，相生相克，此消彼长。如老子言：祸兮福所倚，福兮祸所伏。在这倒霉透顶的一天行将过去之时，否极泰来了。

刘邦走出酒馆，别了王陵、雍齿等人，臊眉搭眼地行于街市。忽而有人从背后拍肩："嘿，你好难找！"

转过头看，一中年男子立于面前，面矜持有儒者风。

"萧何兄。"

"县衙招吏，特意告知。"萧何抱怨道，"四处寻不见你，你倒逍遥，在此喝大酒。"

刘邦尴尬讪笑。君只见我孟浪喝酒，却不知那酒几乎烧烂我的自尊。

这倒霉的一日，因了萧何传达的消息，别开洞天，柳暗花明。

夜深人静，刘邦双手枕于脑后，仰躺思索：秋来冬去，自己在这世上，已苟活三十五载，究竟想要什么？一个濒临中年的男人，如何才能活出些气魄来？

他想到自己的偶像信陵君。此君乃魏昭王之子，堂下门客三千，汇聚三教九流。其壮观景象可想而知，以至于当时各诸侯国内，只知魏国有个信陵君，不知有个魏安釐王。

信陵君威望浩荡，使各诸侯国十余年不敢向魏国用兵。

刘邦何尝不想成为这等酷男。无奈家境贫瘠，与信陵君那样的富二代完全不在一个起跑点上。

再一想，纵然富贵又怎样？沛县不乏富家子弟，不照样被雍齿一类的流氓肆意欺凌么？

再观信陵君，风光半生，最终被魏王剥了兵权，只好沉湎于酒色，聊以解愁，愁也没解掉，最终卒于酒色。倘若他当了魏王，大权在握，也许不会如此颓丧，也许他的人生会是另一番景象。

看来，只有权力，才是男人的铁骨钢刀。

权力，古往今来无数人等追之、逐之、争之、夺之。为此，不惜流血牺牲，化身白骨，腐为骷髅，不惜背信弃义、声名狼藉，遗臭万年。纵然人生如梦幻如泡影，如露亦如电，一切不过是短暂的机缘巧合，而拥有权力的人生，终究不同，昙花一现总还现过，君不见众多人的一生永远是含苞欲放，却始终也没绽放开吗？

权力如何得来？刘邦迅速找到了答案：当官。

一念至此，刘邦的每个汗毛孔都兴奋起来，他的双眼像黑夜中蹑足行走的猫一样雪亮，再也无法入眠。

冥冥中，他感觉有一种东西在召唤他，很不具体，却又硕大无比充满磁力，把他整个人吸了过去。这东西便是权欲，比青春期的情欲更为强劲，更为浓烈，一经萌发，即如猛兽般狂野奔腾，无法掌控，无法抵御。

窗外，一阵大风呼啸而过，似有歌声远在天边吟唱。

NO.2 混

从学识到能力，从能力到德行，刘邦都不足以在大秦帝国中混到一官半职。这一点，他心知肚明。一夜的兴奋于是渐渐淡去，他有些颓了。

其实，他大可不必有这份担忧。萧何早已安排妥当，只要他一句准话，你到底愿不愿意为县政府工作？

刘邦之所以不解其中奥妙，是他已然忘了一句古话：朝中有人好做官。

在这世上，他一直以为自己没有背景，有的只是背影。殊不知，朝廷虽远，沛县却近。朝中有人好做官——这句箴言完全可以延伸一下：县中有人好当吏。

这县中人便是萧何。

萧何生于沛县，长于沛县，家境远比刘邦优越，且天性好学，读书颇丰。成年后专攻律法，积了满肚子学问。现任沛县县政府办公室主任。当时名为吏掾。

秦时，始皇执政，推出一项治国理念：以吏为师。简言之：政府职能部门的人员，须肩负为人师表的职责。

为人师，自然有学问要授，这学问便是律法。自商鞅变法始，秦国就重视法制，且法令苛严，普法教育便不可少。

萧何精通律法，荣任沛县吏掾一职，理所应当。

这职务说来不大，实权却不小，其中一项，便是统管县里的人事调度，并按上级指示，招募、考核基层干部。

此番招募，募谁不募谁，由萧何与县令说了算。说你行你就行，说你不行你就不行。

在旁人眼中，萧何与刘邦是一对奇异的组合。一个是温文尔雅、满腹经纶的县府官员，一个是吊儿郎当、无所事事的市井混混，居然成了密友。

有人曾看见他俩在酒馆恣肆对饮、谈天论地，说古道今，讲至激动处，刘邦猛拍萧何肩背，以表喜悦之情。萧何也不躲闪，任他拍。

此情此景让人匪夷所思。

伊索寓言里，有个故事名为《两个壶》。故事中，一只陶壶对铜壶说：请你离我远一点儿，不要靠近我。只要你轻轻碰到我，我就会被碰碎，我怎么也不敢靠近你。

这个故事是说，彼此相当，方可为友。刘邦便是一只铜壶，蒸不烂、煮不熟，一敲响当当；而萧何是一只陶壶，外在朴拙、内秀深藏。如此迥异的俩壶亲密接触，却未破碎，甚至连裂缝也未见一丝，是何道理？

刨根究底，皆因二人性情所致。刘邦豪爽，萧何也豪爽。这与读书多少，学问深浅并无关系，属于上天赋予，胎中带来，学也学不会，抹也抹不去。

在县政府，来来往往的，尽是些暮气沉沉、口是心非的官员，他们的笑容，怎么看都带有表演性质；他们的举止，随时随地都刻板谨慎，一句话要斟字酌句半天方能讲出。

同僚之中，唯独狱吏曹参尚有活力。其余人等，给萧何的感觉都近乎于行尸走肉。

当他偶识刘邦，方知何为真性情。

在一些百无聊赖的日子，刘邦出肉铺进酒馆，坐下便与友人放肆痛饮，喝大了就神侃胡聊，满嘴跑马车，或者吐一地，才不在意旁人用何种眼光打量他。

萧何听他言谈，粗俗却不低俗，谈及天下事，还颇有几分豪迈。再观其面相，愈发觉得此人绝非俗物。

相识以后，交往之中，刘邦也发现，萧何虽喜读书，却不似普通儒生，浑身书呆气。那些迂腐竖儒，在刘邦看来，统一都姓庄，名字叫高雅。

而萧何极随和，全无半点儿官员的做派、儒生的扭捏。在言谈中，其内敛的睿智时常闪现。

刘邦不禁赞曰：官不在高，懂法则行；学不在深，有韬略则灵，无竖儒之酸气，谈笑皆畅快，往来无障碍，可以喝大酒，悦心情。吾云：萧何何陋之有？

因而，无论旁人投来何种惊疑的目光，二人只管自在厮混。

混是一个极高雅的词。时至今日，各色人等都爱将它挂于口头，或是谦逊或是自嘲。白领混职位，教师混职称，学生混文凭，政客混官位，简简单单一个“混”字，饱含无数庞杂的社会人际关系。

就人际关系而言，在沛县，刘邦混得不错。然而，关系再广、友人再多，他终究是地无一垄，田无一亩，尚需一份差事维持生计。

他的困境，萧何看在眼里，记在心中，只待时机合适，出手相助。

NO.3 官运

大秦帝国，设三十六郡，郡下设县，县下设乡或亭。

经考核，刘邦被沛县政府选为一亭之长，办公地点在沛县东门外的泗水亭。

按规定，选任官吏，需要见习，见习期长则一年，短则半年。刘邦蛮兴奋，试用官吏也是官吏，怎么也比平头百姓强些。

上任伊始，刘邦便派手下人去往薛县，为他定做一顶亭长冠。

薛县地方不大，制冠手艺却是一流。冠以竹皮为骨，外裱漆丽，冠顶扁而细长，形如楚国贵族长冠。

刘邦戴上这顶自己专用的亭长冠，招摇过市，感觉自己身价涨了不少，一副像我这种牛人，想找个人佩服一下，就只能去照镜子的神情。

不知情的人，也很难从此冠看出他的身份。这让刘邦的虚荣心瞬间得到满足，当官的滋味果然不错。

然而，虚荣的满足感总是很短。接踵而来的繁杂事务，很快冲淡了刘邦的兴奋和喜悦。

他所管辖的泗水亭，有二百余户人家。东家长、西家短，难免拌嘴斗殴，小抵牾起大冲突，民事纠纷不断。

民事民事，民生之事，小到婆媳不和、邻里不睦，大到盗贼入室、游民抢劫。一户不安，一亭则不安，一亭不安，一县则不安。作为亭长，自当妥善处理。

可民事尚未处理妥当，外地官员又来了，需要他去接待。

那些官员，都是登鼻子上脸，这回吃得顺嘴，下回便想住得舒服，往后没准还让你给他带孩子。

倘若稍有怠慢，接待不周，他们在县令面前一抱怨，这亭长的差事恐怕就保不住了。

一个官员一种脾性，如何让他们高兴而来，满意而去？着实需要些技巧。首先，得摸准其喜好。刘邦打算从接送官员的车夫夏侯婴那里探寻。

夏侯婴与刘邦一见如故。

每次接送官员至沛县，夏侯婴免不了要在泗水亭与刘邦痛饮一番。

二人喝得痛快，聊得尽兴，而男人之间的话题，无非四字：权钱色欲。

这一日，二人谈及前程。

刘邦道：“我料想，兄台以后必走官运。”

“何出此言？”夏侯婴乐呵呵的。

“幼时，听学堂先生讲过一句话，近朱者赤，近墨者黑。”刘邦说，“兄台与那些大官员过从甚密，离当官也不远了。”

夏侯婴知是笑谈，也不当真，转念一想，刘邦此言不无道理，终日和女人厮混，必是好色之徒，终日出入赌馆，必为赌徒；终日与猪肉相伴，必为屠夫。

如此想来，夏侯婴心中甚美，他何尝不想当官，哪怕像刘邦一样当个小官吏，也比做一辈子车夫强。

刘邦一席话，犹如精神鸦片，让夏侯婴亢奋良久。尽管在现实中，他仍是一名车夫，仍被大小官员呼来唤去，但人活在希望中，哪怕这希望薄如纸、轻如雪。

有一段日子，夏侯婴没来，接送官员的车夫换了人，刘邦很是想念。

又过了一段日子，夏侯婴驾着马车来了，车中却空空如也。

夏侯婴满面喜色，从马上纵下，飞奔至刘邦跟前，抱住刘邦双肩道：“承蒙兄弟吉言，我已选上县吏。”

刘邦愣了一下，旋即捶击夏侯婴厚实的胸膛：“哈哈，我果真没看错！”

“真有你的，一语成真。”夏侯婴还击。

二人喜形于色，拳来腿往，不知不觉中用了力。所谓乐极生悲，刘邦飞出一腿，夏侯婴竟被踢伤，横躺在地，半天起不来。

刘邦踢出的究竟是螳螂腿，还是无影脚，无从考察，也无需考察。误伤了朋友，本也算不得大事。哪知这忘情忘形的一幕被人目睹，目睹之人乃县府同僚，好打小报告，当即将此事报给了上司。

按秦律，打伤县吏，必须坐牢。若官吏伤人，等于知法犯法，罪加一等。刘邦身为官吏，打伤的也是官吏，当罪加两等。

自当亭长以来，刘邦也算尽心尽职，爱民护民，也曾亲手将刁民贼子送入监牢。没想到，这一回自己被捉了进去。

刘邦心凉如水，他发现自己既可笑又可悲。他给夏侯婴预测官运，料事如神。末了，自己的官运却被自己一腿踢飞了。

人生运气，林林总总，有财运、赌运、官运、狗屎运、桃花运等不计其数。其中，官运最为扑朔，犹如鬼魅魍魉般诡异多变，当你踏入一个新官位时，没准儿一只脚就已踩到了悬崖边。

刘邦想，千错万错，错在自己不谨慎。而他天性放荡，并非那等悲喜不形于色的阴郁之辈。当初，萧何与他交往，不正是看中他这种好性情么？

可是，这等好性情，在官场中却是惹祸的药引，栽跟头的绊脚石。自古有言：江山易改本性难移。想当官，却不适合当官，想搞艺术，却无天赋，人生的痛苦莫过于此。

NO.4 天赋

且说刘邦官运不佳，叹老天没给他一副做官的心肠和脾性。却不知上天其实很公平，没赋予你这样，就会赋予你那样，所谓盲者擅听，聋者擅视，一方面缺失，上天便从另一面补给。

我很想对刘邦说，人生得官易，得良友难。

所谓良友，便是雪中送炭，汗中送扇，危难之时伸援手之好友。与之对应者，便是损友，惯以锦上添花，落井下石见长。

刘邦超幸运，他身边不乏良友——萧何是，樊哙是，周勃是，卢绾是，夏侯婴也是。

自被捕后，多次审讯，刘邦都死不认账，声称：夏侯婴乃踩了狗屎滑倒而摔伤，与我无关。

查案官员又提审夏侯婴，令其交代真相。

孰料夏侯婴与刘邦口供一致。

查案官员绝不相信，一坨狗屎会撂倒一个壮汉。此案必有蹊跷，不查个水落石出，岂能罢休。

审讯无效用，刑讯来逼供。夏侯婴身上的肉被竹板打烂，仍不翻供。

面对夏侯婴这等铁嘴钢牙，查案官员无计可施，来来回回折腾了一年，只得将刘邦释放。

刘邦有惊无险，依旧当他的亭长，按时上班，偶尔溜号，呼朋唤友，饮酒作乐。

有两家酒馆的女老板与他熟识，并不向他催要欠下的酒账，很多时候干脆就免单。以前，他潦倒时如此，如今他当了亭长，亦是如此。

他从来就不缺对他好，与他暧昧温存的女人。他有一个情人，名唤曹氏。无人知道他与这曹氏之间有没有情，若说单有欲而无情，那曹氏又为他生了一个儿子，取名刘肥；若说有情，刘邦却始终不娶曹氏过门。

也许，他和她之间，只是一种相互需要，以肉体需要为主，情感需要为辅。

日子匆匆，倏忽而过。一度失落的刘邦，如今什么也不缺。

不久，县府给他下达了一个新任务——收缴散落于民间的兵器。据说，此乃秦始皇的旨意。

刘邦领命，在他所管辖的地盘，挨家挨户搜查，看看哪家私藏军火。民众倒也配合，不少人主动就上缴了。

这次政治任务完成得比较出色，刘邦缴的不少兵器，按规定，应送往帝国的都城咸阳。

这是当上县府公务员以来，头一回有机会出公差，且是前往咸阳，刘邦异常兴奋。

咸阳的华丽堂皇与热闹喧嚣，让刘邦大开眼界。那些巍峨楼阁，雕梁画栋，重重飞檐，一扇扇木质门窗，镂空雕刻着花鸟虫鱼，别具匠心。与到处熠闪华彩的咸阳相比，沛县是何等窘迫和寒酸。刘邦走在熙攘的大街上，抬眼张望那些面色光鲜、衣着讲究的都城男女，再低头瞅瞅自己的粗粝装扮，一股自卑情绪油然而生。

办完公差，刘邦并不急于回返。咸阳的景物让他流连，咸阳的市民让他艳羡。他心里有一丝不可名状的向往，又有一些黯淡。同样是人，为何有的人生在繁华富足的大都城，有的人却生在穷乡僻壤的小县城。上天真是不公。

一路叹着、怨着。不知不觉，刘邦走到咸阳皇宫外，令他震撼的一幕出现了！

这一幕，来得那么突兀，那么销魂，他的眼睛完全没有防备，他的心脏被紧紧攥住，他的大脑几乎不能作出任何反应，除了惊愕，还是惊愕。

他的视野中，布满皇室的仪仗卫队，接天蔽日，旌旗挥舞，马蹄铮铮，铺天盖地席卷而过。士卒齐声呐喊，巨大共鸣唤醒无限荣光，令听者热血翻滚、汗毛沸腾。

秦始皇独坐在华美銮驾中，神情冷峻，无悲无喜。

周围人山人海，却无一人出声，人们缄默不语，神色紧张而兴奋。

刘邦呆若木鸡，待秦始皇的出巡队伍远去，只留下一片席地卷起的飞扬尘土时，他才恢复了知觉，双眼凝望虚空处，赞了一句："大丈夫当如此也！"

这一声赞叹，饱含仰慕，饱含崇敬，也饱含酸楚和自怜。

至高无上的秦始皇，与天同齐，屹立在遥不可及的巅峰，他脚下，踩着层层叠叠的官吏，从皇宫到郡县，那些手握大权、不怒自威的高官，都是他的臣子。在下属面前，他们不可一世，而在秦始皇跟前，他们俯首帖耳，诚惶诚恐。

作为大秦帝国最基层的小公务员刘邦，想成为秦始皇那样的“大丈夫”，只怕是痴人说梦。

上天将皇帝的角色赋予了嬴政，却只给了刘邦一个扮演小角色的机会，跑跑龙套，拉拉帷幕，生前渺小，死后草草办个丧事，请好友周勃混在出殡人家里，奏上一曲鼓乐。而后，便被埋到一个狭窄、寒酸的经济适用坟中。

此时的刘邦，不曾想到，上天要让他出演的，绝不仅仅只是个可有可无的配角。尽管他已经四十二岁，人至中年，而在以后的二十年里，他将使山河易姓，风云变色。

NO.5 空手套白狼

刘邦回到沛县，忽有一种恍若隔世之感。这感觉就像我们看惯了超大屏幕的液晶电视，再回头去看七八十年代几英寸的小黑白，眼睛不适应，心理也不适应。

家乡的街道、巷陌、房舍、行人，仿佛都骤然与他拉开了距离。他像个外来客一样，走在这一切之中，脚步轻浮，思绪发飘，直到午后拉屎，他闻到熟悉的、记忆中的粪坑气味，整个人才算回归故里。

咸阳的繁华，属于咸阳；秦始皇的生活属于秦始皇。那遥不可及的一切，不属于自己。自己只能待在沛县，出没于泗水亭，该吃饭吃饭，该喝酒喝酒，该上班上班，该应酬应酬。

说到应酬，实乃官场上不可或缺的一项人际活动。同僚之间须应酬，下属与上司之间更须应酬。婚丧嫁娶、节日寿宴、离职升迁，都得备下礼金，到场相聚，在笑语寒暄中拉近关系，增强友情。如此，方能在此圈中混下去。

应酬的饭，实乃尿泡饭，应酬的酒，实乃潲水酒，食之反胃，喝之欲吐，但即便伤身伤胃，也不得不作喜悦开怀状大快朵颐。尤其面对上司，更须豪爽痛饮，以博领导一笑。当一辈子龟孙，只为保住官职继而步步进取上升，这就叫上进心。

在沛县，刘邦的最高上司是县令。那县令极爱借聚会收敛钱财。这一日，又以为故友接风为名，召唤县内大小官员前来朝贺。

朝贺必然要携礼前去。那时县令十三个月的实物工资是一百石谷，按当时的粮食价格计算，每石为一百钱。

县一级最高行政长官的待遇尚且如此，刘邦一个小小亭长，薪俸自然比县令微薄得多，而他朋友众多，又隔三差五相约进酒馆。他性情豪爽，有钱请客，没钱也请客，绝不在埋单之际跑茅厕。因而，他身上时常没有余钱。

此番县令召唤，他恰好囊中空空，于是踌躇，去还是不去？

县令为其接风之人，人称吕公，原住单父县吕堌村，那里也是县令的老家。

在老家时，吕公与县令交情笃厚，后来，县令到沛县做官，彼此来往渐疏，但旧时的一份情谊不曾磨灭。此番吕公在家乡遇上麻烦，携全家老小投奔至沛县避祸，县令十分热情，为吕公安排妥住处后，又摆下盛宴，为其接风洗尘。

县府官吏皆知，吕公乃县令的故友加同乡，却不知这吕公全家遭遇了何种祸事。有人道听途说，说那吕公有一女，名唤吕雉，被邻近村中一富户的公子相中，发誓要娶之。吕公拒绝，富户恼羞成怒，放出狠话，要灭吕公全家。无奈之下，吕公只好携全体家眷背井离乡，逃到沛县。

此事尚属小道消息，八卦味浓重，无人知其真假，但不管怎样，吕公既来，县令厚待，接风宴不得不去。

接风宴的招待工作，县令交与萧何操办。萧何办事历来细致，他亲自准备酒菜，安排座位，招呼宾朋，忙得晕头转向。

接风宴当日，吕公府邸热闹非凡。沛县的大小官吏接踵而至，有钱的送钱，没钱的借钱来送。

一时间，高朋满座。一个执事的衙役手拿一张名帖跑进来，高声吆喝："泗水亭长送贺钱一万！"

只此一声喊，惊呆在场人。

大小官吏纷纷猜测：这刘亭长是盗了墓，还是挖了宝，出手就是一万钱。这笔钱，县令得挣十三个月，买布可买十八匹，买关中外的好地可买三十余亩。亭长一职，又无油水可捞，钱从何来？

大伙儿把目光齐刷刷对准刘邦。

刘邦大摇大摆地走进来，似笑非笑，旁若无人，仿佛真的腰缠万贯。

旁人不明究竟，萧何心中有数——刘邦在玩空手套白狼。而此处不是酒馆，可以随意赊账，若惹恼了县令，亭长的官职可就没了。

萧何忙不迭向吕公赔笑脸："此人乃我兄弟，为人诙谐，他说一万钱，没准儿一文不名，您老只当他玩笑助兴，切莫在意。"

知刘邦者，萧何也。刘邦确实身无分文，他在家想了半日，此等应酬，不来得罪县令，来了又没钱送，索性说句大话，送份惊喜，惊喜难道不算礼物么？

吕公也是心宽之人，不仅心宽，且会识人。在他看来，刘邦之行为，一般人都做不出来，因为常人都爱面子，把羽毛和名节看得比性命还重。大话一旦被戳穿，必会羞得无地自容。刘邦则全然无畏，真乃神人也！

于是，在众目睽睽之下，吕公一扬手，宽厚地笑道：“亭长请入厅堂，上首落座。”

众官吏如一堆苍蝇，嗡嗡嘤嘤七嘴八舌地议论开来，有嫉妒有疑惑有惊异有茫然。

萧何有言在先：凡贺礼不满一千钱者，厅外就座。刘邦也没料到，自己一个大子儿不掏，倒坐到了厅堂上首。不过，既然吕公厚待，自己也没什么好客气的。

刘邦落座，大碗喝酒，大口吃肉，大声谈笑，如入无人之境。

吕公坐在一旁，眯缝着眼看他，刘邦转过脸，二人四目相对。吕公一笑道：“君之身材高大挺拔，君之面相清癯非凡，老夫甚是喜爱。”

刘邦这厢听这话很是惊疑，吕公又轻声道：“席散后，烦劳君留下一叙。”

刘邦起了一身鸡皮疙瘩，待到席散，坐立不安。

吕公笑眯眯道：“君莫急着走，老夫有一事相商。”

刘邦稳住神道：“吕公但讲无妨。”

“我有一女，年岁不小，尚待字闺中。”吕公缓缓地说，“如你不嫌弃，就嫁与你做帚箕之妾。”

刘邦暗暗吃惊，莫非这老头儿喝大了，我送他一个虚拟的惊喜，他还我一份扯淡的感动？

吕公也不管刘邦如何吃惊，说罢便起身，将刘邦引入后堂，与自己妻女相见。

刘邦如坠梦境，他本是疲于应酬，迫不得已空手套白狼，难不成还捎带手套个新娘？

NO6. 拒绝平庸

结婚为何物?

张爱玲说，结婚就是长期免费的卖淫。

对于刘邦来说，倒也真尝到了一点免费的甜头。原本，吕公见他年纪一大把，料他早已娶妻生子，只将女儿许配与他做妾。没承想，刘邦年过四十了还是光棍一条。

当然，吕公绝非只是看刘邦顺眼，从而献爱心、送温暖，叫女儿去消灭一名老童子军。

要知道，论姿色论风韵论见识，吕雉不输给任何一个女子。年岁大些，也不是嫁不出去等大的，而是吕公视自己这掌上明珠为稀世珍宝，绝不轻易许给任何一个男人。

沛县县令也曾相中吕雉，遣媒人来提亲，吕公婉言回绝。县令再求，吕公再拒，并好言安抚道："你我兄弟一场，你娶我女，就得管我叫爹，我岂能占兄弟的便宜。"

县令苦笑，心知吕公这般搪塞，摆明了是看不上自己。

县令也算一方有权有势的贵人，与吕公交情也厚，可吕公仍然看不中，却对刘邦情有独钟。可见这吕公也算个极品的人物了。试想，当今哪个父亲会因为一时顺眼，就当即要把女儿嫁给一个年过四十才当上了乡镇小官吏，前途一片茫然的潦倒男人?

而吕公仅凭第一印象和直觉，就认定刘邦将来会大有所为。此等识人的功夫，着实令我辈汗颜。

只是吕雉不解，父亲为何给自己选了一款这样的老男人。吕公也知女儿困惑，也不多言，只告诉女儿，刘邦这只混迹官场底层的小飞蝗，迟早会腾达。放心嫁，你的未来不是梦。

从古至今，在中国，婚姻就是一个女人的归宿。未来到底是不是梦，是噩梦还是美梦，只有和对方过上了日子才知道。

吕雉像当时的许多女子一样，遵从父母之命，在自己二十八岁这年，嫁给了年长她十四岁的刘邦。

这一年是公元前214年。

这一年，秦始皇下令，修筑长城，西起临洮，顺黄河北至河套，傍阴山至辽东，世称万里长城。

秦帝国在修筑北部边疆的防御屏障，刘邦在沛县丰邑中阳里建设自己的小家。生活向他展开了新鲜的一面，对吕雉而言，也是如此。可她没想到，自己刚嫁过去，就挨了当头一棒。

婚前，刘邦声称自己是单身，没有妻室。对吕雉来说，这多少是一个安慰。丈夫老点儿就老点儿，起码不用当妾。可当她迈进刘邦的家门，便蹿出一个七八岁大的小子管她叫娘。吕雉当场就蒙了。

老姑娘也是姑娘，刹那间变成娘，是个女的都会惊诧、眩晕，继而难堪。

那小子便是曹氏为刘邦所生的儿子刘肥。

吕雉清醒地意识到，自己嫁了个流氓。在她之前，他已经有过不少女人，曹氏仅仅是其中一个。

男人乱搞叫风流，女人乱搞叫淫荡。男人有很多女人，是有本事的表现。吕雉再难堪再难过，也不得不接受现实。

她只能相信父亲的远见卓识，只能夫唱妇随。当后娘就当后娘吧，日子总归是要过的。

日子就是如此，快乐是一天，不快乐也是一天。

婚后的生活很平淡。

自商鞅变法始，秦朝便立了一条法律：一户人家中，若父亲尚在，儿子也到了壮年，就必须分家自立门户。如果不分家，便要负担沉重的赋税。

因此，刘邦分得了几亩田，家事农事都交由吕雉操持。吕雉春播种、夏锄草、秋收割、冬储粮，十分繁忙十分辛劳。

清闲的夜晚，刘邦向吕雉谈及自己的偶像，谈及那一次咸阳之行。每当讲到这些，其兴奋、向往之情溢于言表。

刘邦已然不是过去的刘邦，换作以前，也许他会甘于如此安稳平庸的婚姻生活，坏就坏在他去了一趟咸阳，还目睹了秦始皇出巡的恢弘壮丽的场景。他的神经受到了强烈的刺激，他心中的欲望如火苗般噌噌燃烧。他已经不再满足于仅仅当一个小小的泗水亭长，过点儿微甜的小日子。

这样的生活终究平庸，这种平庸让他憋闷，甚至有几许窒息感。

忽一日，他偶然听到一个消息——信陵君的门客张耳，在一个叫外黄的地方招揽门客。

这消息让刘邦兴奋不已，他立刻扔下手头的工作，风一般奔向外黄。

门客这个职业比较滋润，也分级别，低一级的温饱不愁，高一级的食有鱼，出有车。门客被豢养久了，心里生出些内疚。俗话说，拿人钱财，替人消灾。可偏偏主人没有灾，无需出谋划策，只好白吃白喝，终日闲谈。

门客又与寄生虫相仿，主人完蛋，他们便无处吸血。张耳就是个例子。信陵君死后，他流落到属陈留管辖的外黄，变为无户口的盲流。

好在信陵君的名声仿佛如今明星的脸，走到哪儿人家都认账。不但认账，还追捧。盲流也是信陵君门下流落出来的盲流，这就是品牌货的威力。

外黄有一老富翁，看中这块招牌，把自己守寡多年的女儿嫁给张耳，还搭上了一笔丰厚陪嫁。

钱财到手，张耳展开模仿秀，效仿当年信陵君，广揽天下门客。

对刘邦来说，能做偶像门客的门客，好比拜了大师的徒弟当师父。实在是一件无比快慰的事情。

张耳也很慷慨，极热情地接待刘邦，口口声声道："我这府邸，虽无银砖，亦无琉瓦，更非白玉为堂金做马，酒算不得上等酒，菜也不是宫廷菜，远不及当年信陵君的辉煌，可吃饱喝足绰绰有余，你踏实住，想住多久住多久。"

在张耳处，刘邦有一种逃离平庸的感觉。张耳与他促膝畅谈，告诉他许多天下事，教给他许多官场事。

刘邦获益匪浅，在他的人生中，像张耳这般亦师亦友的人实属罕见。

NO.7 心理测试

正当刘邦与张耳相谈甚欢之际，大秦帝国发生了翻天覆地的变化。

始皇嬴政，横扫六国，席卷天下，达到权力巅峰。

德国心理学家日•弗洛姆补充：绝对权力不单导致绝对腐败，还导致权力拥有者的暴虐和疯狂。

嬴政亦是如此，皇权在握，便容不得半点儿不和谐之音，更容不得百家争鸣。于是，焚书事件发生。焚书之后，嬴政又以封郎官为诱饵，把全国七百名学子骗至咸阳，全部坑杀。

两起暴虐且疯狂的事件，让天下人领教了嬴政的专横与自大。

自大之人，通常孤独，孤独之人，通常恐惧。好比一个人骤然暴富，便终日惶恐，担心遭到算计、抢劫和谋害，心理学称之为“成功恐惧”症。

嬴政也并非自找不快。事实上，六国虽被征服，却非口服心服，天下欲谋杀嬴政的人，层出不穷。单史书记载，便有多起——荆轲行刺、博浪沙突袭、兰池遇险等等。

刺客每一次行刺，都在测试嬴政的心理承受力。

嬴政的心里异常恐惧，也异常脆弱。但他工作不停，每日要批阅一百二十斤重的竹简奏章。甭说费脑，光动手就够累的。

为了抵御北方游牧民族，他先派大将蒙恬前去剿灭，又下令修筑长城，同时建造两座豪宅——生前和死后的，生前是阿房宫，死后是骊山陵。

他过分操劳，导致身体每况愈下。他搞的三大工程，须征调大量民夫，其中大都是青壮劳动力，大量劳动力的抽调，势必破坏生产力，生产力遭到破坏，国家经济也如他的身体一般，一天比一天糟糕，这是一根恶性循环的链条。

终于，在公元前210年七月的某一天，嬴政暴毙于沙丘。

沙丘，地图上也无法查到的小城。古址在今河北广宗县西北。地方虽渺小，来历却极不寻常。相传，殷纣王曾在此地筑台，命人驯养禽兽。

嬴政一生巡游五次，最后一次，便是听信术士的卜辞：君上要出游，或者迁徙，方可保住性命。

嬴政万分恐惧，决定出游，哪知这一去，先还无事，就在回程途中一病不起，行至沙丘，魂归地府。

魂归了，肉身在。七月的沙丘，已有几分燠热，在赵高和李斯的严密护卫下，嬴政的遗体被转入銮车后面的辒辌车中。

辒辌车实为古代空调车，闭之则温，开之则凉。车中或有夏日置冰，冬日焚火炉的装置也未可知。

总之，嬴政被转入辒辌车的这一日起，就再没露过面。

沿途，出巡队伍每经过一座城邑，照例有县令率当地子民夹道跪地恭迎，山呼“万岁”。而大小事务，均由赵高和李斯出面代言，留守咸阳的丞相冯去疾，派快骑送来的紧要奏章，也由赵高依嬴政谕旨批复。

一切如常，看不出半点儿端倪，谁也不知道，嬴政已然驾崩了。

人死如灯灭，皇帝也罢，平民也罢，死后皆是一把碎骨。一代雄主秦始皇，生前独霸天下，死后照样被人摆布。赵高、李斯秘不发丧，他也不能诈尸一般弹起来阻止。

秘不发丧的做法倒没错。一旦秦始皇暴毙的消息公诸于世，势必造成两个后果，一是人心乱，二是中央乱，合在一起就是天下大乱。

但国不能一日无主，长子扶苏，少子胡亥，到底立谁为新君？这是一个相当棘手又刻不容缓要解决的问题。

中国皇帝大都有个通病：善搞国事，不善搞家事。尤其在确定接班人的问题上，瞻前顾后，患得患失，拿捏不定。

嬴政亦是如此。他喜爱少子胡亥，有心立其为太子，却又想到自己登基的情形，那时他年仅十三岁，人小力量少，吕不韦和嫪毐趁机专权，险些酿成大祸。

胡亥同样是个孩子。

因此，立太子一事，嬴政十分谨慎。殊不知，这一谨慎，此事便拖延下来，拖到自己身亡，被人钻了空子。

钻空之人，不是别人，就是资深宦官赵高。

赵高小时候很不幸，他的父亲，早年犯了法，受宫刑；其母受到株连，被贬为奴婢，也不安分，自己砸了贞洁牌坊与人野合，生下了赵高兄弟几个。

长大后，赵高进宫，没在沉默中变态，就在现实中变坏。

坏人一般都有些能耐，不像老实人就占了一个老实的口碑。赵高的能耐是通晓刑法、精通权谋。

通权谋之人，尤其会来事儿。这一点儿颇讨嬴政欢心，他命赵高当胡亥的老师，教其律法。

师者，传道、授业、解惑。此三招属上三路，赵高有下三路：拉拢、腐蚀、利用。他像个精明的会计师，早打好了自己的算盘。牢牢抓住胡亥，待秦始皇归天，便推胡亥上台。胡亥从小受他教导，对他言听计从。胡亥称帝，朝政诸事显然都由他说了算。

他也必须如此，从宦官到帝师，一路并不平坦，他曾犯过重罪，被蒙毅削去了官职，并判处其死刑。幸亏嬴政宠幸，亲自赦免，他才逃过一劫。

蒙氏家族与长公子扶苏关系密切，自成一派；赵高与胡亥为一派，两派对立，中间夹着丞相李斯。

嬴政身亡，返回咸阳途中，赵高便拉拢李斯，欲说服其合作，造一份盗版遗诏，拥立胡亥继位。

李斯一听此计，拧眉咬牙拍案惊叫：这岂是臣子该议论的事情！

赵高却不惊慌，给李斯出了一道心理测试题：论谋略、论功劳、论德高望重、论长公子扶苏的信任度，您和蒙恬比，谁的指数更强？

李斯登时泄气。此题根本不用作答，他没有一项能比过蒙恬。此题完全就是在挑战他的心理。他这大半辈子，都在为仕途、官位忙活。为此，他不惜一切代价。

仅以同学会一事为例。当年，秦国攻打韩国之际，李斯的同学韩非来到秦国，向嬴政献计献策，其才华逼人、光耀炫目，李斯唯恐其成为仕途对手，遂赠韩非毒药一包。韩非自知难逃，服毒自尽。

荣华富贵在上，同学算个蛋，扶苏算个蛋，二者皆可踩烂。

李斯从了赵高，与之合谋，逼死长公子扶苏，拥立不到二十岁的胡亥继位。

二十岁的胡亥，嫩如鲜藕，却无法出淤泥而不染。父亲留下的江山，这时节已是一个矛盾重重的烂摊子。

胡亥继位，干的头等大事，便是把大部分修建阿房宫的劳役调去修建尚未竣工的骊山陵。他要让父亲舒舒服服地躺在超豪华的陵墓里。这是孝道。

中国人讲孝道，却大多把情表在父母死后。无论与老人生前关系如何，在他们死后，儿女总要把戏做足，既慰藉自己心灵，又演给旁人看。

胡亥身为皇子，当然更要全情投入。

然而，秦始皇陵实在太可怕。皇陵建于骊山北麓，远远看去，一座高大巍峨的土丘耸立，土丘周围是一座座金碧辉煌的宫殿，四面皆是气势恢弘的城墙。

建陵的石料用量十分惊人，成千上万的人从渭河把北面山上的石料运到七十五万平方米的打石场，上万只铁锤凿击石材，声响震耳欲聋。

同时，还要烧砖造窑，建兵马俑，运输材料。如此之大的工程，耗去的劳动力，占了全国人口的十分之一。

秦法规定，年满二十岁的男人，便要开始服劳役。秦帝国当时的总人口大约两千万左右，算下来，服徭役和兵役的男子便有二三百万人。

不言而喻，当时全国各地都在征调民夫。命令从中央一级一级传达下来。远在沛县的刘邦，也接到了命令。作为亭长，他的任务是征调五百名民夫，将他们押送到国都咸阳去。

临行前，按官场惯例，同事、好友都要凑钱当盘缠。交情浅，送二三百钱。萧何与他的关系自然不同，出手便送了五百钱。

刘邦收拾妥当，告别吕雉，起程上路。孰料，他这一去便闯下塌天大祸！

第二章

刘邦的帝王路

LIUBANGDEDIWANGLU

NO.1 失踪门

沛县到咸阳，几千里漫漫长路。道路艰险自不必说，路上纵使豺狼当道，急风暴雨，山崩地陷也不能退缩停顿。这就像一款电脑游戏，必须在规定的时间内，到达目的地，否则就over了。

游戏over可以关机，现实over则无法关机，最多只能暂时不在服务区。可你不能老不在服务区，总要出来面对。

这次押送任务的规定，刘邦当然是清楚的。若未按时到达，轻则入狱，重则砍头。更令他头疼的是，五百民夫的队伍中，还有几十个刚从监狱里调出来的罪犯，指不定路上会生出什么幺蛾子。

但皇命不可违，在其位就得谋其职，若是渎职，丢官事小，丢了性命就再也找不回来。

刘邦以赌博的心态，押着五百人深一脚浅一脚往前行。刚走两天，便跑了几个人，再走两天，又跑几个人。上了崎岖山路，丛林密布，更是顾头顾不上尾。那些民夫受了传染似的，看见别人跑，自己也跑。几天后，五百人跑掉了一半。

刘邦瞅着剩下的二百五，一脸沮丧。你们也太不给面子了。是，一路上咱们风餐露宿，伙食很差，可我对你们很仁慈很关照，别人押送民夫，都用绳子串起来，牲口似的一路拴着拉着走。我没这么做，我玩的是人性化押送。可我扔出去的是绣球，拽回来的是抹布，这还没出沛县县界呢，人就跑了一半。估计到了咸阳，就剩我一个二百五了。

罢了，事已至此，索性破罐破摔。

这时，他们已到县界边上，一个叫丰西泽的地方。刘邦拿出所有路费，买了酒肉，请剩下的一帮民夫大吃大喝。

民夫们吃着喝着心里直犯嘀咕，搞不懂刘亭长的想法。

酒过三巡，刘邦似醉非醉，提出一个精妙的问题："喝完这酒后，你们是愿意跑啊，还是愿意跑啊？"

众人都愣了。

半晌，有人反问：“我们跑了，刘亭长你怎么办？

“我逃跑。” 刘邦说。

此乃大实话，不逃跑又能怎么样，难不成自己赶赴咸阳，伸长脖子给人砍。

大伙儿心里也都清楚这一点，当即就有几十个壮汉宣誓，我们不跑，我们要跟着刘亭长一起逃跑。

刘邦看看这帮人，大多是监狱里调出的罪犯。一路上，他并没把他们当犯人对待，反而特别照应。这些人都是直肠子，见刘邦如此仁义，便生了跟随他的心。

再者说，他们本是囚徒，跑也不知往哪儿跑，因为上哪儿都是一个死。纵然到了咸阳，修建骊山陵，估计最后也得累死。

不如让刘邦给指条道，他说去哪里，咱们就去哪里。可此时刘邦自己也不知道该去哪儿。

还是继续喝酒吧。众人又喝了一会子，有的人已经跑了，有的人则烂醉如泥。待醉的人醒来，天色已晚。刘邦说，走。一帮人便义无反顾地随他而去。

他们跌跌撞撞，不辨方向，像一群没头苍蝇消失在茫茫夜色中。

刘亭长逃跑了！

那些被刘邦放跑的民夫，回到沛县说漏了嘴。县令与刘邦的岳丈吕公交情再厚，也害怕自己脑袋落地，赶紧派人去追捕。

去的人沿途搜了几天，人影也不见一个。

此事非小事，是一起严重的政治事件，迅速升级为沛县年度热点新闻，名为“失踪门”。

众人议论纷纷，县令破不了案，只好遣差役把吕雉捉来过堂。

吕雉根本不知道发生了什么事。差役穷凶极恶，锁链套上她拉了就走。

家里孩子哭成一团，儿子刚满月，女儿也小，吕雉只好让年长些的刘肥把两个孩子送到刘太公家。

到得堂上，吕雉才明白，刘邦这次又闯了祸，且是塌天大祸。别说他亭长当不成了，一家人的性命恐怕都难保。

可她能招供什么？刘邦离家不归，回回都像人间蒸发。这次更是无处寻无处觅。

县令无计可施，只好将她打入牢狱。

萧何、曹参等人既焦急又担忧。他们帮不了刘邦，只能帮帮吕雉。恰巧这时监狱里出了事。

审讯吕雉的一个法吏，见其薄有二分姿色，便端了一副下流嘴脸，挑逗吕雉：丈夫弃家不归，你尚风韵犹存，身心孤苦，何不出轨？

吕雉拒绝出演《廊桥遗梦》女主角，法吏心急，索性生扑。吕雉呼救，恰被狱吏任敖撞见。

任敖与刘邦也素有交情，喝过吕雉酿的酒，吃过吕雉做的饭。今日见到这幅场景，怒火直冒，冲上前逮住法吏，一通暴打。

亭长蹊跷失踪，狱吏打伤法吏，法吏调戏亭长夫人。怎么这么乱！县令直喊头痛，再闹下去，不等中央砍我的头，我就得被你们弄崩溃。

萧何、曹参等人趁机出面说情。县令也懒得纠结，索性卖个人情，释放了吕雉。

殊不知，他这一放，改变了吕雉的命运，更改变了刘邦的命运。

NO.2 潜龙勿用

吕雉出狱，立马派人寻访刘邦的下落。

她娘家有兄弟，江湖有朋友。她的两个哥哥，吕泽和吕释之，加上刘邦的一帮旧友，展开人肉搜索。

这些人比县衙差役能干，真寻到了刘邦的踪迹。

那日，刘邦一帮人等连夜出了沛县境。起初并不知在何处落脚，后来一寻思，落脚之地既要隐秘，又不能离沛县太远。如此，方可和家人联系上，生活才能保障。

走来走去，他们选定了一个地方，就在芒县和砀县之间的芒砀山中。

芒砀山谷幽林深、山势陡峭，四周嶙峋怪石堆砌、峥嵘扎眼。山间有凉意，剧烈清新，穿鼻过肺，洗了一腔污秽；雾很薄，时而棉絮，时而细蟒，都是蜡笔涂的白。云很暗，在顶上走，像一群灰衣流窜犯；树很旧，几百岁，满眼肥绿比苍老。偶听溪流潺潺，极细极脆，水声忽大忽小，欲捕捉其来路，一切又都消失无踪了。

刘邦的一帮旧友，熟悉这山中的沟沟壑壑，他们在庞大的芒砀山中寻觅，最终在山泽中一个叫黄桑峪地方，找到了刘邦。

峪中长满黄桑，路也更加崎岖，沼泽地脚底走不稳，行半截短路也像长征，果然是一处隐秘的所在。

这么快就与家乡友人联络上，想必刘邦多少有些意外。他大概不知道，这得归功于吕雉。

吕雉很清楚目前的局势和处境。此时，秦始皇虽已驾崩，而秦法依然健在，依然严酷。丈夫若要逃脱罪责，唯一的办法就是等待时机。

这时机要么是二世胡亥赦免天下，要么是天下大乱。不管是哪一种，有些事情是必须做的。

于是，吕雉做了两件事，一件是联络刘邦旧友，往芒砀山中源源不断地输送各类物资，肉菜粮食兵器，应有尽有。这条保障线的人员、时间、路线，均由吕雉一手安排。数月过去，刘邦已经有点儿兵强马壮的意思了。

第二件事，吕雉干得更漂亮。她把刘邦本人以及“失踪门”事件进行全面包装，炮制出一套自吹自擂又脍炙人口的故事。

其中流传最广的就是斩白蛇。

当日，刘邦等人逃跑，草丛中忽然蹿出一条白色的巨蟒挡道，刘邦举剑将白蛇斩成两段。此时，他酒还未醒，又躺路边睡了会儿。须臾，来了个老妪，看到被碎尸的白蛇，老妪立刻抚蛇哭喊。

逃跑者问怎么回事？老妪哭诉：“此白蛇是我儿子，他本是白帝，今日化作白蛇，不承想被赤帝之子所杀，如今我是白发人送黑发人啊。”

哭诉完，老妪化作一股烟飘散而去。

原来刘邦是赤帝之子。大伙儿很意外。

无论何种情况，人只要一玩失踪，就显得神秘感，再加上神话般的故事渲染，自然让人对故事的主角产生敬畏。

想起恺撒的话：人出于本性，往往更加相信和畏惧没有见过的隐秘陌生的东西。

斩白蛇的故事，无非是想让人相信，刘邦不是逃犯，他是受命于天的大人物。

一个故事不够，再来一个配套的。话说吕雉带着俩孩子在田间劳作，忽然来了个老头，向她讨水喝。喝完水，老头对吕雉说，夫人之相，真是贵不可言。吕雉很高兴，又请老头给俩孩子看相，老头肯定地说，一样是贵人之相。

老头说完就走，很快没了踪影。

吕雉甚至还编造了一个气象预报。她说刘邦隐身在线的地方，常有彩云笼罩。顺着云气的方向，就能找到刘邦。

这些神神叨叨的故事最终变成了传闻，且越传越神。最后还被写进史书。而在沛县乡亲眼中，此时的刘邦神秘而陌生，想他时他在天边，他已不是昔日的刘亭长，他是个传奇。

事实上，刘邦此时的处境比任何时候都糟糕。他就是一个渎职的逃犯，落草为寇，占山为王，兼具流氓、土匪双重身份。

而吕雉有点石成金的包装本领。她这一套，如今的传销疯子和直销骗子常用。圈钱行骗，首先要骗自己。明明前途无望，却终日高呼要富强。好比过分自卑的人，往往盲目自大，这种欺人欺世的境界，可称之为精神高潮。

此时，萧何很清楚如今天下的形势。始皇亡，天下乱得像一桌涮水油火锅，热浪滚滚，什么臭鱼烂虾都在里面翻腾。

于是，萧何也把自己族人中的青壮年送上山，让他们与刘邦共图大计。

而刘邦却无大计，他率领这支以犯人为主的队伍，潜伏芒砀山数月，毫无作为。他很彷徨，不知该何去何从。

处于人生的十字路口也就罢了，处于米字路口更头大。

以《周易》乾卦论，人事分为几大阶段：潜龙勿用、见龙在田、飞龙在天、或跃在渊、亢龙有悔、群龙无首。是由阴到阳、由盛至衰的一个循环。

刘邦纵然是条龙，而他四十多年的瞎混，交友也罢、当吏也罢，终归是潜龙勿用。

现在，他被逼上芒砀山，矗立于潜龙勿用与见龙在田的临界点上。尽管他还拿不定主意，但大势如巨浪，驱动他去崭露头角。

对于一个从不循规蹈矩，不甘平庸的人来说，喜逢乱世，恰是人生良机。

此时，秦帝国这艘巨轮在暗潮涌动中颠簸。水能载舟，亦能覆舟，人民是汪洋大海。但弓虽强，无箭枉然。民愤民怨再大，没人带头反抗，永远只能敢怒不敢言。好在这年八月，终于有人射出了第一箭。

这一箭惊世骇俗，划空而过，拉开了天下反秦的帷幕。

NO.3 精神骗术

蕲县大泽乡，今安徽宿州东南。反秦的第一箭，便是从此地方横空射出。

射箭的人，一个叫陈胜，一个叫吴广，本是原楚国的农民。

秦始皇统一六国后，楚国改叫楚地。统一前，除秦国外，齐国和楚国最为强大。齐国资格老，是当年周武王封的国家。楚国是新秀，特别能打仗。楚人一身蛮劲，当时号称“荆蛮”。不仅蛮，还有股子土匪的霸道。

如今流行一句犯贱的话叫七年之痒。当时的楚王家族有个传统：七年不出兵打仗，就算奇耻大辱。

可他们最终也没统一天下，可见成大事光靠蛮劲是不行的。命运垂青于有谋略的人，机会垂青于有能力的人，不认账是不行的。

然而，楚人失败后口服心不服。秦始皇晚年时，楚地流传着一句话：即便楚国只剩三户人，也要把你秦国灭了。

在楚地，此话相当于暗号，见面问，你是什么人？对方答：楚虽三户，亡秦必楚。呃，自己人。

很显然，反抗意识在楚人心里已经根深蒂固。这意识像烈性炸药，就看谁来引爆。

那些贵族有贼心没贼胆，恨秦国恨得牙根儿痒痒，拳头也攥出了汗，也没群起反抗，倒是两个农民出身的人带头造了反。

老实说，有吃有喝日子舒坦谁会造反，小老百姓图的是安稳。除非你搞得他家破人亡、无法生存。因此，老百姓管造反不叫造反，叫起义。

陈胜起义，也是被逼无奈。

从小，他家里很穷，长大后，给财主家当长工。

如果他是一个只顾闷头干活，吃碗死饭什么都不想的人也就罢了。然而他的头脑并不简单，他琢磨他比较，同样是人，他和财主的生活却有天壤之别。

凭什么你吃香喝辣，穿金戴银，我就只能食不果腹，衣衫褴褛？陈胜能找到的答案就是：财主富贵。

继而又自问："为何我不能富贵？"

此题无答案，他只有渴望，渴望过上和财主一样富贵的生活。

欲实现此梦想，当一辈子打工仔显然鞭长莫及。可他又无过硬独到的手艺，摆脱打工命运的唯一途径就是参军。

成为大秦帝国的一名士卒后，他的日子好过了一些。他的头脑灵活，人缘混得不错。很快，他从一名普通士卒变成了军官。未来和前景仿佛变得光明起来。

升官，再升官，再再升官，梦寐以求的富贵生活，宛如一个浪荡的窑姐儿，挥舞手巾，风情万种地在不远处召唤他。

陈胜当上军官没多久，上方下了一道军令，令他押送九百民夫和一批粮食到渔阳，即今北京市密云县一带去戍守边境。这和刘邦执行的任务差不多，但遭遇却不同。

所谓人算不如天算，连续几日暴雨，把陈胜的队伍陷在蕲县大泽乡，进不得，退不得。算算时间，规定期限已过。即便到了目的地，结果只有一个：集体处死。

天无绝人之路不过是一句自我安慰的话。事实上，天降暴雨，给陈胜等人造了一条绝路。

面对绝路，人有两种选择，要么立刻自尽，一死了之；要么赌一把，继续走下去，走到头，最终死而无憾。

陈胜选的是后者。他和军中的密友吴广联袂表演了一个戏法，道具是一条鱼。事先，吴广用朱砂在帛上写了"陈胜王"三字，再将帛塞入鱼腹中。

这条鱼被吴广带到市场，又派士卒买回，中午会餐，做菜时有人发现鱼腹中的字条。晚上，吴广蹲草丛里怪叫：大楚兴，陈胜王。有人说那是狐狸的叫声。可狐狸怎会讲人话？硬要和狐狸扯上关系，那也是狐狸精的叫声。

这套戏法蒙了军中的士卒和农夫。大伙儿看陈胜的眼光明显异于往常。

迷信迷信，迷迷糊糊就信了，太多的人看事看物，只观其表，不问究竟。好比如今有些人，闻听绿豆包治百病，便蜂拥食之，过后方知，那张悟本大师并非出自中医世家，只是一个不学无术的纺织厂下岗职工。就像此时，在士卒和农夫眼中，陈胜已然不是一个出身农家的穷小子，而是真龙转世。

蒙骗成功，陈胜吴广趁热打铁杀了军尉，继而煽动演讲：咱们此去渔阳，早过了期限，去了也是死。王侯将相宁有种乎，秦人能得天下，我们为何不能！

九百多人热血沸腾。往竹竿上挂了一张破布片充当起义大旗，挥舞着开始了他们伐秦的征战。

NO.4 有官大家当

一处乱，处处乱，像病毒疯狂扩散，大泽乡起义引爆天下大乱。

原属六国地区的郡县都有人起来造反。有官大家当，干掉熊猫，我就是国宝。那些造反头目杀了当地的守尉、县令、县丞，自立为侯王。

此刻，再牛的肖邦，也弹不出各地官员的悲伤。死了的，死不瞑目；没死的，惶惶不可终日，不知何去何从。沛县县令也是如此，他招来大小官吏商议，说与其被反秦的人杀头，不如我带头反秦。

萧何等人却不赞同，他们给县令分析：您是朝廷命官又是外地人，您带头反秦，朝廷要杀你，沛县子弟也不会跟您走，两头不讨好。

“莫非只有等死？”县令没了主意。

“办法倒有一个。”萧何说，“以暴制暴。现如今，刘邦手里有一支队伍，都是沛县子弟。您把他召回来，可保平安。”

“刘邦在哪儿？” 县令茫然，“寻了他那么久，连根毛都没见着。”

萧何当即推荐了一个人，樊哙，他准知道刘邦藏身何处。

这便是萧何的精明之处，若推荐一名官吏，说明此人和刘邦有所勾结，等于出卖了同僚。樊哙则不同，杀狗的屠夫，且与刘邦、吕雉最亲。

县令点头认可。

一个杀狗的屠夫，成了官府与山匪的联络员，乱世的荒唐可见一斑。

樊哙上了山，把局势跟刘邦一讲。刘邦没二话，立刻率领几百号山匪下山，直奔沛县。

刘邦很清楚，没有这个机会，他也许永远回不到家乡，永远见不到妻子儿女，只能苟延残喘当一辈子山匪，窝窝囊囊了却余生。

队伍飞速行进，半路上，对面一辆马车疾奔而来。驾车的车夫是夏侯婴，车上坐着萧何、曹参等人。

他们并非是迎接刘邦，而是来通报：县城进不去了。

樊哙一走，县令盘算，刘邦已不是过去的刘邦，他是一个土匪头子，手下人马众多，犹如猛虎下山，保不齐会夺了自己的权。

我上当了。县令挺懊恼，萧何、曹参这些人把老子当猴耍，估计他们是刘邦的内应。事已至此，只能先杀内应，再拒刘邦。

主意打定，县令下令关闭城门，全城搜捕萧何等人。夏侯婴消息灵通，赶紧调动县衙马车，把萧何、曹参一帮人送出城来。

这一突发情况，并没使刘邦慌乱，他率领队伍下山，就没打算再回去。

可是，到了城下，城门紧闭。城头上密密麻麻站满沛县的父老乡亲。由于守兵不足，县令把他们都赶到城头来防守。

这沛县县令无情无义，为了自己能偷生，不惜搭上全城人性命。

见到这幅景象，萧何向刘邦献计：智取。

在萧何的授意下，刘邦写了一封短信，绑在箭上，射到城头。

信中说：秦朝暴政，人民受苦已久，天下各路英雄豪杰皆在反秦。沛县恐遭屠城之难，父老乡亲不如擒杀县令，新选一人当首领，响应义军一同伐秦。如此，家园方可保全。否则，大家玉石俱焚。

此信极有力度，动人心弦。城中又有一大群刘邦的亲友、故交，他们推波助澜，杀了县令，打开城门，迎接刘邦和他的人马归来。

刘邦归来了，沛县子弟起义了，不少人推举刘邦当领袖。理由很简单，他手头有队伍，又发短信号召大家擒杀县令，理所应当由他挑头。

面对群众呼声，刘邦不骄不躁，说大伙儿都冷静。如今天下大乱，到处都在起义，不是我不愿意挑头，只是起义这事技术含量忒高，我能力差，恐误事。

推脱是假意，客气是真情。

刘邦心里清楚，在沛县，论学识凭能力，萧何、曹参都在他之上，推辞一番很有必要。而萧何、曹参顾忌更多，他们拖家带口，置下不少产业，若带头造反，一旦失败就会遭到灭族之灾。

这个巨雷谁也不愿顶。

于是，这俩人也站出来，力挺刘邦。

刘邦则不同，他如今的身份是流氓加山匪，天底下还有什么事不敢干？

众人很坚决很有诚意，再推辞谦逊假装君子就没意思了。

君子不是装的，孙子才是装的。刘邦早就不甘于屈尊当一个小小的亭长了，如今天下大乱，谁胆大谁就能当官，既然沛县县令已死，自然要有人代替，这样的机会岂能放过。

于是，刘邦自称沛公，统领全县。

冷兵器时代起义就是容易，拿把菜刀也算兵器，不用走私导弹和机关枪。而起义了就要打出去扩张地盘，不能困守原地等别人来打。要打出去，就必须组建一支更强大、更完善的队伍。

强大，便要招募兵丁；完善，就得任命将领。

刘邦派萧何、曹参、樊哙前往各乡，大量招募乡勇。身强力壮者均可报名，有一定武功者优先录取。轰轰烈烈的，一共招募了三千人。

接着，刘邦任命萧何、曹参为参谋，樊哙为先锋；任命自己的发小卢绾为侍从官；任命夏侯婴、任敖、周勃以及吕雉的两个哥哥为将军。

作战任务是，先攻取周围的两个县城，胡陵和方与。大本营则设在自己的老家丰邑，由黑道老大雍齿把守。

出征前，刘邦搞了一台大型的迷信活动。

他让队伍齐整整排列在县衙前的广场上，祭告战神蚩尤。

传说中的战胜蚩尤，铜头铁额，善于用兵，在部落争夺战中，异常勇猛，所向无敌。

这位远古传说中的战神到底有多神，其实无人可知。铜头铁额多半也不是真相，很有可能是带了一副面具在裸奔。

战前祭奉神灵，好比吹生日蛋糕蜡烛前许个愿，希望自己一帆风顺。

刘邦亦是如此，他率子弟兵起义，当然希望自己顺风顺水，所向披靡。但是，有一个事实，他无法回避——此时，在天下反秦势力中，他的地盘最小，力量最弱。而率先起义的陈胜俨然是一个暴发户了。

NO.5 暴发户

短短一月，陈胜率义军连克数城。攻下陈城后，队伍已多达数万人。

人一旦有了势力和名气，便有人攀附和投奔。此时，便有不少人投奔陈胜而来。其中也不乏名人，譬如孔子的后裔孔鲋，刘邦的师友张耳，魏国的名士陈余。

陈胜欢欣鼓舞，当地父老力挺他称王。

他也的确想称王，他的头脑已经发热，且热度持续飙升，与如今的土鳖暴发户别无二致，脱了贫却脱不了浅薄，充其量是一只扒上井沿的青蛙，腿仍旧是弯的，稍不留神又得掉井里。

张耳、陈余等人则是老谋深算。他们认为，应当先立六国后裔为王，再集中兵力进军关中，直捣咸阳。胜，则可摧毁秦王朝；败，则退守已占领地盘，与秦军周旋。

反之，若先称王。天下人就会嚼舌头：你们哪里是对抗秦王朝，完全是为了谋一己私利。

陈胜一句也听不进去，谋私又怎样？现如今，我已经不是一个农民，我是一个有军队的人，一个有势力的人，我偏要自立为王，国号张楚，张大楚国，就这意思。

陈胜膨胀了。他派出五路大军，从东、西、南、北四面发动进攻。

东路，平定魏地和齐地；西路，进攻关中；北路，收复赵地；南路，进发江南。剩下一路，攻打粮都荥阳。

气势很雷人，打法很脑残。陈胜并不懂伤其十指，不如断其一指的道理，只一门心思想着扩张势力，占领粮仓。

抢钱抢粮抢地盘，标准的土匪作风。

奇怪的是，面对声势滔天的叛匪，秦王朝高层却相当淡定。

咸阳未央宫内，各地官员上报动乱情况。

秦二世不慌不忙，召来一帮儒生学者开会。

儒生学者齐聚一堂，说应当速速发兵剿灭造反者。

造反？胡亥想不明白，自己英明，帝国伟大，那些人干吗要造反？这帮儒生定是读书读傻了，脑子坏掉了。

他没跟儒生计较，只下令把上报情况的官员交与司法部门处置，罪名是“谣言惑众”。

有些儒生不解风情，继续上谏，都没落个好下场。

唯独一个叫叔孙通的学者，摸透了胡亥的心思。他侃侃而谈，说那些闹事的人，不过是一群小流氓、小毛贼，他们在地方闹，就让地方去平定。当今皇帝如此英明，此等小事根本不足为虑。

话不多，句句挠到胡亥的痒痒肉。胡亥挺美，当即嘉奖叔孙通，赐丝帛20匹。

背地里，儒生们指着叔孙通鼻子骂，说你丢尽了读书人的脸。叔孙通只是乐。

大家都以为他从此就会平步青云。然而，一天夜里，叔孙通悄然离开了咸阳，没有人知道他的去向。当他再次出现于历史舞台时，已是多年后了。

叔孙通消失了，胡亥则继续陶醉在娱乐中。手握大权的赵高也怂恿他，当皇帝就该享乐，其他的事，交给手下人操办即可。

至于叛乱，完全不必忧虑。要打进咸阳，必先占领关中。

关中是何地？就是今天的陕西，崇山峻岭相围，中间一片平原。东有函谷关，西有散关，南有武关，北有萧关。关关地势险要，易守难攻。叛乱者气势虽凶，却是一帮乌合之众，难道全世界的鸡蛋联合起来就能打破石头吗？

可是，胡亥和赵高做梦都没想到，由陈胜部将周文率领的部队，以极快的速度攻克了三川郡，直逼函谷关。他们一路边打边收编，到达函谷关时，已有兵车千辆，步兵十万。

周文这个人，曾是楚国名将项燕军的“视日”官，工作是掌管观察天象以占卜吉凶。没吃过猪肉，也见过猪跑。耳濡目染多年，他自认为懂得些军事。

他率军破了函谷关，进入关中平原，抵达戏地，即今天的陕西临潼县东。周文把部队驻扎于此，准备向咸阳发起总攻。

这个消息很恐怖！传到咸阳，赵高傻了，胡亥慌了，大秦帝国热血铸就，危难之时谁能显身手？

一个老秦人贵族的后代站了出来。他叫章邯，官居少府，主管渔政和税收。

少府是九卿中级别最低的官职，章邯并没当过军队主帅，但他思维缜密，极清楚当前的形势。

现在，从周围的郡县调集军队保卫咸阳，已经来不及了。只有一个办法，把正在骊山陵工地上服役的刑徒编成军队。

章邯这一招很妙。那些刑徒中，不少是因为帝国政治斗争受到牵连，而被囚禁做苦工的武装力量。他们受过严格的军事训练，且人数巨多，足有二十万。

章邯让他们披上秦军的黑色战袍，戴上黑色头盔，高举黑色战旗，迎击周文大军。

周文率军攻破函谷关后，忘情忘形，忘了自己是孤军深入，忘了手里的十万大军，实际上是一支杂牌军。陈胜给的兵，沿途收编的人，都未经过正规的军事训练，他们大多是为了讨口饭吃，虽然不怕死，但不证明就会打仗。尤其胜利之后，他们的情绪便更加浮躁。

这浮躁表现在安营扎寨上，完全没有规则，随心所欲，瞅哪儿合适，就在哪儿安置营帐，像棋子零乱散落于棋盘上。

与其说他们是来打仗的，不如说是来旅游观光的。

章邯看到这支杂牌军的部署，心中已有了数。

XP不发威，你当我是DOS。章邯果断下令全军出击，他的黑色军团如一股龙卷黑旋风，高速运转，呼啸着冲入周文军队的大营。

周文军中的士兵猝不及防，眼见秦军战马奔腾而来，顿时乱了分寸，想逃逃不掉。秦军骑士一通砍瓜切菜，无数头颅暴雨倾盆般落地，不断有人被死尸绊倒，未及爬起又遭砍杀，汩汩血水席地横流，涨痛眼球。

十万杂牌军与二十万秦军团碰撞，刚一交手，便被摧为齑粉。周文无限惶恐，他率领残将伤兵，溃逃出函谷关，一路逃到渑池。

章邯率军紧追不舍，追到渑池，继续剿杀。此时，周文军已无还手之力，只得任由秦军宰割。绝望中，周文自刎身亡，剩下的残兵，也都归降了章邯。

西路军覆灭，仅仅是陈胜崩溃的开始。他派出的另一路大军，此刻正在攻打荥阳。

荥阳是秦帝国东方重要的粮仓，由李斯之子李由镇守。

情人眼里出西施，老虎眼里全是口粮，吴广率军猛烈攻打，才不管荥阳城池多么坚固。

然而，荥阳城内兵精粮足，完全耗得起。

吴广久攻不下，又收到一个噩耗：西路周文军覆灭了。

这噩耗足以动摇军心。吴广的部将田臧和李归盘算：章邯把周文灭了，掉过头来就要打咱们。那吴广根本不会用兵，久攻荥阳不下，还霸道得很，好像这天下陈胜是老大，他就是老二，我看他还真有点儿二。不如杀了他，留下小部分人马继续围攻荥阳城，把大部分人马调去阻击章邯军。

于是，田臧假传陈胜的命令，暗杀了吴广。

按说，对这种先斩后奏，无视领导的行径，陈胜应该严加惩治。攻城攻不下，抢粮没抢着，还内讧火并，仗显然是没法打了，理智的做法是下令撤退，撤回大本营，严加整顿。

但他没这么做，他心里似乎有另一种想法——当初他和吴广靠骗术组建队伍起义，这个秘密一旦泄露出去，他还怎么服众，怎么称王？知道底细的人，只有吴广。将来建立了新帝国，也留他不得，早杀了也好。

于是，他传令给田臧，接替吴广的帅位，继续围攻荥阳。

田臧命李归围攻荥阳，自己率领大部队前往敖仓，迎战章邯大军。

这一去如包子打狗，再没回来。

田臧战死，章邯率军抵达荥阳城下，将残存的起义军全部剿灭。

五路大军，两路覆灭。好比五根手指断了两根，陈胜有点儿痛不欲生了。

而现实并非林黛玉，不因忧伤而风情万种。他这厢只顾舔伤口，殊不知章邯率军已直奔他的大本营陈城而来。

危机时刻，他指望北路军和东路军回来救援。

北路军由将军武臣率领，已收复了赵地。但张耳和陈余对陈胜极度不满，当初，陈胜不采纳他们的策略，只让他们当个校尉，做武臣手下的马仔。

现在，两路义军覆灭，大势已去。他们便说服武臣自立为赵王。武臣欣然应允，任命陈余为大将军，张耳为丞相。

无独有偶，东路军首领周市，也背叛了陈胜。他率军平定魏地后，自立山头，扶立魏国的后裔为魏王，自任魏相。

覆灭的覆灭，分裂的分裂，没头脑的暴发户，转眼就把浴血奋战换来的家当搞没了。

掰指头算算，从起义到今天，不过六个多月，当初揭竿而起的激越场景，攻城拔寨的勇猛劲头，自立为王的豪迈气势，如今都已灰飞烟灭，徒留一段飘渺的富贵梦，在脑海里幽怨地打转。

孤立无援的陈胜，只能逃跑。这一逃便踏上了不归路。在汝阴，他的车夫庄贾将他杀害。

庄贾并不装假，他和很多士卒一样，真的不想死，真的想投降。砍下陈胜的脑袋，也算为大秦帝国立了一功。

此时此刻，刘邦的处境也不比陈胜好多少，他率领的反秦队伍也是举步维艰，进退两难。

NO.6 抄后路

与陈胜相同，刘邦起义也打了个开门红，连克胡陵、方与两座县城。

他心中充满激情，脸色红润、眉目带喜，像少女与心仪的情郎首度幽会尝了禁果。

两战连胜后，刘邦马不停蹄，率军直取薛城。想当年，他的“亭长冠”就出自此城中某个巧匠之手。

“这地方有点儿意思啊。”刘邦眼睛眯成一条缝，手指不远处，尘土飞扬中的薛城，下令攻打。

这一仗仍无悬念，上桌就和牌。趁着手顺，继续占地盘，下一个目标——亢父城。

此时，舒畅感荡满刘邦全身，他的血液快活地奔腾。然而，激情不是感情，激情只是开门红，感情才是月月红。因此，激情并不长久，突遭挫折，便会在瞬间的灿烂之后顷刻消亡。

就在刘邦兴致盎然地攻打亢父时，有人跑来报告：“你的好朋友在你的大本营反叛了你。”

刘邦愣了片刻，骂道：“娘的，你直接说抄后路不就行了吗！”

想必来人怕刘邦着急，故意把话说得宛转。哪知刘邦心里更急，雍齿啊雍齿，我拿你当兄弟，将丰邑托你镇守，你竟反叛，你丫教育好了也是一流氓啊。

必须夺回大本营。刘邦放弃攻打亢父，率军反击丰邑。

到了丰邑，往城头上一看，雍齿那混蛋居然搞模仿秀，他模仿沛县县令，把全城的老百姓都赶到城墙上来镇守。

这让刘邦更怒。可如今的雍齿，已不是当初的黑道老大了，他已投靠魏国，现在是魏国的列侯。

前文说过，陈胜的东路军首领周市，平定魏地后，新立了一个魏王。说起来，丰邑这地方，在秦吞并六国前就是魏国的地盘，如今，魏国复国，丰邑的主人当然就是新魏王。

雍齿厚颜无耻地矗立城头，像当年一样斜眼睥睨刘邦。这副屌神情，分明是在说：别用你的脾气来挑战我的个性，那会让你死得很有节奏感。

刘邦只有硬着头皮攻城。不攻也得攻，家人还在丰邑城中呢。

可是，连续攻打数日，丰邑城安然无恙。

其中的缘由大家都明戏，丰邑城的队伍，本就是刘邦军团中的一支。换句话说，大家都是丰沛子弟，搞不好还沾亲带故，你叫人家表哥打表弟，舅舅打侄儿，怎么下得了狠手。除非互相在菜园子里偷过菜，有些经济纠纷，才会借机公报私仇；否则，都是做做样子，进行一些武术表演、格斗就算了。

攻城攻出了亲情，打仗打成了喜剧，刘邦气得蛋疼。

他找来一个儒生，摘下此人头上斗一样的冠，搁在地上，往里撒了一泡黄澄澄的尿。看得出，火气很大。

可宣泄不顶用，人在恼怒之时，往往时运更糟。就像一个没吃饱饭的家伙，瞅谁都像仇人；而一个吃饱喝足的人，则怡然自得，心平气和，脸上浮现出一种万事不求人的表情。可见，愤世嫉俗者大多都是些没成事的倒霉蛋。

倒霉这东西也有惯性，没有最倒霉，只有更倒霉。刘邦没把根据地夺回来，先前攻下的几座城池，也被现任魏国丞相的周市给占了。撒尿擤鼻涕，本想两头全逮住，可都失了手，弄得一身脏。

丰邑城里，吕雉同样心乱如麻。她愤恨雍齿，也埋怨刘邦，镇守丰邑的重任交给谁不行，偏偏交给雍齿。你俩本就不和，不过是经人劝解才成了酒肉朋友。难怪他要抄你后路。

埋怨归埋怨，对自己的丈夫，终归是心疼担忧多过埋怨。丰邑打不下来，下一步刘邦怎么办？他若死了，我以后怎么过？难道就带着孩子永远困陷在丰邑城中？越想，越感觉这日子是一种煎熬。

唯一值得庆幸的是，雍齿没有为难刘邦的妻儿。估计雍齿也是怕把事情做绝了，刘邦跟他玩儿命。

这与良心、道义无关，只是策略。世间很多事都是如此，看起来比较温暖，触到实质却是彻骨的寒冷。

雍齿只想站稳脚跟，刘邦也没法死斗，他只能离开，率领队伍去楚地，打算投奔楚王景驹。

景驹也是个被人当枪使的货，为陈胜部将所立。陈胜死后，散落在楚地的一些反秦小团伙，纷纷来投，他便有了些名声。

刘邦率领一路流浪般的人马奔景驹而去，显得很漂泊。他并不知此去是福是祸，是喜是悲。

其实两样都有。

队伍行至外黄的时候，他的母亲受了风寒，一病不起，折腾了几日便死了。

刘邦跟他爹是冤家，跟母亲却感情笃厚。自打他起义开始，母亲就一直照料他的起居。现在，母亲病故，他在流亡，办个葬礼很不现实，只能从快从简，在荒野筑一座土坟，将母亲草草安葬。

城池被夺，妻儿沦陷，母亲亡故，实乃人生三大不幸。而中国人讲究事不过三，否极泰来，其中缘故谁也说不清，但往往好多事情就是如此。刘邦在连遭打击之后，便意外地迎来了一桩喜事。

这喜事就是一个人的出现。

NO.7 忽悠

人事人事，人永远比事重要，因为所有的事都是人做的。

当刘邦臊眉耷眼地在马背上一颠一颠时，不远处来了一哨人马，约有几百人，领头的看上去有些儒雅。两方面一通报，刘邦方知，此人叫张良。

这个名字在江湖上颇为响亮。大家知道此人是韩国贵胄的后裔。其父张平曾任宰相，可他运气很差，二十多岁时，韩国被秦国灭了，他没当成官，家也破败得不成样子，穷得只剩下三百家僮，可见当初是多么荣华。

私利国仇加一块儿，张良对秦国的恨油然而生，不惜花费全部家产收买了一个刺客，密谋刺杀秦始皇。

他知道，秦始皇很喜欢从自己待烦的地方到别人待烦的地方去，这种爱好现在叫旅游。

那一回，秦始皇东游，张良便和刺客埋伏在博浪沙。他们的计划是用一个重达一百二十斤的大铁椎袭击秦始皇。那刺客是个大力士，他打算在百步之外将铁椎掷向秦始皇的车驾。

想必张良脑海中已经意淫出秦始皇脑袋开花的动人镜头，鲜血四溅脑浆迸裂，估计很多在场的人，从此就不吃豆腐脑了。

他亲眼看到铁椎义无反顾地飞出去，果然中了——副车。

这是史上最囧的刺杀行动。他们事先一定是练习过的，但剃头毕竟和剃冬瓜不一样，大约是投篮时那篮板在移动，没拿捏好投掷的时间。

秦始皇躲过一劫，立刻派遣反恐精英，在全国搜捕十天，捉拿刺客。

天下为之震动，张良隐姓埋名，四处逃亡。他想将来有朝一日还要复仇，可自己身单力薄，唯有依靠强人，才能达成夙愿。这就需要包装自我，以便忽悠别人。

忽悠这一行为的历史非常久远，早到遥远的古埃及时期。当时的古埃及人，心里有诸多疑问，天上的星星从何而来？谁制造了震耳欲聋的响雷？ 尼罗河为什么会泛滥？一些热心的家伙跳了出来，给大家解答这些问题，他们被称为祭司。

祭司绝非上知天文、下知地理的天才。他们只是会忽悠，编出一些神话段子，想出一些虚幻的来由，民众还真就信了。从此，祭司便获得了极高的威望。

张良则与古埃及的祭司不相上下，他编的故事有时间、有人物、有地点、有情节。以至于如今的老师家长，还用他的故事来教育孩子要勤奋，要早睡早起。

故事很简单：他逃亡到下邳，在下邳桥散步时，偶遇一位专写兵书的老文人，笔名叫黄石老人。老文人很深沉，叫他五天之后，一大早来此处相聚，有礼相赠。五天后，张良去了，结果老文人提前到了，指责张良：你怎么可以迟到，忒不把文人当回事了！于是，约了五日后再会，哪知五天后张良又去晚了，再约。这一次，张良半夜就到了，半夜正是文人来劲儿的时候，黄石老人很兴奋，送了一套名为《太公兵法》的帛书给张良。

熟读此书，十年之后，你便可以辅佐帝王，做帝王的老师。黄石老人如此嘱咐。

文人走了，张良乐了，开始研读此书。可惜，这部书只有张良读过，世上再无人见过。班固在《汉书》里罗列的兵书目录中，也没有这本书。

在班固看来，此书实际上是一本假托周朝太公之名的盗版书，内容与兵法无关，而是一本历史类单行本，讲了些古今兴衰成败的经验教训。

张良太会忽悠了，他隐居下邳十年，苦读了十年道学，思考了十年。以前他尚武，靠武力搞恐怖活动，结果失败。十年后，他的思想已相当成熟，决定用脑子和学识去创业。《太公兵法》便是他推出的一张名片。

这张名片是诱人的，引得一些人归附。始皇一死，天下大乱，张良也造反，效果并不好，率了人马也要去投景驹，行至半路，碰上了同样落魄的刘邦。

俩人一见如故，相恰甚欢。一路走，一路聊，张良有一种找到了组织的感觉。以前，他跟不少人聊过《太公兵法》，人家都感觉是纸上谈兵，听来听去一头雾水。而刘邦却听得津津有味，还跟他交流。

沛公悟性太高了！张良只能如此赞叹。

刘邦没向张良索要实体版的《太公兵法》，觉得听音频版的就很滋润了。他不爱读书，却喜欢倾听，喜欢谈论。

语言永远比文字生动，听取意见永远比一意孤行受益。

张良越侃越兴奋，对刘邦愈来愈钦佩。索性连自己带人马一同归附了刘邦。

刘邦也不含糊，当张良是智囊。表面上，他给张良的官职很小，叫厩将，职务是管理军马。但从此时开始，张良已成了他的大脑。

他们决定一起去投靠景驹，可就在此时，传来一个消息，景驹身亡了。

第三章

刘邦的帝王路 LIUBANGDEDIWANGLU

NO.1 藏獒出世

如果没遇到张良，景驹的身亡会让刘邦一时没了主意。而今时不同往日，有张智囊出谋划策。

张良的看法是：跟狮子打仗，最损也得是藏獒，而景驹之辈至多是京巴和博美的杂交。狮子自然是章邯的黑色军团，藏獒又是谁呢？说起来都很熟悉，那就是楚国名将项燕的儿子项梁。

像很多年轻人一样，项梁青春期时也是血气方刚。而别人通常就是斗殴，他前卫一些，直接杀人。

出了事，跑路，他带着他的侄子项羽，到吴中避祸，那地方就是今天的江苏吴江县。

叔叔剽悍，侄儿更不是一盏省油的灯。也不知道打小吃了什么，项羽身体相当好，身高八尺，虎背熊腰，有一把子傻力气，喜欢玩一种举鼎的健身运动。

项梁见他匪气有几分重，便教他读书练剑，盼他多点儿内涵。

嘁，项羽嗤之以鼻。学这些干吗？哥不是出来耍剑的，哥要练的是一个人对抗一万个人的功夫。

一个人对抗一万个人的功夫，莫非是轻功？被人围住，可以飞跃逃脱。而轻功从下往上跳很难，从高处往下跳便极其容易，但每练一次，就需要休养几个月。

因此不靠谱，一个人对抗一万个人，只能是精通兵法，当上首领，指点部下去打。

于是，项梁传授项羽兵法。

项羽学了一阵，便没了兴致，也许是觉得兵法太绵软，远不如举鼎来得豪放。

可是，他这份豪放很有些不知轻重。那一回，在会稽，秦始皇东巡的车队，威武十足地从他眼前驶过。他竟然高声感慨：我可以取代他！

项梁吓出了一身冷汗，赶紧捂住他的嘴。 你小子这是要疯啊，这么反动的话也敢讲，心里想想就是了嘛。

项羽简直无所谓，想到了就宣泄，且相当自信。想当年，刘邦对秦始皇的气派不过是向往，他更牛些，直接就要取代。

取代就是明抢。怎么抢？他没想过，项梁也没想过。

陈胜、吴广起义，给了他们动力。杀了会稽太守后，项梁自任郡守，封项羽为裨将。此将非大将，通俗地说就是副手、助理。

叔侄俩联手造反，兵丁是不可少的，于是征兵。

项梁头上有光环——名将项燕的儿子，堪称“将二代”。这光环吸引了不少人。很快，他们就招募了八千子弟兵。

他们的造反路比陈胜、刘邦都顺坦。陈胜危难时，项梁以讨逆的名义，与景驹火并。理由是：你景驹是陈胜部将所立的楚王，陈胜有难，你不去救，你就是叛逆，所以我要收拾你。

人为了做一件事，找出的理由总是冠冕堂皇。明明是打击对方势力以壮大自己的土匪行径，却显得很有正义感。

景驹打不过项梁。他败亡后，其残部纷纷投降。至此，项梁总掌楚军大权，成为一只强悍的藏獒。

这只藏獒很高兴见到刘邦，刘邦手里有人才有队伍，人少点没关系，我给你，你先去报仇，夺回大本营。

刘邦特兴奋，有一种起死回生的还阳感。雍齿小人，欺我骗我，现在我兵强马壮，你叫我过愚人节，我就叫你过清明节。

这一回，他势在必得，非攻下丰邑不可。项梁给了五千人马、十员大将。这些人并非丰沛子弟，下手绝不留情。

眼见刘邦来势如此凶猛，雍齿自知不敌，遂奔城而逃，投奔周市和魏王去了。

收复丰邑，刘邦与吕雉再度相聚。但仅是匆匆一会儿。

婚后的日子，对吕雉来说，很少有踏实的时候，除了辛勤劳作，便是提心吊胆。

她不知道，这样的日子会持续多久。丈夫已经踏上了一条不归路，外面的世界布满刀光剑影，但他必须去拼杀。这由不得她愿意还是不愿意，如果丈夫不去，那刀剑迟早也会寻他而来。

迟早要发生的事情，还是早一点儿比较好。

此时，陈胜已死，天下更乱。武臣在赵地自立为赵王，韩广在燕地自立为燕王，田儋在齐地自立为齐王，魏咎在魏地被立为魏王。

这些新款的王，处境都岌岌可危。

打败陈胜后，章邯状态上佳，便率领黑色军团直取魏王。魏王边打边退，招架不住，就向邻居齐王求救。齐王实力也不够，只得请楚地的项梁增援。

很快，齐、楚组成联军，在魏、齐交界的军事要地临济，迎战章邯军。

这并非田儋和项梁仗义，而是他们成语学得好，知道唇亡齿寒的道理。

历朝历代，诸侯联合对抗某个强敌，与团结、齐心无关，大都不过是一时的利益所趋罢了。一旦强敌被摧毁，诸侯们便产生新的纷争，因为他们都想成为新的强者。

仗义也是流氓假仗义。

眼下的情势便是如此，齐楚联军来了。哪知他们脚跟还没站稳，便被章邯率军偷袭了大营。混战之中，齐王被杀，魏王自杀，楚军勉强抵挡一阵，败逃而回。

齐王死了，留下些残兵败将，由其弟弟田荣带领，退守到东阿城，又遭章邯围攻，项梁亲率大军又来救援。

七月的中原，雨水特别多，项梁趁机击溃了章邯军的主力部队。

这就像一场足球赛，弱队本不及强队，哪知一场大雨给了弱队机会，竟然打得强队无法还手。

原本是以弱胜强，而给项梁的感觉是自己真的很强。

人一辈子会有很多错觉，很多误会。误会别人或被人误会都无妨，要命的是自己误会自己。

陈胜死了，齐王死了，魏王死了，他们都没有干过章邯。唯独项梁，他胜了，他是光他是电他是唯一的神话。他信心猛增，率领军团进驻中原。

项梁和陈胜不同，没有在连胜几场后就自立为王。这倒不是他清醒，而是他手下有一个能人范增。

若放到现在，范增的网名可以叫老奸巨猾。七十岁的年纪了，毅然从军，一肚子谋略诡计。

对于天下的局势，范老头比谁都清楚——陈胜不立楚王之后为王，却自立为王。说明在前往失败的路上，他两脚都是油门，自然是混不长。项梁您世代都是楚将，若再拥立一位楚王室的后代，定会众望所归。

项梁到底比陈胜强些，至少能听取意见。他按范增的意思，立了一个楚王室的后裔为楚怀王，打着这个旗号，号令全军。

不过，这个楚怀王的来历有几分蹊跷，是个流落于山野的放牛娃，被项梁千辛万苦地找到，那时候也没有DNA鉴定，谁知道他到底是不是楚君的后代。

然而，是与不是，并不要紧，起到傀儡的作用就可以了。

范增看问题很智慧。智慧与聪明的区别就在于，智慧看得很远很广，聪明则只看到眼前。

立了楚怀王后，项梁有点儿挟天子以令诸侯的意思。打仗显得更正义，也更来劲儿。在刘邦收复丰邑的同时，他派项羽去攻打襄城。

襄城很难打，外面猛攻，里面的人誓死不降。项羽气得乱跳，倘若他有核武器，早把整座城给平了。

最终，城攻克了，手下兵将也死伤不少，项羽一怒之下还是用了核武器，他的核武器就是坑杀，所有战俘，一个不留。

这行径比土匪更恶劣，也非常脑残。明明是为推翻秦朝暴政而起义，可滥杀无辜便比秦政更暴戾，民心自然就失了，不但失了，且埋下了仇恨的种子。

表面上，项羽打得很威武，很风光，是反秦战争的最佳男主角。相比之下，此时的刘邦仅是一个配角。他配合项梁，一路攻取亢父、陈县、濮阳、甄城。

楚军气势如虹，高歌猛进。章邯军节节败退，退到雍丘以西。

项梁丝毫也没停顿，又派刘邦与项羽合作，攻破三川守军，李斯之子李由战死。

看起来，秦帝国大势已去，反秦起义即将大功告成。可事物往往就在顺利发展的当口，突然转弯，朝反面失控地奔去。

NO.2 将位之争

章邯连吃败仗，且战且退。他算是尝到楚军善战的厉害了，那句“楚虽三户，亡秦必楚”的暗号，绝非虚言。

章邯这个人，最大的优点就是无论胜败，都很清醒。他不是一个赌徒，不会输了就急红眼，不惜一切代价去翻盘。他出奇地冷静，哪里跌倒就在哪里躺下，养精蓄锐，补充军力，伺机而动。

项梁则不然，他已然膨胀，变得有些跋扈。楚国的大小官员心中不爽，面上却须臾奉承。

项梁愈发自得。他认为，彻底击败章邯已是指日可待。

将领轻敌，兵士自然懈怠，该防备的不防备，该警惕的不警惕。简短截说，章邯在项梁防备不足的情况下，率军直取定陶，楚军被击溃，项梁战死于乱军之中。

楚军一时群龙无首，将领们想法各异。他们中的不少人，骨子里是畏惧秦军的。

当初，秦军席卷天下，气势凶猛，早把他们的胆给摘了。如今起义，陈胜败亡因为他既不懂政治，也不懂兵法。项梁比陈胜牛，可他也没在通往牛逼的路上一路勃起，中途也萎掉了。莫非秦军团是永远不可战胜的？

毫无疑问，他们信心受挫，开始怀疑自身的力量。

这种怀疑，对任何人来说，都是奋斗过程中最致命的情绪。好在项羽没有丧失信心，他心中只有悲愤，只想复仇。秦国狗贼，杀我叔叔，我与你是一天二地恨，三江四海仇，别让我攻陷你的城池，攻陷一个，老子就血洗一个。

楚怀王的想法，又与项羽不同。项梁身亡，他且喜且悲，悲的是楚军失败；喜的是，他可以趁机摆脱项氏的束缚，从傀儡一跃成为正神。

刘邦呢？他此时颇有些以不变应万变的仙风道骨。事实上，也只能如此。他如今不过是楚怀王麾下的一员大将而已，能做的，就是听从号令。

这时候，谁又能想到，他会成为最后的赢家？

刘邦也罢，赵匡胤也罢，朱元璋也罢，都不起眼，可正是这些当时不起眼的人，最终成为开国帝王，屹立于万人之上。而那些貌似光鲜，风光一时的家伙，显得很主流，最终不是兵败身亡，便是归附于他人帐下。

有言道，中国的开国皇帝，无非两种，一是豪强，二是流氓。盖因豪强颇有势力，流氓无所顾忌。这仅是其一，君只见他们天不怕、地不怕，却不见他们如何得了民心。

什么是主流？得民心者便是主流，失民心者便是非主流。

楚怀王也想成为主流，可眼下他琢磨的不是如何得民心，而是怎样把大权揽于手中。

项梁一死，楚怀王立即行动起来。他使出一招——封官。封官不是提拔，而是分割权力，这是领袖乃至君王们惯用的伎俩。

项羽被封为长安侯，号鲁公；刘邦被封为武安侯，任砀郡长；都是侯，实质上的差距可就大了，鲁公只是个空号，并无实际职务；砀郡长可是手握实权，整个砀郡的军队，都由刘邦一人指挥。

明眼人都知道，楚怀王这招是贬项羽，扬刘邦，拿刘邦来钳制项羽。谁叫项羽从来都只把他当个傀儡呢！

如此安排，项羽十分不爽。

回想当初，攻打亢父，刘邦的猛将曹参，头一个登上城头；攻打甄城，又是刘邦的先锋樊哙，率先登上城头，这就够让项羽丢面子的了，如今封官，刘邦又得了实权。项羽免不了会嫉妒羡慕恨。

刘邦很机灵，他知道自己要低调。低调是最牛逼的炫耀。

他更清楚，项羽的脾气大于智商。于是，他赶紧找到项羽，提出申请，希望结为兄弟。从今后一荣共荣，一损共损。我爹就是你爹，我兄弟就是你兄弟，我媳妇还是我媳妇。

刘邦比项羽大二十四岁，明明是长辈级，却甘愿当兄弟，这就叫流氓不吃眼前亏。

项羽见刘邦自降辈分，一味讨好，虚荣心得到满足，乐呵呵地与刘邦拜了把子。

不看不知道，一看真奇妙，世上许多事，表面像赢了，其实是输了。

楚军这边，主将战死，内部骚乱。而章邯则率军渡过黄河，北上攻击赵地的起义军。

章邯此时应当继续攻击楚军才是，为何偏要去打赵地？

原因很简单，项梁虽死，却并未伤及楚军元气。各路楚军退守彭城。章邯若拼死攻打，并无取胜的把握。短时间内拿不下，粮食必然吃紧。

而且，另一支由王离率领的秦军，此刻正在进攻赵地，一直未能攻下。若让王离放弃赵国，一同来攻彭城，后方则必遭赵军袭击。前不能进，后不能退，势必全军覆没。

通盘权衡之后，章邯才做此决断。

此时，赵地的赵王叫赵歇，丞相是刘邦的师友张耳。张耳虽有些智慧，但终究是个书生。秦军猛攻，他们难以招架，便退入巨鹿城中死守。

章邯抵达赵地的时候，王离军正与赵军在巨鹿苦战。

章邯下令，铲平赵地国都城墙，迁空城内人等。接着，移兵巨鹿城南的棘原，修筑甬道，为王离军运送粮草，并且守护王离军侧翼，形成夹击之势。

巨鹿城内的赵军岌岌可危，他们向楚军求救。

形势很明显，如果秦军灭了赵，实力必将猛增，楚军的压力更大。反之，如果北上救赵，情况则大不一样。一方面，把秦军主力吸引在河内，一方面可趁关中地区空虚，直捣咸阳。

这笔账很好算，傻子都明戏。楚怀王当即作出部署：兵分两路，一路北上救赵，一路西进打咸阳。

北上这路，任宋义为上将军，项羽为次将，范增为末将；西进一路则由刘邦统帅。并且约定，谁先攻入关中，谁就当秦王。

楚怀王如此安排，固然有自己算计，但也很明智。项羽虽是猛男，作战凶悍，但杀伐过重，看所有秦人都是仇人。如今，秦国老百姓最恨的就是暴政，若再来一位更暴烈的主儿，他们的反抗将更强。

刘邦的性情则温和得多，派他西进比较妥当。

项羽当然不愿拉着自己的子弟兵，到前线去和章邯拼个你死我活，他想和刘邦一同西进。

楚怀王死活不答应，我就是要削弱你在军中的实力，不仅不让你西进，还不让你统帅全军，领衔主演你没份儿，就当配角吧。其实配角都高抬你了，就跑个龙套，做个不要命的替身吧。

但是，楚怀王想错了。战争不是拍戏，战争凭的是实力。

看起来，北上大军中，宋义是一把手，项羽是二把手，范增是三把手。可项羽和范增是一条心，他们手下的将领，比如英布、蒲将军等，都是项梁一手提拔起来的。

实际上，宋义很孤立。要掠夺他的领导权，那是易如反掌的事儿。连项羽心里都有数，何况老狐狸范增。

可怜宋义这位空头将军，并不知此去就是送死，不是死在秦军手里，就是死在自己人手里。他本出身楚国名门望族，也有些才华，曾为项梁出谋划策，可惜未被采纳。

此番出征，他和项羽想法完全不同。对于项羽来说，既然要战，就是复仇战，定要杀了秦军统帅章邯，为叔叔报仇。

宋义打的主意却是坐山观虎斗，让秦军与赵军鏖战，等到他们两败俱伤，再出击收拾残局。

因此，这支北上的部队，到了安阳便停留下来，拖延了四十六天仍不前进。

这时候，寒冬已至。冬雨连绵，雨点像冰粒子在风中纷飞，砸在脸上生疼。楚军将士挨饿受冻，每日只有芋头、豆子聊以充饥。大家都很清楚，军中已没有多少存粮了，他们的前景就像终日阴霾的天空一样黯淡。

将士的死活，宋义是不会管的，他只顾着做自己的事，他打算把儿子宋襄派到齐地去当丞相。

想必他也知自己是个空头将军，前途难料，便先铺下一条退路。

他亲自把儿子送到一个叫无盐的地方，摆下践行酒宴。

他前脚走，项羽后脚便跳了出来，进行了一番极具煽动性的演讲。

项羽说：将士吃不饱肚子，上将军却饮酒作乐。不引兵去赵地抢粮食，与赵军共同对抗秦军，却坐山观虎斗。赵军一旦被灭，秦军将更强大，我军哪还有机可乘。

这番话引发全体将士共鸣。对，不能待在原地等死，得去赵地搞食物、打秦军，死也当个饱死鬼！

世间所有铤而走险的事，都源于饥饿和贪婪。而饥饿比贪婪更为恐怖，没有饥饿，也就无所谓贫穷；没有饥饿，也就没有卖身为奴，沦落为娼，甚至易子相食。简言之，饥饿可以创造历史，也可以改变历史。

宋义此时却是典型的饱汉子不知饿汉子饥，全然不知军中已变了天。

他毫无顾忌地从无盐回到安阳。刚进军帐，只见项羽手提一把刀，怒目而视。他还没明白怎么回事，项羽已将他砍翻在地。

NO.3 仗是赌赢的

楚怀王很快就收到了宋义被杀的消息。项羽给出的理由是，宋义与齐国勾结，企图谋反。

这话一听就是扯淡。谋反？谋的哪门子反？当真谋反就率部径直投靠秦军去了，还跟齐国缠绵个什么劲儿。

宋义之死，楚怀王和楚军的官员都心知肚明，就是项羽夺权。可明白归明白，却拿项羽一点儿办法也没有。

既然事态不可扭转，最好的办法就是顺水推舟。这也算是一项领导技巧。楚怀王便是这么做的，他正式任命项羽为上将军，统帅全军救赵。

对于项羽来说，杀了宋义，虽然得到领导权，却丝毫没改变艰难的局势。

秦军的兵力他是知道的，章邯军和王离军加一块儿，足有四十万。再瞅瞅自己，只有四万。而且，这四万人中，只有八千人是项家子弟兵，其余全是收编的各路杂牌义军。

四万杂牌军对四十万秦帝国正规军，胜算有多大？

要不然就撤吧。可项羽没有退路，一旦败退，他就得提头去见楚怀王。想比之下，秦军的压力小得多，即便战败，也可以转移。

这就是我们通常所说的背水一战，只能胜，不能败。好比世界杯小组赛，前两场一平一负，想要出线，最后一战就必须胜。

楚军艰难，巨鹿的赵军更危急。

从秦军的布局看，章邯军驻扎南面，为围困巨鹿的秦军输送粮食。两支秦军，一个主攻一个副攻。巨鹿就像一只羊，身处两头恶狼的控制中。

此时的巨鹿可以说是风声鹤唳，危如累卵。

项羽没有更好的办法，他决定硬拼，集中力量攻击两支秦军心脏，切断两军联系。

这打法看似鲁莽，实则粗中有细。

哥不光会举鼎，哥也读过几篇兵书。表面上看，秦军的布局无懈可击，可仔细一看，联系两支秦军的甬道，便是他们的心脏，也是他们最薄弱的地方。

在对方几乎没有破绽的情况下，生生找出破绽，这叫能耐。类似现代商战中，从合同里挑漏眼儿。

作战计划拟订，项羽先试了一下水，他派遣大将英布与蒲将军率两万人先渡黄河，破坏章邯军修筑的甬道，以阻碍他向王离军提供补给。

英布、蒲将军一举击败看守甬道的秦军。这虽是一场小胜利，对项羽来说，却是个大契机，秦军的问题暴露无遗，那就是甬道的章邯军很虚弱。

此时，当以全部主力进攻章邯军。

真正的豪赌即将开场，一把定输赢。赌博术语叫“梭哈”。

项羽有赌的勇气，但实力远不如对方，那靠什么与对手拼？答案只有一个：靠心态靠战术。

这节骨眼儿，是人都能想到一个词：破釜沉舟。

项羽再度发表颇具煽动性的演讲。

可别小看演讲，回顾历史，希特勒曾靠演讲当上元首；再看今朝，无数骗子都靠演讲蒙钱。

连薪水都发不出的公司老总，通常这样煽动员工：困难只是暂时的，众人划桨开大船，齐心合力勇闯巨浪，风雨之后见彩虹，你们以后就是公司的元老、核心、赚不完的钱。于是，群情激昂。

忽悠是必须的，没人关心你努力的过程，世人只看结果。多数人关心你飞得高不高，只有少数人在意你飞得累不累。

项羽演讲完毕，号令全军沉没渡船。打破做饭的釜、甑，烧掉军营，每人只带三天的口粮，与秦军决一死战。

也就是说，要在三日之内击败秦军。三日之后，如果不灭秦军夺其粮草，自动饿死。

实力远不如对手，还要速战速决。项羽多少有点儿土匪般的疯狂。

但这份疯狂，疯得恰到好处，利用秦军之间的空隙进攻。关键就是一个字：快！否则将会遭受两军夹击。

这完全是让事儿给逼的。心理学管这状态叫应激，指的是人遇到预料之外的紧急情况下，刹那间的反应。

一般来说，应激有两种反应，一种是目瞪口呆、思维混乱、手足无措、判断失误；另一种是越危急之时，越能急中生智、果断行动。

项羽的反应是后者。

对军人来说，应激心理十分重要。《孙子兵法》讲得透彻：将帅赋予军队任务，要像登高而抽去梯子一样，使他们有进无退。

项羽玩儿的就是登高抽梯。章邯瞬间傻眼，他没想到项羽一上来就压上全部筹码，直接攻击甬道。

甬道的秦军溃败，章邯想的不是反攻，而是休整，打算调养好了再和对方拼命。

他这边休整，项羽却马不停蹄杀向王离军。

王离军同样猝不及防，他们的全部注意力在围困巨鹿，哪知楚军从天而降似的到了眼前。

王离仓促应战，完全被打蒙了。巨鹿城的赵军趁机与楚军里应外合，全歼了王离军。

巨鹿战败，章邯退至棘原防守。兵力虽还有二十余万，但士气低落，无心再战。

项羽则宜将剩勇追穷寇，乘势追至漳水南岸，章邯再次败退。

巨鹿大战，尘埃落定。章邯与项羽的处境，是冰火两重天。

项羽一战成名，声望指数在各路起义军中狂飙上扬，一时间花见花开，车见车载，鸟见鸟呆。

而章邯欲哭无泪。战败的消息传回咸阳，胡亥大怒，区区几万杂牌造反军，怎么就把堂堂四十万帝国军团给击溃了？

是章邯不努力，还是他私通叛军？

胡亥一猜疑，章邯很惶恐，忙派长史司马欣去咸阳打探消息。

没多久，司马欣回来，告诉章邯，赵高在朝中擅权。我们作战胜利，他必然羡慕嫉妒恨；作战失败，难免死在他手中，希望将军慎重考虑。

恰在此时，赵军的将领陈余也给章邯来了一封书信。

这是一封标准的劝降信，可收入战争教科书。

陈余从秦军将领的遭遇谈起，说白起、蒙恬两员大将功劳比您大，可大得功高震主，最后都被杀了。您算是秦帝国第三代大将，领兵在外越久，朝内的敌人就越多。

很显然，您有功也会被杀掉，无功也会被杀掉；如今，天下豪杰都要灭秦，将军您对内不能直接向秦二世表达意见，在外又是个亡国破军之将，孤立无援，何不与诸侯联合攻秦，也割地称王呢？

司马欣的回复与陈余的来信，犹如两盆冰水浇到章邯头上，他心灰意冷，头脑却倍儿清醒。现如今，自己外受强敌压迫，内受赵高、胡亥猜忌。不如投降项羽，或许还可活命。

项羽此时傲气熏天，拒不接受章邯来降。他要继续打，派蒲将军尾随追击，又击破章邯军，并截断他们的南退之路。之后，项羽亲率主力大军，追击章邯至洹水，再次予以重创。

章邯军的精神、身体、心理全面崩塌。章邯再次派人乞降。此时，项羽的粮草也不充足。权衡之后，决定接受章邯投降。

他没有杀掉章邯，而是把他留在身边听用。

至此，秦军团彻底覆灭。

一支伟大军队的结局竟然如此令人沮丧，历经五百年没有衰竭过的战斗意志转瞬间土崩瓦解，这样的事实令人难以置信。

秦始皇曾把这支帝国军团带到了辉煌的顶峰。然而，他超越时代的野心耗尽了帝国的国力。

无论如何，一支军队的命运是紧紧依附在它的国家之上的。在秦军最后的日子里，帝国的秩序已经崩溃。当士兵们在前方拼杀时，他们的家已经无人来养活，覆灭的命运不可逆转。

NO.4 口才帝

项羽北上救赵，一战定乾坤。

与此同时，另一路西进的刘邦，依张良之计，避实就虚，迂回前进，先后攻取城阳、成武、粟县等地，势如破竹。

可是，当他们抵达昌邑时，军粮跟不上了。而昌邑正是章邯军屯粮的重镇。既是重镇，必有重兵把守，而且，这些重兵个个吃饱喝足，以逸待劳。

想想昌邑城中成千上万的秦军将士，再瞅瞅自己率领的一群饿汉，刘邦一筹莫展。

此时，除非来个神仙，大蒲扇一扇，一股烟腾起；须臾，烟雾散去，粮食便堆积如山了——那是《西游记》里干的事。

同样是西进，神话和现实的差距实在是太大了。

刘邦很沮丧，芒砀山没有困死我，丰邑陷落没有搞死我，难不成我要丧生于此地？

人生不如意，十有八九。而人生的幸运，就在于关键的时候，遇到关键的人。

刘邦正是如此，无聊厮混的时候，认识了萧何；出外避祸的时候，结识了张耳；穷途末路的时候，遇见了张良。似乎在低谷或危难的关头，总会有一颗福星出现，帮助他走出困境。

这便是机运。成事等于能力加机运，缺一不可。

就在部队抵达昌邑，严重缺粮之时，刘邦又碰到一个人，解了他的燃眉之急。

这个人叫彭越，是个地地道道的土匪，在大野泽一带打家劫舍，杀富不济贫，弄到钱都给自己哥们儿花。

陈胜、吴广起义时，有喽啰提议，咱们也可以举旗造反呀，只要立了旗号，再抢钱抢粮抢地盘就不是土匪了，是豪杰。

彭越一听也心动，可又有些犹豫。这可不是抢劫那么简单，如果义军胜了，哥几个自然前途无量，一旦败了，便是死无葬身之地。

得了，先看看形势发展再说吧。这一等便是一年。

第二年，彭越终于行动，拉起人马，攻城略地，又收编了些各地义军中失散的兵士，算下来，他手上足有上千人。

他带领人马在昌邑一带活动，手下来报，刘邦的部队正在攻打昌邑城。

看来，刘邦也是反秦起义中一个杰出的义士。好，咱们就去见见这位“杰士邦”。

一见，俩人很投脾气，喝酒胡侃，特别尽兴，彭越送给刘邦一些粮草。

刘邦很感激，这哪里是粮草，分明就是救命稻草。

但昌邑城池又极为坚固，始终攻打不下。粮草也罢，稻草也罢，总要耗完的。

彭越至多算个救星，算不得福星。所谓救星，就是救急的星，救急却救不了穷，根本问题没法解决。

刘邦不敢再耗下去，只能退到粟县，再辗转西进。

路经高阳县，部队驻扎下来。刘邦又累又乏，一路征战而来，昌邑受阻，进三步退两步，够跌份的。瞧瞧人家项羽，巨鹿大战一举摧垮四十万秦军。都是提着脑袋出来混的，我就那么差劲吗？

疲惫加郁闷，刘邦需要休养身心，从头到脚地休养，先叫俩小妞来做足疗保健。

刘邦坐在床上，摊开两腿，俩小妞一边一个，为他洗脚，顺带做一套足底按摩，把关联肾、脾、肺、心的穴位都捏一捏，揉一揉，让肌肉松一松，骨头酥一酥。

正舒畅间，有人进来煞风景，说外面有个自称是高阳酒徒的人求见。

“呃，酒鬼可以见，儒生就算了。”刘邦慵懒地同意。

片刻，来人昂首而入，见面就问了一句足以雷翻刘邦的话。

这个胆大之人叫郦食其，是看守高阳城门的吏卒。

此人虽是一个普通的政府打工仔，性情却放荡得很，狂傲得很。只因年轻时读过很多书，凡事皆有自己见解，心头的主意也多如牛毛。

主意多的人，大多善于观察。自打陈胜、项梁等人起义，郦食其便一直关注天下的变化。

陈留这地方，历来是兵家必争之地，一拨义军来了，一拨义军去了，走马灯似的。在郦食其看来，那些义军将领要么气量狭小，要么喜欢繁文缛节，和他们率领的部队一样，都是战争的过客，历史的作料。

对局势、对人事，郦食其有一整套的看法，就等哪天遇上个明白人，开个私家讲坛，淋漓倾吐一番。

我这私家讲坛，坛坛是好酒。可明白人在哪儿呢？一群绿叶中，愣没瞧出谁是红花，昙花一现的也没有。郦食其难免有些失落。

近日，风闻刘邦在陈留附近攻城略地，郦食其便找到一个同乡打听。那同乡是刘邦部下的一名骑兵，说刘邦是个豪杰，有深谋大略。

郦食其一听特来劲儿，说我就愿意结交这样的人。你要是见到沛公，直言相告，说高阳县有一个六十多岁的郦生，身长八尺，别人都说他是狂生，他自己认为他不是。

骑兵说，那不成啊，豪杰也有怪癖啊。你是不知道，沛公那人，平生最厌恶最轻蔑读书人，想戏弄就戏弄，想羞辱就羞辱，不瞒你说，他还往读书人头上戴的冠里撒尿呢。

要是换个读书人，听了这几句话，早吓退了。可郦食其并非一般读死书的研究生，他才不怕刘邦把自己帽子当痰盂呢，你傲我更傲。

说到这儿，人们不免要想到《史记》。在此书中，此事有两个版本，一个是骑兵直接复制郦食其的话，刘邦相见；一个是郦食其自己上门，让门房通报，门房告诉刘邦，外面有一个儒生模样的求见，遭刘邦拒绝。郦食其恼怒，说我不是读书人，我是高阳酒徒，特别能喝。这才得以和刘邦相见。

哪个版本是实情，并不重要，重要的是俩人相见了，更重要的是接下来郦食其提出了一个雷人的疑问句。

当时，陶醉于足疗按摩的刘邦，姿势很不雅，坐也没个坐相，叉开腿，坦着裆。

郦食其也没下拜，只勉强作了个揖，不紧不慢地问：“沛公，你是想帮助诸侯打秦朝，还是想帮着秦朝打诸侯呢？”

刘邦差点儿没把鼻子气歪了。这不是扯淡嘛，天下人苦于暴秦，所以才反秦，我一路征战，出生入死，怎么会是帮秦呢！看年纪你像到了更年期，说出的话却幼稚得像青春期，你丫人格分裂啊？

“竖儒！”刘邦斥骂。翻译成现代汉语，就是奴才书呆子。

郦食其挨了骂，倒不生气，不紧不慢地又问一句：既然你要灭秦，要得天下，为何对长者如此无礼呢？

哟，挺横啊。得，脚也不洗了，我倒要听听，你能讲出什么子丑寅卯来。刘邦一挥手，浴足妹退下。

没了旁人，郦食其也不绕弯子，直截了当告诉刘邦，你厌恶读书人，可没读书人你得不了天下。我就是个读书人，论智力，你比不过我；论勇敢，你也比不过我，至少我不怕得罪你而招来杀身之祸。

好有个性的老头儿！来求见来应聘，先跟老总说，你这也不如我，那也不如我。换个人，甭管古代现代，一准儿就急了。

刘邦却很不寻常，听了郦食其一番话，非但没怪罪，反而对此人肃然起敬了。

这一点儿值得现代遍街都是的董事长和总经理们学习，别看到手拿高等文凭，外加一副温顺献媚，唯唯诺诺卑躬屈膝的尊容，就觉得来者是人才，那充其量就是个奴才。

但凡成大事者，皆懂忠言逆耳利于行的道理。甭管人态度多横，口气多硬，话多窝心，在理就采纳。李世民重用谏臣魏徵，便是一个典型的例子。

刘邦亦是如此，他脸色一转，露了笑容，那意思是：先生说得对，我有错我改。

人就是这样，不怕毛病多，只怕不悔改。

流氓最大的优点就是不要面子。当认错认错，该耍赖耍赖，图的就是实用。

此刻，刘邦在打仗，打得很憋屈，缺钱缺人缺粮食，他需要的，正是实用型人才，为他指点迷津，助他渡过难关。

郦食其也挺兴奋，他知道自己找对了人。

俩人边吃饭边聊，郦食其大谈天下局势，刘邦越听越服气。

“敢问先生，应当以何计策去打天下？”刘邦眼中闪烁着急切的火花。

“沛公有何打算呢？”郦食其反问。

“楚怀王命我西进攻秦，我当然是继续西进。”刘邦答。

可你手下的兵，大多是各地收编而来，纯粹一帮乌合之众。郦食其有些不屑一顾，接着说，人数也不足万，还都没经过训练。这样去打秦军，结果就两个词，以卵击石、羊入虎口。

那，那为之奈何？这话都成刘邦的口头禅了，意思是，那该怎么办呢？每当他没主意时，嘴里就会蹦出这句话。

“好办。就三个字。”郦食其斩钉截铁道，“止陈留。陈留这地方，乃四通八达之战略要地，城中粮草极丰厚。当夺取陈留，扩充军队，养精蓄锐，再战秦军方可获胜。”

“积粮丰厚，自然易守难攻，如何打呢？”刘邦追问。

“好办。就四个字，”郦食其胸有成竹道，“先礼后兵。那陈留县令与我私交甚好，待我先去游说，如若不成，再发兵攻打。到时，我在城里做内应。”

真乃喜从天降。没想到郦食其不光是个好谋士，还有当口才帝的潜质，绝对的福星！刘邦心中暗爽。

郦食其说去就去，连夜进了陈留城。

见到县令，郦食其把事儿一说，那县令把头摇得像拨浪鼓，打住、打住，反叛是灭族之罪，叫我干这事儿，就是把我往火坑里推。看在朋友一场的分上，今晚你就在这儿住，明天哪儿凉快你奔哪儿去。

郦食其很愤懑，睡到半夜，提刀潜入县令卧房。

县令正酣睡，郦食其瞧着来气，这么好的朋友，居然一点儿不给面子，你死了吧。

手起刀落，县令脑袋脱离了脖子。

郦食其拎着一颗血淋淋的头颅，偷偷翻出县城，连夜跑回刘邦军营。

NO.5 装孙子

翌日天明。

刘邦大军开向陈留，领头的手拿一支挂着陈留县令脑袋的竹篙，兵士们齐声高喊：“县令首级在此，开城投降，开城投降。”

一声接一声，这就叫擒贼先擒王，骂人先骂娘。

城里的人胆寒，兵将士气全无，只好开城投降。

如此，刘邦兵不血刃占领了陈留。

进城一查，果然如郦食其所言，城中粮草丰厚，还有几千人马。

这些当然都是秦朝存下的。吃的是对手粮草，用的是对手人马，占的是对手城池，这事太给力了。

刘邦美滋滋的，封了郦食其为广野君。

郦食其更来劲儿，让自己的弟弟郦商，统兵几千人，随刘邦向西南进攻。

张良再次为刘邦制定了作战策略，并发布了一条军令：占领秦国城池后，不得抢掳掠夺，违者斩首。

战略得当，军纪严明，刘邦军打得很顺。宛城、胡阳城、郦城等均不战而降。

这一年是公元前207年，刘邦四十九岁。他当上亭长那年，才三十五岁。一晃十余年。十余年的时间，足以改变一个人的境遇、生活，以及地位。

这世上一成不变的人其实很少，只不过有些变化很微妙，容易被忽视罢了。因为日子总是匆匆，人走得太快，灵魂跟不上，很难静下心来回顾、感受，以及体味。

十余年时间，一个国家也在不经意中发生着变化。城市、街道、政策、百姓生活，每一样都在改变。对于公元前207年的秦帝国来说，变化更是天翻地覆。

这一年的年初，章邯的黑色军团被项羽灭掉，秦帝国的军事力量基本上已被掏空。

这一年的八月，刘邦军西征，连战连胜，攻克了武关，进入关中。

谁都知道，武关是通往咸阳的门户之一。这就好比胸腔被戳了个洞，能窥见里面怦怦跳动的心脏。

而此时，咸阳这块心脏已经烂掉了，如果说它还存有一丝气息，那也是苟延残喘。

刘邦攻克武关之前，项羽也在向函谷关进发。执掌秦帝国大权的赵高很清楚，帝国灭亡已成定局。是夜，他亲率杀手，闯入禁宫，杀了秦二世胡亥。随后，派人与刘邦谈和。

这是陷阱还是馅饼？刘邦有些拿不定主意，找张良来商议。张良的意思很明确，管他陷阱馅饼，一概不睬，只派口才帝郦食其去劝降，趁秦军麻痹，大举进攻。

果然，张良计谋奏效。刘邦率军进入武关。

赵高无计可施，只好立胡亥兄弟的儿子公子婴为秦王。哪知道，公子婴一上台便杀了赵高。

赵高死后，公子婴调兵遣将，力守咸阳的最后一道屏障——潼关。

张良再次献计，收买了镇守潼关的秦军守将，他们不战而降。刘邦大军进驻霸上。

霸上，因地处灞水西面的高原而得名，其西南面便是秦之国都咸阳。

进驻霸上后，刘邦随即便率军向咸阳进发。

兵临城下，秦王子婴已无招架之力，他乘坐白马素车，率领众臣，出城投降。

咸阳城外，公子婴跪在轵道亭前，恭候刘邦到来。刘邦一到，他便献上秦朝皇帝的玉玺和符节。

历时十五年的大秦帝国，至此宣告灭亡。

咸阳皇宫金碧辉煌，无数珍宝，无数美女，令人眼花缭乱，目不暇接。仿佛年夜饭桌上的菜，太丰盛太繁多，瞧瞧这个，碰碰那个，都香都好看，愣不知道该朝哪道菜下筷子。

先抢了再说！一群群兵士，蜂拥冲进宫室，争先恐后抢夺金帛财物。这情形，完全是一副不要命的架势，踩得人仰马翻。

兵士在喧嚣鼎沸中哄抢，刘邦则在淫声浪笑中上演真人版春宫图。

天下男人都好色，色心稍强的叫色狼，再强一点儿的叫色鬼，更加强的叫色魔，尤其强的叫变态色魔。可对于一个欲夺天下、欲成就大业的男人来说，过分沉迷酒色，最终将玩物丧志，一败涂地。

刘邦此时丝毫没意识到这一点。他就像一个天生落魄、五行缺钱的穷小子，忽然得了一笔巨款，立刻开始挥霍，以报复过去受苦受穷的日子。全然想不到，挥霍完了，打回原形将会多么绝望。

自己想不到，有人却能想到。

这一日，刘邦玩得正投入。他的连襟樊哙闯进宫来，大呼小叫，什么叫糜烂，这就叫糜烂！秦朝就因为这样才灭亡的，可别穿新鞋走老路坏了大事，咱们还是还军霸上为好。

刘邦很气愤，你一个屠夫懂个屁。男欢女爱是一门艺术，谁也无法阻挡我追求艺术的脚步！

樊哙被赶了出来，知道自己劝不动刘邦，思来想去，决定去找张良。

说来悲哀，樊哙虽是屠户出身，见识却远在很多达官贵人之上。但出身不好，从事过低贱的职业，哪怕他的话再有道理，再精辟，也难以让人信服，这就叫偏见。

一路西征，樊哙功勋卓著，斩了一个都尉，俘虏了一百四十六人，收降了二千九百人。然而，他竟没陶醉于胜利的狂欢之中，倒像个睿智的谋臣一般清醒，如此有远见的武夫，实在是一尊宝贝。

可眼下刘邦没把他当成宝。此时此刻，美女才是宝，真金白银才是宝，享乐才是宝。

想当年，他到咸阳出差，目睹秦始皇出行，就感叹过，大丈夫就要过上大富大贵的日子。如今居然实现了，他真的有点儿找不着北了，好在张良一席话浇醒了他。

张良说，樊哙脾气是急了点儿，可他的话有道理，忠言逆耳啊。民众干吗起义？就是因为秦朝暴政，活不下去了。这秦宫，就是暴君住的地方，您还住这儿，难不成要当暴君二代吗？

张良所言点到了实质。

秦宫是堂皇的，咸阳是繁华的。而无论古今，世界上所有繁华大都市都一样，光鲜亮丽的背后，即是一片衣衫褴褛。富人有车马，有房产，住宽敞尊贵的大豪宅；垃圾、乞丐和潦倒的穷人都隐藏在阳光照不到的角落。这便是现实。

但是，作为统治者，起码要让穷人在蜗居中，看到有朝一日会富裕的希望，若只图自己享乐，任凭上层集团奢靡腐败，被推翻是早晚的事，亡国也是早晚的事。

刘邦虽有一身流氓气，倒比那些官居高位道貌岸然，实质上却是披着人皮的禽兽，讲着人话的畜生强百倍。错了就是错了，他很坦然，没因自己身为统帅，就顾面子，就摆臭架子。他听取了张良的肺腑之言，封存府库宫室，全军撤出咸阳，返回霸上。

贪图片刻欢愉，将会导致最终败亡。自己不能做暴君。何况，还没当上君主呢，自己只不过是领军率先进入了关中。

按楚怀王的约定，他和项羽，谁先进入关中，谁就做秦王。刘邦磕磕绊绊西进，却早早就到了，能征善战的项羽为何还没到？

巨鹿大战获胜后，秦军最后的二十万官兵，全部归降了楚军。归降是归降，却是口服心不服。

项羽生怕这帮人回关中后闹事。关中是他们的故土，有地利有人和，闹起事来，肯定难以收拾。

这二十万秦军，似烫手山芋，拿又拿不稳，放也放不得。项羽越琢磨越郁闷，便找来英布和蒲将军商议对策。

仨人在一块儿密谋，最后决定，自己拿不住，也不能放虎归山，只能使用核武器——坑杀。

部队路经新安，项羽下令，将二十万归降的秦军全部坑杀。

这一举措，看似不留后患，实际上后患极大。秦人对项羽的残暴异常愤慨，异常痛恨。老百姓并不怕江山易主，只要让他们过上安稳的日子，谁做主都一样，怕只怕易给一个凶残、不顾他人死活的主。

推翻一个统治者没有意义，但推翻一种制度有意义。因此，秦人拼命抵抗。项羽所到之处，都遭到阻击。

项羽也不管不顾，谁不服就打谁，谁反抗就杀谁，非常勇猛。

凡是土匪，皆有一个共性，他们最大的优点是勇敢，最大的缺点是太勇敢。随性随意，讲义气讲霸气不讲策略。项羽虽出身贵族，但骨子里，匪气占得多，贵族气占得少。

由于受到重重阻击，一路都靠硬打，项羽大军在公元前207年十二月底，才抵达函谷关。而刘邦早在八月，便已经进入了关中。

并且，在短暂的糊涂之后，刘邦清醒过来。清醒后的他，举一反三，率军撤出咸阳后，又与当地百姓约法三章：不杀人，不伤人，不盗窃。彼此共勉。

当地百姓拿了酒肉去犒劳刘邦的军队。刘邦也不接受，告诉秦地百姓，我可不是来欺压你们的，我要让你们过上好日子，要让每个人都幸福。

百姓要的就是这个，心里拥护刘邦当秦王。

这个情况传到项羽军中，大伙儿都很疑惑，刘邦是个什么东西，咱们都清楚。现如今，这流氓居然化装成君子了，这就叫装孙子吧。他干吗要装孙子？原因只有一个，这厮有争霸天下的野心。

果不其然，项羽军团抵达函谷关时，遭到刘邦军的阻拦。这就很说明问题了。

实际上，阻拦项羽军，并非刘邦突发奇想，也不是张良的意思，而是一个老先生给支的招。老先生挺八卦，向刘邦传播小道消息：据说项羽封了秦军降将章邯为雍王，要把关中交给此人。到时候，关中就不是沛公的啦。

怎么办呢？把住函谷关吧，不让项羽大军进入。于是，刘邦派左司马曹无伤镇守函谷关。

曹无伤却当了叛徒，把情况报告给了项羽。项羽恼怒，根本没多想，当即下令全军驻扎鸿门，准备武力夺关。

鸿门这地方离刘邦军所在的霸上仅仅只有四十里。距离很近，再看双方兵力，项羽麾下现有四十万大军，而刘邦麾下不过区区十万人。

刘邦明显处于劣势。更糟的是，他还不知道自己已经命悬一线。

不过，一个人处于劣势并不要紧，关键看运气。运气好，转危为安；运气烂，优势也变困境。

刘邦的运气相当不错。就在项羽要采取军事行动的前夜，有个人跑来泄密了。

这个人就是项羽的叔父项伯。此人早年和张良很要好，不单要好，而且张良还是他的救命恩人。

一边是亲情，一边是恩情。项伯天真且单纯——我把军事情报偷送给张良，让他逃命即可，也不算出卖项羽。

出乎意料的是，张良转手就把情报给了刘邦。

项伯很尴尬，张良这么一搞，自己倒成了楚军奸细。他的人生瞬间迷惘，这些年我在楚军中干吗呢，玩潜伏当卧底？

刘邦此时更迷惘，不但迷惘，而且恐慌。

是人都一样，猝死并不可怕，甚至可以说是福分，不知不觉中一切解脱。若先跟你预报，十天以后的下午六点二十分枪毙你，估计不到十天你就得崩溃。

沉默半晌，刘邦道："咱们实在打不过项羽呀！"随即，叹口气又道，"为之奈何？"

怎么办呢？不难办。张良出了个主意——请项伯说情，然后咱们到项羽军中做检讨。

低三下四前去赔罪，对刘邦来说，相当委屈。有罪尚且不想赔，何况没罪。换成项羽，绝对放不下架子和面子这么做。刘邦却能屈能伸，在识时务和面子之间，他选择了识时务。

于是，第二天就发生了妇孺皆知的"鸿门宴"。

这个酒宴，显然不是项羽事先精心安排的一个杀人宴会。他原本是要全军倾巢出动，武力夺关剿灭刘邦的。哪知仗没开打，刘邦屁颠颠地跑来请罪了。

刘邦满脸堆笑道，大哥，您终于来了大哥，可想死小弟了。小弟我一不留神先进了关中。进来以后，秋毫无犯，登记官民户口、查封仓库，盼星星盼月亮，就是盼望大哥的到来。小人却挑拨离间，说我阻拦大哥。这事儿闹的，嘿嘿，误会、误会呀。

有道是举拳难打笑脸人。项羽自认是有身份的人，一听刘邦这么说，火气瞬间没了，反摆出一副贵族的风度，寒暄道：是误会是误会，都是你手下左司马曹无伤胡说八道。

曹无伤。刘邦听到这名字，心里咯噔一下，面上笑容却未减。

项羽被刘邦带进了沟里，可智囊范增很清醒。刘邦这孙子，装孙子装得太匀实了，他简直可以开一个装孙子培训班。如此厉害之人，今日若不杀他，后患无穷。

酒席开场。

项羽坐主位，项伯坐西面东，范增面朝南坐，刘邦、张良面朝西坐。

席间，范增频频朝项羽递眼色，又几次手举胸前佩戴的玉玦向项羽示意，让项羽干掉刘邦。

然而，项羽的脑袋仿佛在三鹿奶里泡过，思维僵化，全然不领会范增的暗示。

范增急不可耐，只好找个借口叫出项羽，让项羽派人舞剑助兴，借机杀死刘邦。

项羽便叫堂弟项庄舞剑助兴。

项庄的剑舞出一道道寒光和杀气，直逼刘邦，多亏项伯用身体掩护，刘邦才逃过一劫，局面异常紧张。

危急时刻，张良叫来樊哙。

樊哙立刻入帐，他提着剑，以屠狗的眼神扫射四周，看谁都不过是一团会走路的肉。

此时，整个宴会的场面变得相当好看——项羽威风八面颐指气使，刘邦战战兢兢低眉顺眼，范增心怀叵测暗藏杀机，张良沉着冷静不变应万变，俨然是一场眼花缭乱的斗智斗勇。

项羽心烦意乱，樊哙忽然对项羽说：秦始皇残暴，杀人无数，动不动就给人加刑，结果弄得众叛亲离。今时今日，沛公劳苦功高，如果听信谗言而杀害他，和秦始皇没区别，是走秦朝灭亡的老路。

这番话更让项羽不知所措。

就在项羽犹疑不决、拿捏不定之时，刘邦提出：小弟腹中翻腾，需亲自上趟茅厕。

说罢，迅速起身，溜出险象环生的宴会，闪电般跑回自己的军营。

回到军营，刘邦气没喘匀，便下令把曹无伤宰了。

曹无伤做梦都想不到，自己这条小命，被项羽一句缺心眼的话就给葬送了。

NO.6 发配

刘邦项羽和解，天下形势已十分明朗。

项羽上表楚怀王，请示如何分封关中。楚怀王的回答很干脆：按盟约办。

屁话！请示你是给你面子，你还装大尾巴狼。项羽着实不爽，他决定自作主张，分封会师咸阳的各路诸侯和将领。

分封大会在戏亭召开。项羽一口气封了十八路诸侯，又封自己为西楚霸王，占据以前魏国和楚国的九个郡，都城定在彭城，今徐州市。

至于关中之地，项羽如切蛋糕般，将关中切成三块。咸阳以西给了雍王章邯；咸阳以东至黄河一带，给了塞王司马欣；上郡之地给了翟王董翳。

此三人皆为秦朝降将，他们驻守之地，便合称“三秦”。

刘邦则被封为汉王，统辖巴蜀、汉中。此处虽属于关中的一部分，却相当偏远。交通闭塞，经济落后，要啥没啥，最合适养老和出家。

这哪儿是分封，纯粹是发配！

西进咸阳，刘邦的功劳最大，获得的利益却最小，待遇还不如秦朝降将。这还不算，项羽还安排了三个王，堵住他东进的路。企图反扑是不可能的，你这辈子混到这份儿上，就算到站了。

发配刘邦，并非项羽的主意，而是他身边一个叫陈平的人支的招。

陈平这个人，与刘邦有些相像。也是出身平民，身材高大，相貌堂堂，也不喜欢干农活。家里的事都由哥哥操持。唯一不同的是，陈平喜欢读书，喜欢游学。所谓游学，读万卷书行万里路，学习旅游两不误。

陈胜起义后，立魏咎为魏王。陈胜便投了魏王。后来转入项羽帐下，当了谋士。可是没得到项羽的重用。

陈平自然很郁闷。在鸿门宴上，他第一次见到刘邦。刘邦的表现让他眼前一亮。

鸿门宴后，项羽表面原谅了刘邦，心里却没放过，他企图把刘邦困在咸阳。

没办法，张良只好硬着头皮去找陈平。

两人一聊，颇有些相见恨晚。

张良便把自己来意道出，陈平思考良久，说要救刘邦，先得把范增调开。

于是，陈平设一个调虎离山之计。

翌日，陈平向项羽献计：把楚怀王封为义帝，然后把他迁移到湘水上游的彬县。如此一来，您就可以号令天下了。

此计正中项羽下怀，当即找来范增商议。

范增说，我也这样想，此事宜早不宜迟，我亲自去办。

范增一走，陈平又使出一招声东击西之计。他报告项羽，如此诸侯齐聚咸阳，每路兵马都在四万以上，哪有那么多军粮来负担，得让他们赶紧回国。

项羽觉得这个问题很严重，当即下令，让各诸侯回国。

此时，刘邦向项羽提出，要回沛县省亲。

这是陈平让张良给刘邦出的主意，实际上是给项羽下了一个套。

刘邦提了申请，张良立刻假惺惺对项羽说，不能让刘邦回去，他一回去，就会在沛县称王，既然已经封了他为汉中王，不如叫他赶紧回汉中去。

陈平也附和：极好，极好，如此极好。此事天下皆知，若不准刘邦走，便是不守信用，以后谁还执行您的政令。把刘邦家眷留在咸阳当人质，发配他去汉中，就两全其美了。

项羽犹疑良久，最终上钩，中了陈平的连环计。

尽管刘邦逃脱了项羽的控制，可仍然很委屈。楚怀王的合同管个蛋用，自己明明赢了，却拿不到奖品。他很想率领项羽拨给他的三万人马，拼个鱼死网破。

你是石头，我是鸡蛋。我就是死，也要溅你一身蛋黄。刘邦这么想，可没这么做。麾下一帮重臣老将，萧何、周勃、樊哙、张良、灌婴等一起相劝，好说歹说，让他的怒火平息下来。

人遭受不公平待遇，通常先是愤怒，继而觉得无力改变现实，便悲天悯人，顾影自怜。即便后来做了皇帝的刘邦也不能脱俗。皇帝也是人，吃多了也吐，挨了打也疼。和你我一样，有血有肉有弱点。

为什么我如此倒霉？为什么我通往成功的道路，总在施工中？任何人身陷刘邦此时的境遇，都会这么问，问别人问自己。

答案只有一个，实力不够。

若是军事实力相当，或者稍逊，项羽也不敢如此霸道，可能他连函谷关都进不了，刘邦也根本就不会卑躬屈膝去请罪。

得了，与其临渊羡鱼，不如退而结网。走吧，到汉中织网去。

有句话中国人都知道，叫蜀道难，难于上青天。此时，刘邦正率领他的三万人马，走在上青天的道路上。

进入斜谷后，道路愈来愈狭窄，三万大军蜿蜒十余里，呈一字穿行于峡谷中。两侧皆是悬崖峭壁，令人望而生畏，全军将士脚踩谷底碎石，耳听飞鸟哀鸣，猿猴啼叫，心中无限悲凉。

抬头望去，顶上有一线天，给人飘渺希望，又让人坠入绝望。再往前行，已没了路，得在山岩上凿出洞孔，架起横木，铺上木板，才能通行。这便是栈道。

栈道下万丈深渊，人不敢往下看，如走钢丝般，胆战心寒前行，捏了一把惊险的汗。

道路艰险，刘邦的心思更烦乱。幸亏左有萧何，右有张良。一个开导劝谏，一个插科打诨，这才让他谈笑风生。

萧何和张良很清楚，作为汉王，刘邦的稳重自若，等于三万将士的安危和希望。

没办法，事物总是与人的本能背道而驰。慌乱慌乱，越慌越乱。越紧急的事情，越是急不得，救火救人都是如此。

相反，越是逆境倒霉时，越要灿烂如向日葵，而不是萎如霜打的茄子，失业失恋乃至失身，大抵如此。唯有这样，方可转危为安，否极泰来。

不知行了多少天，汉军抵达一个叫褒中的地方，这地方在今天的陕西勉县东北处。当部队走出褒谷时，张良向刘邦辞别。

刘邦的心落进冰窟。对他来说，萧何张良，是自己的左膀右臂。

攻进咸阳时，诸将奔向府库，哄抢金帛财物，唯独萧何，收取秦朝丞相及御史掌管的法律条文、地理图册、户籍档案等文献资料。将天下险关要塞、各地强弱、民众疾苦，逐一了解。这份睿智和远见，几人能比？

张良则一路出谋划策，制定战略，无一不精妙，无一不成功。尤其危难之时，总能排忧解难。

有此二人在，即便处境艰难，刘邦心中依然充满希望。现在右臂要离他而去了，他却无法阻拦。

事情是明摆着的，张良本是韩国贵胄后裔，家族五代为韩相。于情于理，张良都当辅佐韩王。

说分别就分别，彼此却都不舍。张良临走，又给刘邦献了一计，说应该将沿途经过的栈道，全部烧毁，以表示再无返回关中之意，你没有野心，只有一门心思过小日子的心，项羽便会放心。

想想也是，栈道烧了再建容易，稳住项羽的心却不易，干这点儿面子活很值。

于是，刘邦下令，将经过的栈道全部烧毁。

张良走了，一些人也走了。军心涣散，将士颓废，议论纷纷，刘邦就是不如项羽，所以被发配到蛮荒之地，跟着他能有什么前途？

一批又一批的将士逃跑。刘邦闭上眼睛就能看到自己的前途——黑暗。

在此之前，艰难之时，他总遇福星，萧何、郦食其、张良都是。如今，同样艰难，新款的福星不仅没出现，还走了一个。

好在萧何还在身边，不断给他描绘美好蓝图，说巴蜀之地也不错，有人力有物力，可招揽贤士，休养生息，再出关平定三秦，图谋天下。

画太阳总是很容易，现实的日子何时才能明媚呢？刘邦拿不准。自起义起，他的路一直不顺，好不容易西进咸阳，又遭受项羽欺压排挤。

相比之下，项羽总是很顺，他一出道，便随叔叔项梁灭了景驹，后攻打巨鹿，一战成名，被诸侯拜为上将军，如今又自封为西楚霸王。可以想象，他此时是多么风光。

没错，风光之中的项羽，不可一世，愈发蛮横。分封诸侯后，他干了几件事。

第一件事便是发配楚怀王。

这家伙是一面旗帜，扛着他，是为了推翻秦朝。如今秦朝灭亡，旗帜也便失去了存在的价值。

戏亭分封，项羽采纳了陈平的馊主意，把楚怀王奉为“义帝”。这位“义帝”在彭城没待多久，就被迁徙到湘水上游的郴县。项羽的理由很充分，自古以来的帝王，地方千里，都居住在上游，你也不要例外。

接下来，一日之内，项羽屠杀秦国皇室及文武官员近五千人，原秦王子婴也在其中。

再接着，烧宫室、屠咸阳，大肆抢夺美女、财宝，烧毁府库典籍。

前有秦始皇焚书坑儒，后有项羽屠城烧典籍，秦以前中国的那点儿文化和文明记录，让这俩货糟蹋蹂躏得所剩无几。

土匪之野蛮莫过于此。

项羽在咸阳杀光烧光抢光后，有人对他说，咸阳是帝王之都，你若想称帝，也该在此定都。

此话有理，可现在的咸阳，已是一片废墟。还是衣锦还乡吧，这样已经很风光了。

金子一袋子，美女一车子，项羽率军返回彭城。看起来，他是满载而归，实际上丢失了很多。

想当初，刘邦进咸阳，与百姓约法三章，酒肉不吃，美女不玩，得了民心，因为他能克制。项羽却不能，他由着性子来，烧杀复仇，只图痛快，失了民心。明明可以称帝，却又把机会当废纸扔了，回彭城做个霸王，这便是鼠目寸光。

尽管刘邦此时处境艰难，眼光却长远得多。他率部走出秦岭中间的谷道，汉中盆地出现在眼前。一路艰险行径如坠入地狱，现在，终于又回到了生动的人间。

定都南郑后，刘邦便琢磨着派他的黑道大哥王陵去丰邑，将家眷接来。

王陵去了，刘邦憧憬着与家人团聚的天伦乐景。他要摸摸儿子，亲亲女儿，抱抱老婆。然而，事与愿违，王陵行至阳夏，便被楚军拦截了。

王陵只好派使者去交涉，提出要借道，去丰邑接汉王的家眷。这个申请不提还好，一提，项羽不答应。不但不答应，项羽还想把王陵给招安了。

强势招安弱势，总要凭点儿什么，项羽凭的是一张牌，这张牌就是王陵的母亲。

王陵很惊讶，他没想到楚军已把他娘从沛县接到了阳夏。

降还是不降？义气和亲情二选一，王陵两样都不愿放弃。

难以取舍之时，使者回来了，带回母亲的一句话：汉王有情有义，你当好好侍奉，不要担心娘的安危。知你左右为难，娘只能以死告别。

王陵惊骇，抓住使者衣襟问，然后呢？快说！

使者不敢抬头，良久，战战兢兢道，然、然后，令、令堂抢过我的佩、佩剑，自刎而死。

王陵倒退两步，险些昏厥。

王母自刎，项羽则是暴跳如雷，这老妪好毒，你这一自杀，我便成你儿子的头号死敌，这分明是给我挖了一个坑。我的权势比刘邦小吗？你宁可死也不让儿子归附于我，显然是看不起我。我要把你的肉和骨头熬成汤，让你死无全尸，让你儿子想安葬你都没办法。

沸腾的锅里煮着老母的尸体。王陵感觉自己的五脏六腑也被烫伤了、熬化了。他率队离开了阳夏，更加坚定不移地跟随刘邦，做梦都想生擒项羽，而后将其碎尸万段。

家眷未能接来，刘邦心情更为抑郁，无事的时候，他走出汉王府，一路漫步，环顾四周能看到清澈碧绿的小溪，绿树环绕的农家田舍，错落有致，充满盈盈生机。

此情此景既新鲜又陌生，与刘邦家乡大不相同。

汉中虽秀，却极狭小，几万大军进来，没有用武之地，只能如萧何所言，积蓄力量。

萧何很会持家，一面发展生产，一面增收赋税，积攒军资，征召士卒以补充兵员。

然而，即便如此，仍有将士逃跑。

跑就跑吧，人各有志，不会有人去追。唯独有一个人，萧何月夜将他追回，这个人就是淮阴人韩信。

第四章

刘邦的帝王路 LIUBANGDEDIWANGLU

NO.1 漂母的午宴

淮阴，便是现在的江苏淮阴县。孤儿韩信，在这个地方生活了多年。父亲死得早，母亲病死后也没钱安葬。他浪迹在淮阴的大街小巷，既无手艺，也不懂务农，经商又没本钱。只得走千条路，吃百家饭。

人人都有一双手，你为何总在城里吃闲饭？日子长了，认识他的人便都有些嫌厌他。

淮阴南昌的亭长家，是他常去蹭饭的地方。一开始，亭长老婆还跟他客气，来得早不如来得巧，正要开饭，你吃了吗，一起来点儿？

好啊！韩信迫不及待答。

次数多了，亭长老婆再不敢假客套。估计后来找了个家人，在村头放哨，远远见韩信来了，便大呼小叫：韩信进村了，赶紧开饭，快吃快吃，等那厮进屋，咱们就收拾碗筷。

亭长家的饭是吃不了啦。韩信只好转移目标，又到哪里去蹭吃蹭喝呢？他没有亲戚，即便有，恐怕也当他是瘟神，唯恐避之不及。

看惯了世态炎凉，便会知道，一个江湖朋友，胜过十门近亲。

韩信却很惨，他既无亲可投，也无友可靠。蹭饭的地方越来少，只好到城下的河边去钓鱼，聊以充饥。

河边有一群洗丝棉的大妈，当时有个时尚的称呼叫漂母。漂母们也是朝九晚五，一洗就是一天，午饭自带，到了饭点坐河岸上就开吃。

漂母的午宴，让韩信十分艳羡。

你们吃你们的，我不饿，我就是看看。韩信可怜巴巴道。

他这副神情，让人瞧着心酸。其中一个漂母心眼好，分了些饭菜给韩信吃。这一吃，就是很多天。

一个男人，每天中午按时到河边去蹭一个大妈的饭。这是何等辛酸的经历？这男人的心情又是如何？后世的人，尽可妄加揣度，但永远没有人比韩信自己更清楚。

好景不长，那漂母洗丝棉的工作干完就下了岗。

河岸边，夕阳如血。一个洗涤行业的下岗老女工，和一个饥肠辘辘的无业青年，相对而立。

老女工说："明天我就不来了，你得自己找饭辙。"

无业青年说："多谢您的照顾，此等厚恩，将来一定厚报。"

老女工似笑非笑道："小痞子说大话，你都不能自食其力，怎么回报啊？"

无业青年一时语塞。

老女工又说："我不过是同情你罢了。"

夜幕降临，河对岸凹凸厚重的房舍剪影愈发黯淡。无业青年兀自呆坐在岸边，拿出随身携带的一支箫，悠悠地吹起来。

箫声悠长哀怨，苍凉婉转，没心事者让它勾出一番心事来，满腹心事者，让它一撩拨，便不能自持。

吹箫是韩信唯一的娱乐。除此之外，他还做了一把宝剑。他也不会耍剑，只当做饰品一般挂在腰间。

一个饭都吃不上的家伙，还大模大样腰挂宝剑在街上走。乞丐不像乞丐，武士不像武士，侠客不像侠客，怎么看都不顺眼。

中国人最见不得外在标新立异的同类，一旦见了，轻则指指点点，重则言语羞辱。

一日，韩信碰见一个叫蔡兴的人。此人认为，韩信挂剑行走是摆酷。其实关键不在于摆酷，而是穷困潦倒还摆酷，这就有些天理不容了。

于是，蔡兴拦住韩信，说你挂剑摆酷，貌似武士，实则胆小如鼠。

喜欢瞧热闹，是中国人的优秀传统。蔡兴这一吼，便引来街市人等围观。

韩信不言声，斜睨蔡兴。

你还敢用旁光瞟我？蔡兴愈发来劲儿，扯开衣襟，袒露胸膛，比画着说："你要是胆大，用剑刺我，朝这儿刺，就这儿，来呀。"

韩信纹丝不动。

蔡兴接着说，你要是害怕，就从我胯下爬过去。

围观人等瞳孔放大，期待着这场悬疑闹剧的结果。

若换成《水浒》中的热血莽汉，也就一剑刺过去了。该出手时就出手嘛。很多人，一旦被激将，大脑就发热。我赌你，你敢跳楼吗？他还真就跳了。这不叫有个性，这叫大脑缺根弦。

韩信才不逞匹夫之勇，他弯下身子，从蔡兴胯下爬了过去。

围观群众讥笑、嘲笑、哄笑，气氛相当热烈。在他们看来，韩信的举动既滑稽又懦弱。这还是个男人吗，胆子还没针鼻儿大呢。

井底之蛙的眼界就这么宽。普通人、市井小人，受辱后的第一反应，便是立刻舍命反击。这绝非大智大勇。别以为弯下身子就是懦弱，也可能是在捡板儿砖，然后猛一挺身，全力拍向对手，让人群为之一惊。只不过，韩信捡板儿砖的时间长些罢了，积聚力量的日子久些罢了。

低头，不是认输，而是看清自己要走的路。

仔细想想，与割去生殖器的宫刑、砍去双脚的刖刑相比，胯下之辱又算得了什么呢。而即便遭受了巨大的侮辱和惨痛的刑罚，司马迁仍然写出了《史记》，孙膑仍然创造了《孙膑兵法》。

忍字头上一把刀，忍得过去是英豪。当今流行把“低调”二字挂嘴边，岂知忍便是低到了没有调。

低到没调的人，常常弯下腰，让你丝毫也看不出他有什么志向。他对你点头哈腰，全因你在位掌权。你离职了试试，看谁还把你当个玩意儿。

毋庸置疑，甘心受辱的人，除了天生懦弱者，多半都暗藏远大的志向和潜力。韩信如此，刘邦也如此，他被项羽发配到偏远的汉中，与韩信所受的胯下之辱并无本质区别。只不过，刘邦想的是如何重返关中，图谋天下。而眼下的韩信，连建功立业都不敢想，他首先要解决的是吃饭的问题。

当时，正是天下大乱。韩信盘算过，要填饱肚子要安身立命，无非文武两条路。舞文弄墨他不行，剩下的路只有从军。

那么，投靠谁呢？这是韩信人生中第一个重大的选择。他是个既有头脑，又十分现实的人。他分析了天下的混乱局势，认定秦朝必定败亡，于是决定投向义军。

紧接着，第二道选择题跳出来，天下大小义军如此多，该投靠哪一支呢？他需要大量的信息，来分析判断，可当时没有互联网。他便挂上自己那把破剑，背井离乡，去往外面既精彩又无奈的世界。

NO.2 跳槽

韩信风餐露宿，饥一顿，饱一顿，像一匹野狼穿梭于杂草丛生的山林，行走在尘土飞扬的官道，很有些浪迹江湖的味道，可走着走着就走成了犀利哥。

一路奔走，韩信一路采集信息，心中不断盘算，如今天下，谁是雄主？谁最强大？

最终，韩信决定投靠义军中力量最强的派系——项梁军。

加入了项梁军，温饱问题得以解决。有组织的人就是不一样，可要得到组织的提升，先得身经百战，过几回鬼门关，在死人堆里来回爬几圈。

韩信脑子灵运气好，在多次战乱中保住了性命。下级士兵都是炮灰，能活下来就难能可贵。换句话说，要从士兵混到军官，得经历一次血淋淋的海选。不是如丧考妣般哭喊两嗓子，你就是超级男生了。

韩信不光自己活了下来，他还救了一个骑兵的性命。那是在一次战役的撤退中，一名楚军骑兵的战马不幸中箭，马失前蹄，那骑兵从马上一头栽下，恰落在韩信脚下。此时，后有追兵，韩信拉起躺在地上的骑兵，拔腿就跑。

跑了许久，天色渐暗，二人脱离了危险，肚子也饿了，便蹲在土岗上烤馍吃。四周有落叶纷飞。

那骑兵说：“我叫钟离昧。”

这名儿听上去就是一员虎将。

韩信又问：“兄弟为何当兵？”

钟离昧说：“我有武功。”

韩信说：“我没武功，但我要活下去。”

“咱们想法一样。”钟离昧豪迈道，“暴秦必亡——把那块馍递给我。”

“吃吧。”韩信道，“暴秦就如同这烤馍，再烫嘴，肚子饿了我们也要啃掉它。”

夜幕降临，二人起程，去追寻失散的大部队。

打这儿起，韩信与钟离昧有了交情，常在一起混。可很快，俩人又分别了。钟离昧要随项羽出征，韩信要跟着项梁去东阿迎击章邯军。

从此，二人再没见过，直到项梁战死，项羽掌权，他们才重逢。

项梁死后，韩信跟随项羽。

在项梁帐下，韩信没混到一官半职，现在总算有了一个接近核心权力的机会，可项羽也没把他当回事，只让他做了个执戟郎。说白了，就是仪仗队队员，在主帅检阅时，手执画戟来一把我型我秀。

这差事虽小，却是令人羡慕的。因为仪仗队队员并不是全军海选，而是在护卫主帅的中军里遴选。能从最底层的士兵进入中军，本身就得有些本事，再被选为仪仗仗队员，说明你既有才还很帅。

韩信却一点儿也不满足，他渴望得到更大的提升和重用。

后世人评价，韩信是军事天才。可是，如果他在后来的楚汉战争中，没捞到统帅大军作战的机会，恐怕没人能记得韩信这个名字。他出名的机会至多是在当今古墓发掘时，被考古队员挖出来，一推测，哇，竟然是几根秦末汉初军官残存的骸骨，珍奇啊！

所谓天才，就是上天赋予你机会，让世间伯乐发现你是个人才。前提是，必须在你生前。死后什么也不是，不管你的棺材是滑盖的还是翻盖的，也没人记住你。

韩信最初以为项羽是伯乐。屡次想献计献策，却都因身份低微，没有机会表现。

渐渐地，韩信意识到，项羽最擅长的其实是单打独斗，他有力气跑得快，屁股后面有一群千里马，如范增、英布等人，一路追着跑，愣是追不上他。

戏亭分封后，项羽要把楚怀王迁移到穷乡僻壤。韩信再也不忍不住了。直言进谏，说这义帝不可迁移。

为何不能迁移？老子现在气势如虹，想动谁就动谁。楚怀王那个烂人，北上救赵时，他封宋义为上将军，让我做副将，就是贬我损我；又派刘邦小流氓西进，先入关中，就是压我毁我。最终怎么样？老子杀了宋义、擒了章邯，发配了刘邦。义帝已经是个废物了，留着何用？

项羽已然不可一世。

韩信却硬顶，怎么没用，用处大了。如今裂土分封，重回战国时代，战乱是免不了的，打着义帝的旗帜，便可名正言顺征讨诸侯，杀了他，则对全局战略不利。

项羽很不以为然，区区执戟郎，懂个鸡毛。退下！再敢胡言乱政，定不轻饶。

韩信还不知趣，补了一句，迁移义帝实在不是明智之举。

这句话让他挨了五十军棍。钟离昧和范增都站出来相劝，前者是出于友情，后者则听出韩信话中的门道，他心里很清楚，韩信所言句句在理。只有项羽既无情，也无脑，愤怒使他的智商降得更低。

他一挥手，把属下统统赶出帐外。

韩信彻底绝望了。他决定离开项羽，另谋出路。与其说是项羽把韩信打跑了，不如说是韩信炒了项羽的鱿鱼。王与将之间的关系，君与臣之间的关系，其实都是老板和员工的关系。

天下凡是被员工抛弃的老板，根本就不适合做老板。

入夜，韩信扔掉画戟，趁黑溜出楚军大营。走出很远，身后忽然传来马蹄声，由远及近。

此时，范增已知韩信逃跑，他派了一个人来追。

来者和韩信很熟，就是钟离昧。

钟离昧说："亚父范增希望你回去。"

韩信说："我不回去。"

钟离昧说："若你执意不回，亚父就令我杀了你。"

韩信倒吸一口冷气。

半晌，他问钟离昧："那你怎么想？"

钟离昧盯着韩信看了片刻，伤感地叹口气道："你走吧，但愿你我兄弟日后别在战场相见。"

钟离昧掉马回了军营。韩信继续走，边走边琢磨天下形势。

如今天下，诸侯众多，而胸怀大志者少，大多是投机主义分子，征伐天下没能力，政治主张不鲜明。表面上看，天下太平，实质上却是暗潮涌动，一些诸侯已对项羽表现出明显的不满，而身为楚霸王的项羽似乎还浑然不觉，楚军将士也感觉从此就进入太平盛世了。

人类历史告诉我们，战争是常态，和平只是其间的过渡。当一个社会的所有人都以为生活从此可以按部就班，一路顺风直到退休的时候，灾难或者战争就来了，无论古代还是西方，莫不如此。

韩信知道，诸侯战乱将会很快到来，而且是没有共同目标的混乱，估计比反秦的过程漫长得多。

时代造就伟人，灾难造就英雄。战乱兴起，我会在哪里？将会扮演什么角色？能不能在战乱中建功立业？

思来想去，韩信觉得，如今天下唯有一人可投，这个人就是汉王刘邦。刘邦的军事力量虽弱，但他西进伐秦，以收复人心为主，攻城杀敌为辅，能劝降则劝降；进了咸阳，又与百姓约法三章，赢得秦朝地方的人心。此等韬略和气度，非一般的诸侯所能比拟。

对，就投刘邦。韩信主意打定，去往汉中。

跳槽，对大多数人来说，都意味着一切从头开始，再从最基层做起。这就是很多人不愿轻易跳槽的原因，即便眼下的工作很糟糕。另有些人，崇尚骑马找马，这样看似安全，实则优柔寡断，瞻前顾后。要知道，没马的人找马，怎么也比有马骑着的人迫切，也更有冲劲。

韩信倒是说跳槽就跳槽，放弃中军仪仗队队员不当，甘愿去往偏僻的汉中谋个差事。

说起来，韩信是个挺实在的人。他与张良和郦食其不同。张良善于自我包装，郦食其口才出众。面试的时候，张良拿出《太公兵法》进行忽悠；郦食其则肆无忌惮狂侃一气，充满自信。于是，两人不仅面试成功，且当即受到重用。

韩信则不擅长包装，也没有骗取中介费的职介所牵线举荐。他只能走老路子，老老实实去应募底层士卒。

还好，汉军士卒并不排斥他。只因这个非常时期非常乱，逃亡、易主是见惯不惊的事。只不过，汉中逃的人多，来的人少。好不容易来了一个，管他来自楚军还是别的军，先让他干着再说。

很快，韩信在汉军中谋到一个连敖的差事。连敖就是公关接待员。韩信面目英俊，人也能干，接客的工作自然是得心应手。可没干多久，他就犯了军法。

当时汉军缺粮，部属之间便互相抢夺。韩信带着几个下属，也参与了抢劫，却不幸被捕。按军法当斩首。

韩信在内的十几个抢劫犯，排成一排，等候行刑。刽子手都是熟练工，斩首如拍惊堂木，手一抬一落，一辈子就过去了。

一阵寒风吹过，远处旗幡摇曳，韩信似听到鬼哭之声，心中悲愤至极。想我韩信，忍辱负重，想成就一番事业，投项羽被项羽打，又投汉王，也没混出过眉目，就接了一段时间客，便被宰了，真是死得轻如鸡毛。

他忍不住高声嘶喊：我来投汉王，欲为汉王扫平天下，想不到汉王竟要斩杀英雄好汉！

一辈子所受的羞辱，一辈子的窝囊，一辈子的不称心，都在这一嗓子里喷涌出来。

监斩官夏侯婴吓了一跳。

这家伙嗓音够亮的，人也长得够靓的，喊出的话也够牛的。用司马迁的文言来说，夏侯婴是“状其貌，奇其行”；套用《红楼梦》里的一句话来讲，就是夏侯婴偶然一回眸，韩信方为人上人。

别砍！夏侯婴喝住刽子手，走到韩信跟前，与他交谈。从天下大势到人生理想，韩信说得头头是道，条条分析入情入理。

人才！砍头砍出一个人才，仿佛墓盗挖出一件稀世珍宝。夏侯婴极度兴奋，跑去向刘邦举荐。

夏侯婴替刘邦坐过牢，二人交情笃厚。夏侯婴在刘邦这里，是很有面子的。

刘邦果然给夏侯婴面子，既然有点儿才，授了一个治粟都尉的官职给韩信。就叫他管理粮草吧。

很显然，对于夏侯婴的举荐，刘邦并没往心里去。他不过是碍于朋友情面，给韩信升个职罢了。

但是，这次举荐，对于韩信的人生来说，还是尤其关键的。没有这次举荐，他很可能永远结识不到事业上的大恩人萧何。

管粮草的工作很琐碎，也很无聊。韩信仍然很郁闷，自从军以来，先是当仪仗队队员，后是做公关接客，现又终日算计油盐柴米，这些事怎么想都像是娘们儿干的。

郁郁不得志的人，通常需要些口头宣泄。好比如今在现实中受尽欺辱的人，总喜欢到网络上煞有介事地恶评。从中找点儿可怜的自我感觉，第二天打工受气就不那么委屈了。

闲暇郁闷之际，韩信也口若悬河，与军中士卒高谈阔论。时局、用兵、战略，什么都聊。说到项羽和刘邦，韩信更来劲儿，说那项羽，不过是外强中干，长久不了；咱们汉王力量虽弱，但有雄心壮志，定能打败项羽。

这就是典型的跟了新老板，贬低旧老板。

有些人不服气，说咱们汉王是有雄心，几次想拓宽地盘，带着大伙儿去袭击土著部落，可每一次都碰壁，碰得鼻青脸肿。连这蛮荒之地的土著都搞不定，还想和楚霸王争天下，做梦吧。

韩信很气愤，和士卒们争得面红耳赤。前来视察工作的萧何看在眼里，让韩信晚上到营帐一叙。

掌灯时分，韩信去了，与萧何畅谈了一通天下局势。萧何认定，这是一个文韬武略皆通的人才，管粮草实在是大材小用了，定要向刘邦举荐。

韩信千恩万谢，心潮起伏地等候佳音。

一天过去，又一天过去，三天、四天过去。没有一点儿音讯，韩信的心凉了半截。他像初恋姑娘等情郎约会一样忐忑不安，莫非萧何没有举荐，还是汉王没空？抑或是自己的建议汉王一点儿不感兴趣？

一般来说，一件事情拖拉太久，都不会有一个好结果。

终于，韩信的心彻底冷凉了。空无的等待很容易让人觉得周遭一切人事都是扯淡。

此时，汉军在军事上接连失利，士气低落到极点。将士对刘邦的能力产生怀疑，同时更加担忧自己的前途。于是，纷纷出逃，今天跑几个，明天跑几个。韩信也加入出逃的行列。

作为老板的刘邦日子很难过。眼睁睁看着员工出逃却无计可施。

可正当他兀自郁闷时，一个让他几乎崩溃的消息传来——丞相萧何也跑了！

刘邦如遭雷劈，腿也软了，一屁股瘫坐在椅子上。半晌醒过神，高声叫嚣：想不到萧何这厮也是忘恩负义之辈！

叫嚣也不管用，刘邦愤怒之余，更深的是失落。哪知道，这是虚惊一场。翌日清晨，萧何求见。原来，他是连夜出营追韩信去了。

NO.3 善谋者

关于萧何月下追韩信的一段历史，书中写戏中唱，早已家喻户晓。然而，作为刘邦与韩信之间保媒拉线之人，他的言辞倒值得回味。

当时萧何追到韩信问，欲往何处？

韩信说，此地不需要我，不能为汉王尽力，打算另谋出路。

萧何说，不对，你是盖世英才。项羽自负，不能相容。把其他诸侯都过一遍筛子，很显然，也都是庸碌之辈，一个个朝不保夕。汉王刘邦则不同，自斩白蛇起事以来，宽厚仁义，时时不忘救百姓于水火之中，我辈追随汉王，虽忠诚但缺谋略，所以我主才屡遭失败，颠沛流离到这偏远的汉中。现在遇到将军，我屡次向汉王推荐，汉王正在考虑，想不到你却走了。也怪我，没把你的心意跟汉王说透，若你肯留下，定然会在将来创下不世之功。

贬诸侯，捧刘邦，赞韩信。萧何言简意赅，句句点到位，由不得韩信不动心。他当初弃项羽投刘邦，实际上已把天下诸侯过了一遍筛子，如今出走，他也是无计可施，既然自己的顶头上司如此看重，有什么理由不回去呢。

搞定韩信，萧何又去说服刘邦。

这一次，萧何直截了当问刘邦，您是想统一天下呢，还是想过一天算一天，在汉中当个王，就此了却一生。

这不废话吗，自打到了汉中，刘邦没有一天不感到憋屈。

刘邦不是普通人，他此时迫切需要的就是能杀出汉中，扫平关中，继而称霸天下。只有这样，他才会不感到憋屈，才会高兴。

萧何接着说，如果您要称霸天下，必须用韩信，如无此打算，此人倒可不用。

刘邦有点儿诧异，韩信有你讲的这么厉害吗？

萧何用了四个字回答刘邦的疑问，说韩信乃是普天下独一无二的人才。

夏侯婴曾说他是人才，萧何更上一层楼，说他是独一无二的人才。那就试试吧，给他一支人马，让他和其他将军一起打仗。

萧何说：“非也，这职位太低，他还得走。”

将军都不行，那就大将军吧。刘邦许诺。

大将军就是上将军，武职是众中最高的。只因项羽曾经当过，刘邦心里不爽，于是换了个称谓，叫大将军。

可萧何仍不满意，又提出，封韩信为大将军，不能只说一句就完了，得挑个良辰吉日，斋戒沐浴，修筑祭坛，正经八百举行一个授衔仪式才行。只有这样，这个大将军才能名至实归，树立威信。

刘邦心里挺不乐意，可还是按萧何的建议办了。这便是刘邦的过人之处。

听取意见分两种，一种是乐意听，一种是不乐意听。但只要能采纳，就是天大的好事。

当然，这要看提意见的人是饭桶还是智者。萧何一向干练忠诚，他不遗余力地保举韩信，必然有他的道理。刘邦此时不识韩信，但他了解萧何。

几日后，刘邦兑现诺言，筑坛摆香案，备好一应礼仪器具，要拜大将军。具体拜谁，将军们一开始并不知道，他们个个皆是跟随刘邦出生入死的大将，都认为大将军一职非自己莫属。

哪知刘邦却宣布，拜韩信为大将军。

这小子什么来头？汉王凭什么要拜他为大将军？众将议论纷纷。其实，这个疑问连刘邦自己都没搞清楚。凭什么？就凭萧何的一番话？不行，我得找韩信聊聊，掂掂他的分量。

于是，拜完将后。刘邦亲自会见了韩信。倒要看看这个大将军胸中有何良策？

韩信没回答，他反问刘邦：“大王欲争霸天下，头号大敌便是项王，那么，您比得上项王么？”

这个犀利的问题，完全是给刘邦添堵。论作战勇猛，自己和项羽根本不在一个档次；论粮草兵马，也不在一个档次；论地盘大小，更不用说了，我就是被项羽赶到这蛮荒之地来的。

沉吟半晌，刘邦很艰难地回答：“我确实不如项羽。”

恭喜大王！贺喜大王！韩信跪下，赞道：“大王说得很对。”

这小子疯了吧？刘邦发愣。

一个人意识到自己的平庸，就离脱离平庸不远了。好比发现问题，问题便已经解决了一半。

韩信心中暗喜——刘邦能讲大实话，说明他能听真话，若他只听吹捧，那我就跟错了人。

沉默片刻，韩信道：表面看，项羽是个英雄，勇猛无敌，实则匹夫之勇。他有四大弱项。

第一弱，目光短浅。号称霸王，拿诸侯当自己的大臣，可他却不在关中称王，而返回老家彭城，这便是狭隘。

第二弱，抠门，将士立功，他不发奖金不封官职；手下人得了病，反拎着一篮子食物去看望，这便是妇人之仁。

第三弱，孤傲且目空一切，把楚王迁移到穷乡僻壤，没了共同的盟主，诸侯成了一盘散沙。

第四弱，残暴，烧杀掳掠，百姓与之离心离德。

而汉王您则不同，进关中后，与百姓约法三章，得了民心。现在，您若是攻取关中，一纸战书即可摆平。

而若取关中，当平定三秦！

三秦由章邯、董翳、司马欣镇守。尔等皆是秦朝旧将，投降项羽后，二十多万兵士被坑杀，他们却安然无恙，且获得高官厚禄，关中的父老乡亲，已然恨透了他们，他们虽为王，但没人支持和拥戴他们。

此番“汉中对”对天下局势分析得极为透彻。

善谋者，谋势，不善谋者，谋子。势为大局，子为局部。善谋者，从全盘、大局考虑问题。从物理学上讲，物体上坡和下坡是两种能量不同形式的转换。在一般情况下，下坡比上坡容易多了，这就是势的力量。

韩信的一番谋势见解，醍醐灌顶。刘邦如领日月之光华，如受天地之灵气，如开通任督之二脉，真正由头发尖爽到脚趾尖，不由得感慨万千：韩信啊韩信，你可比张良还优良，真是相见恨晚。

此时是公元前206年，即汉王元年。这年夏末，五十岁的刘邦在荒蛮闷热、烟瘴弥漫的汉中憋屈了大半年后，决定反攻三秦。

NO.4 躲猫猫战术

反攻三秦的准备工作就绪。刘邦命丞相萧何留守关中，负责收巴蜀的田租，为大军提供粮饷。

后方交给萧何，稳定民心，调度战备物资，刘邦自然很放心，前方呢？攻打三秦，怎么个打法？这得听韩信的。

一席长谈，刘邦对韩信的才华深信不疑。这便是刘邦用人的强悍之处，只看真本事，不看其出身；而韩信也不在乎刘邦年已半百，他相信，刘邦是一位胸襟开阔的雄主，阳光灿烂的日子就在前面。

这就叫英雄莫问出处。

韩信提出的战略是，突然袭击、速战速决。换句话说，就是要低损失、高效率。

如何奇袭呢？韩信说了一句流传千古的经典成语：明修栈道，暗度陈仓。

何谓经典？就是你想否定它的时候却找不到一个足够的理由。

韩信这一招是障眼法，大张旗鼓修栈道，明摆着，要出汉中反攻了。章邯等人必定要派主力驻防。

虚晃一枪，跟他们玩躲猫猫，他们防他们的，咱们从另一条被人遗忘的路出发，直接杀向陈仓。

陈仓这个地方，是以前秦朝建立的一个粮食中转站。四边茂林相围，地势险要，十分隐蔽，易守难攻，守军则通常很少。

由于隐秘，大军暗度便不易被发现。

三秦的三位王，根本没有预料到这一点。为首的章邯，自当了雍王以来，日子并不好过。他既怕兵士叛变，又怕三秦百姓造反。本来就活得提心吊胆，忽又听说刘邦前来攻打，脑子里的弦绷得更紧了。

他赶紧联络董翳和司马欣，商议对策。

三人反复研究，达成一致意见：调集重兵，加紧修筑工事，抵御刘邦的进攻；同时，奏报项羽，请求支援。

战略拟定，接下来就是等待汉军来打。

军士报告说，刘邦已率大军离开了汉中的都城南郑。可左等右等，半个月过去，汉军却没有来。

战争将至，令人兴奋，而等待战争爆发，却极度考验人的神经。

那时，又没有调节植物神经的药物谷维素。章邯度日如年，神经愈发衰弱，就在此时，一个天崩地裂的消息传来，樊哙军团已占领陈仓，从那里锐不可当地杀了过来。

突如其来的凶猛攻击，瞬间击溃军心。章邯仓促应战，抵挡一阵便败下阵来。

打不赢就逃吧。章邯想争取时间，等到董翳和司马欣的援兵到来，再重整旗鼓，与汉军血战。

援兵还真来了，两军再次交战。时间很短，章邯军又遭惨败，部队斗志全无，只好接着跑，逃到废丘。樊哙军团一鼓作气，占据了雍地。

汉军源源不断进入关中，董翳和司马欣相继投降。整个关中只有章邯军在奄奄一息地抵抗。韩信到了前线，下令引雍水灌城，被围困在城中挣扎的章邯，终于走到了人生的尽头，他拔剑自刎。

一代名将，就这样从恢弘而残酷的战争舞台上消失掉了，变为一个符号，点缀在秦末汉初的历史画卷上。

占领三秦后。刘邦立即进行治理改造，派将领分别把守。

此时，项羽也很忙，忙着平叛。

当初封分诸侯，项羽随心随意，全凭自己喜好。得到分封的，固然高兴，没得到分封的，便耿耿于怀。

项羽不以为然，我是老大，对你们这么好，让你们有田有地，吃好玩好。你们还不满意。哼！谁不满我就打谁。

没想到，不服者众多，其中一个便是齐国率先拉队伍反秦的田荣。此人在分封中，什么也没捞着。而旧齐王田市，被项羽改封为胶东王，新齐王则是齐国的将领田都。

田荣很愤怒，领军攻打田都。田都不是对手，跑到项羽那里告状。就在他告状的工夫，田荣又杀了胶东王田市，在齐国的首都临淄自立为齐王。

这事儿还没完，此时的齐国分为三股势力，称为三齐。田市和田都各占一块，还有一块地盘在济北王的田安手中。

田荣这么搞，项羽颜面扫地，更令他恼怒的是，此时彭越出现了，这个游击队长曾经给刘邦提供过粮草，现在他越混越壮，占据了巨野城。这么一来，项羽的分封体系被搅乱了。

田荣却很欢喜，他利用彭越去打济北，项羽不承认你的地位没关系，我是齐王我承认。彭越有种找到组织荣升为正规军的感觉，便带兵去了。

一个月后，济北陷落。田荣统一三齐。

项羽无法忍受，从面子到权威，都被羞辱了。他立即派大将萧公角去征讨彭越。

萧公角看不起彭越，一群游击队员，纯粹是朱古力豆泡水，想冒充蓝山咖啡。打他们，简直易如反掌。

盲目自大的结果，只有两个，一是可笑，二是惨败。

萧公角两者都占了，大败而归。

田荣统一了齐国，又去攻打赵国。他联合齐国的陈余，去攻打常山王张耳，目的是先统一齐国，再联合齐国的力量，一同对抗项羽。

张耳兵少将寡，不敌陈余，连人带地盘转投了刘邦。

这一系列战乱，韩信早有预见。秦朝建立，中国的政治实行的是极权统治。项羽追求的是极权，实行的却是分封，而分封制时代早已过去，何况地盘这么大，诸侯这么多。最终，只能剩下一个拥有绝对权力的王者。这是一个不以人的意志为转移的规律，反规律而行，有悖天道，败亡是迟早的事。

可这一切，项羽是没有预见性的。他的反应是惊和怒，作出的决断是压服，而不是安服。

靠武力，一切都靠武力，这是项羽称霸天下的核心思想，匪性十足。而动用武力是需要足够的智力支撑的，没有智力单凭武力，相当于没有子弹的枪，只是一根烧火棍，看着瘆人，杀伤力有限。

项羽却不管不顾，提着烧火棍就杀了出去。杀之前，他只有一个担心，就是那些诸侯以义帝的名义来抵抗他。于是，他以共商国是为名，派人把义帝从彬县接回彭城。就在途中，身怀项羽密令的英布等人，将义帝杀死，扔进江里。

干掉义帝，项羽开始平叛。他没有攻击占领三秦的刘邦，而是全力扑向田荣。

NO.5 裸男降临

还定三秦，刘邦打了一个大胜仗，颇有些扬眉吐气的快慰和自豪。过去吃的那些败仗，东跑西颠的仓皇遭遇，以及在汉中度过的阴霾日子，都在这一场胜仗中渐渐远去。希望它们从此灰飞烟灭，不再复来。

算算日子，刘邦离开家乡已有多年，他的鬓角上已经平添了几丝白发，拿手扯掉，却越扯越多。一个岁至半百之人，难免不想念他的妻子和儿女。

吕雉还是那么操劳吗？长子刘肥已经十六岁了，他瘦了还是肥了？七岁的女儿是否愈发伶俐可爱了？小儿刘盈的样子，已然有些模糊了，算起来，他今年该是五岁，已经能出门打酱油，会说很多话了。然而，这些年，他甚至没有机会多看他一眼，更谈不上给予他父爱。

不是他不想给，而是没法给。他要保全自己，便要东奔西逃，他要挺进中原，便要忍气吞声。在汉中的每一天，他面临的都是内忧外患，哪里还能顾得上家和家人。

于是，他占领了三秦后，便迅速收复了丰邑。

这一次，刘邦把丰邑交给了任敖镇守。任敖就是当年在狱中救过吕雉的狱吏，此人当年的壮举说明，他不会抄后路，只会痛打抄后路的人。

除任敖外，刘邦还给吕雉留下了一个人，审食其。此人早年与周勃一样，也在别人的丧事上吹拉弹唱，混几个钱花，在当地人缘还不错。刘邦便让他以家仆的身份，帮助吕雉照料家务和孩子。

就在此时，两位智谋之士前后脚奔刘邦而来。

前一位很熟悉，张良。

张良告诉刘邦，自己已写了一封信给项羽，说汉王您只是按照先前义帝楚怀王之约，收复关中，重当关中王，并无意进取中原。“如约即止”，得了关中就不打了。

项羽还真就信了张良的鬼话，心急火燎地率军往齐国讨伐田荣去了，没把刘邦当回事。以他孤傲的心态看来，刘邦就是一条臭咸鱼，咸鱼翻了身还是咸鱼，不可能变成鲨鱼。

孤傲实际上是一种变态，拿镜子照照，就看得很清晰——独自矗立，昂着一颗倔强头颅，瞪着一双眼睛，左瞧右瞧感觉天底下就自己最强，古往今来，就数自己层次高功夫深。

这姿态还是很有气势的，至少让正常人都瞧着害怕。于是敬而远之，先前亲近的，也渐渐离心离德。

从审美学的角度来说，项羽的确比较酷，外在有身段，内在有霸气。可从战争和政治斗争的角度而言，这种所谓的酷，一无是处，纸老虎再威风再漂亮，也不过是一幅剪纸艺术品罢了。

多年以后，人们感怀这幅艺术品的毁灭，也仅仅是对艺术美的一种感性缅怀。而战争、独揽天下的权威不需要感性，它要的是近乎冷酷的、绝情的、彻底的理性。

刘邦亦有感性一面，却并不泛滥，在需要理性作出选择之时，他从来就不含糊。他显得很无情，很自私，很无所谓，因而后世的人冠以他流氓的名号。

最终，这流氓统一了天下，坐上皇帝宝座的，却不是颇具审美效果的项羽。人们又感叹历史捉弄人，在这幽怨的感叹中，人们似乎忘了项羽干过多少土匪干的事，坑杀过多少无辜性命。

说到底，诸侯并起、乱象丛生、弱肉强食的诡谲年代，流氓和土匪，比的不是谁更厉害，比的是谁更理性，谁更有胸襟，更会做人。

刘邦海纳百川，项羽唯我独尊。刘邦需要谋士指点，项羽也需要谋士指点，不同之处在于，项羽能接受指点，却无法容忍手下谋士指指点点。

到底哪一种意见是指点，哪一种是指指点点，这由项羽的心胸说了算。

韩信领教过项羽的霸道和武断，因此跳槽。

韩信之后，曾经与刘邦有一面之缘的陈平，也步了韩信的后尘。

陈平的才气自不必说。有意思的是，关于他的一段颇为戏剧化的记录。给人的感觉，陈平被描述成了一个吃软饭的娘娘腔男人。

话说陈平家乡，有一张富户，此人的孙女连嫁五男，五男全都死于非命。这就是传说中的鬼见愁，谁也不敢再娶。唯独陈平不信邪。

在孙女的第五任死鬼丈夫的丧礼现场，陈平与张富户相见。

张富户颇有心机，懂得看一个人的底牌，就看他交往的朋友这道理。他见陈平长相俊美，不知内瓤如何，便跟踪陈平回家，但见陈平家院破败，门前一串车辙印记，从印记判断，分明是大人物才乘用的车辆。由此为凭，张富户认定陈平非同一般，便把孙女嫁给了陈平。

显而易见，陈平的婚姻是一桩融资性婚姻。他可以更广阔地游学和交友，完全不用担心开销的问题，也不必再依靠哥哥的资助。

项羽历来喜爱阳刚肌肉男，对陈平这类娘娘腔型白面书生一向没好感。破秦后，论功行赏，项羽只赏给陈平一个闲职。作为谋士，陈平只给项羽出过两个馊主意，就是前文提到的，发配楚怀王和刘邦。

分封以后，诸侯归国，殷王司马卯头脑发热，搞政变背叛项羽。陈平主动请缨去平叛，很快制服了司马卯。

项羽挺高兴，给陈平升了职。

可惜好景不长，刘邦还定三秦后，命韩信率领三军，从临晋东渡黄河，一路攻城拔寨，首战便攻下河内，俘虏了殷王司马卯。项羽认为，陈平当年河内平叛不利，才留下后遗症，导致司马卯战败。

按项羽的脾气，笃定要责罚。自知非死即伤的陈平，赶忙逃出楚军阵营。这个非常时期，没有哪个诸侯敢收留他。情急之下，他想到了刘邦，于是前去投奔。

逃亡之路总是多灾多难。陈平乘渡船过河，船老大见他白白净净，气度优雅，疑似有钱人，遂动手抢劫。陈平只好脱光衣服以示清白，船老大见他身上并无金银，非常失望，没收了衣裤，方才作罢。

可以想象，当陈平终于逃到汉军中时，大约是双手抱着膀，哆哆嗦嗦一副落魄的样子。

NO.6 没头脑和不高兴

天上掉下个林妹妹，贾宝玉醉了；天上掉下个陈裸男，刘邦惊了。从天而降的角色性别不同，却都是极品。

陈平加入，刘邦阵容更强。前方打仗有韩信，后援有萧何，出谋有张良，献策有陈平。

现在，项羽又不在家，其都城彭城只是空城一座。实乃天赐良机，此时不端其老窝，更待何时。

安排妥当，刘邦率领五十余万反楚联军直逼彭城，抄项羽的后路去了。

而项羽此时太忙，他率领精锐部队，一举击溃了田荣。田荣一路北逃，在德州平原，被当地民众杀死。

死了一个盗版的齐王，项羽又扶植了一个他心目中的正版齐王，继而夷平城郭，活埋士卒，强夺掳掠，所谓匪不走空，风也要捞上一把。

凡楚军经过之地，尽遭摧毁。齐国百姓不干了，纷纷奋起加入剿匪行列。

楚军频繁遭到袭击，田荣的弟弟田横趁机收拾残余部队，在城阳又拥立了一个齐王，与项羽血拼。

这个田横实在难缠，像蚊子一样吸你的血，你还打不着他。

项羽光着膀子，亲率大军强攻，三番五次，终究攻克不下城池。无独有偶，此时彭越也在刘邦的撺掇下，天天袭扰楚军。

彭越没头脑，一撺掇就出击，田横死了哥哥，很不高兴，发誓狠斗，这俩冤家搞得项羽晕头转向。

项羽愤懑至极，别让我逮着你俩，逮着我一刀一个亲手活剐。

没头脑和不高兴根本不惧项羽，尤其是彭越，楚军攻，他就退，楚军疲，他便扰。铁血莽汉项羽哪受得住这等游戏，欲使出全身力气攻击，对方却又消失无踪了。

项羽一直是个乐观的人，目前都被整得有点儿抑郁了。

此时，又传来雪上加霜的消息，刘邦率军攻打彭城去了。此外，还有一条附加的消息：韩信、陈平已在刘邦麾下效力。韩信为大将军，陈平为都尉。

听完附加消息，项羽乐得屁颠屁颠的。傻帽儿刘邦！韩信、陈平之流皆是狗屁，怎堪大任？他倒当成了宝，可见他是无人可用，真真笑煞本霸王。待我擒杀了田横、彭越鼠辈，回头再打你个落花流水。

项羽这厢正美，刘邦已率军从洛阳进发，直接杀进了彭城。后院失火，好歹后院还在，老巢被端则等于全盘皆输。这下项羽真急了，立刻回师救援。

然而，有一个问题，项羽没明白，刘邦何以集结了人数如此庞大的队伍？

这事儿需要回放——刘邦俘获司马卯后，从平阴南渡黄河，攻占了洛阳。洛阳这地界儿藏龙卧虎，能人辈出。刘邦进洛阳后不久，有仨老头儿求见，这三位爷在洛阳地面上颇有威望。他们一见到刘邦，便开设了一堂生动活泼的政治课。

刘邦洗耳恭听。

三位爷摇头晃脑娓娓絮叨，说这天下有个大道理，顺应道德教化之事，会兴旺发达；违背道德教化之事，会迅速消亡；所以，汉王您要做有利于道德教化之事，这方是万民所期盼呀。

那该怎么做呢？刘邦谦逊请教。

见刘邦重视，三位爷愈发来劲儿，又道：出师要得优势，必要先将敌人定义为天下人神共愤的贼人。如此，方可威慑敌人。项羽残暴，背信弃义，破秦之后，不按盟约分封诸侯，且杀了义帝楚怀王。天下人等，无不痛心疾首。汉王您自当率领诸侯，为义帝报仇，此盛德堪比尧舜禹啊！

说到此处，三位爷已是声泪俱下。

通常说来，人分三等，一等人不用教，二等人用言教，三等人用棍教。刘邦是什么人，实乃悟性巨高的一等聪明人。仨老头儿一腔肺腑言，听得他一激灵，顿时萌生出一个主意。

这主意就是作秀，刘邦命人为义帝发丧，仪式一定要隆重，场面一定要悲痛，届时，更换三军旗幡，缟素旌旗，他将亲自穿上孝服，沉痛悼念楚怀王。

同时，命人起草檄文，历数项羽罪行。

罪状为：

一、背信弃义，不按盟约分封。

二、假传王令，谋杀宋义。

三、违抗王令，擅入关中。

四、焚烧咸阳秦宫，掠夺财物，挖掘秦皇陵。

五、擒杀秦王子婴。

六、坑杀秦朝降兵二十余万人。

七、分赏不公，逼人造反。

八、杀害义帝楚怀王。

总而言之，弑主、杀降兵、不公、失信。项羽大逆不道，天理不容，枪毙他一个礼拜也不过分。

此篇檄文，瞬间激起万众公愤。巨大的舆论支持使各地的闲散诸侯纷纷加入到讨伐项羽的战斗中。

由此，刘邦聚集了五路诸侯，共五十多万人马，浩浩荡荡一路杀向彭城。

尽管五十多万人马中，刘邦的嫡系部队仅有区区几万，指挥起来不大顺手。但毕竟人多势众，加之彭城空虚，因此仗打得极神速极顺利。

如果说，攻占废丘，还定三秦，盘踞关中，是摸项羽这只猛虎的屁股，攻占彭城端老窝，则是直接捅了这猛虎一刀。

项羽没料到，刘邦会捅得那么快，那么深。他怒不可遏，率领三万精兵，从北方南下反扑而回，誓与刘邦死磕。

第五章

刘邦的帝王路 LIUBANGDEDIWANGLU

NO.1 溃逃包二奶

刘邦攻克彭城，出了口恶气。栖身汉中，他很压抑，手下将士跑的跑，逃的逃，他们分明觉得，跟着刘邦是前途无望的。

现在，端了项羽老窝，他可以相当自豪地宣布：我不比项羽弱。

于是，胜利的狂喜中，刘邦带有一种复仇的快感。这快感具有超强的惯性，他完全刹不住车。

在项羽的后宫中，他扑鸡似的把那些莺莺燕燕的嫔妃扑得满屋乱窜，嫔妃皆是骚媚的狐狸精，任他扑，待他要扑到时，又倏然躲开，这让他愈发来劲儿。

咯咯浪笑之声不绝于耳。忽而，传出一个极不和谐、极为刺耳的声音：项羽攻进城来了！

刘邦蒙了，不知该跑还是该留，他甚至怀疑这情报是谁搞的恶作剧。

恰在他手足无措之时，夏侯婴带了十余名护卫进来，架着他便往外跑。

跑动中，夏侯婴喘着粗气道：昨夜，项羽赶回彭城，不到半个时辰，便从东门攻入了内城。

怎、怎么如此快？刘邦晕眩。

他哪能料到，他在扑项羽嫔妃时，项羽正亲率三万铁骑，抄小路连夜扑向他。

抵达彭城，项羽便命钟离昧为大将，架设云梯猛烈攻城。

此时，汉军全无作战准备和状态，主公吃苦，知道享乐，咱们何不同乐？

孰料，乐到一半，楚军兵临城下，汉军将士阵脚自乱，城防瞬间失守。

亲见汉军占据彭城，项羽愤怒至极。这就像一个人回家，却发现一群陌生人在客厅里嬉笑玩闹，怎能不冒火？

人不卸甲，马不离鞍，掩杀汉军，擒拿刘邦！攻进城后，项羽恶狠狠下令。

汉军将士崩溃了，他们看得出，收复彭城，不是楚军的目的，灭绝汉军才是他们的终极目标。

惶恐之中，汉军弃城而逃。

此时，刘邦上了夏侯婴的马车，由西门出逃，一路狂奔。

昏天黑地跑了一阵，刘邦半梦半醒，不辨方向，问夏侯婴："前方，是何处？"

"前方乃主公老家。"夏侯婴头也不回道。

送你回老家，和送你上西天是一个意思，都是安详之所，死后方可去。

刘邦惊悚，勒令停车。

夏侯婴停下马车，回头瞅刘邦，须臾，醒过味来，真诚道："前方真是沛县。"

"呃。"刘邦缓口气说，"速去接家人。"

马车疾速奔走，尘土飞扬。

沛县还是以往的沛县，却更显凋零。沿途房屋疏于修葺，漏风的漏风，散架的散架，极为破败；街市来往人等皆神情惶恐，面带菜色，一群饿鬼抱臂蹲于墙根儿下，痴呆望天空，眼神绝望而空洞。秦王朝时，集市尚且喧嚣，房屋尚且规整，狗肉尚且飘香；反秦反秦，如今秦倒是反掉了，民众的日子为何更为苦难？

刘邦心情抑郁，到了家中。家中空无一人一物，徒留一扇破门板，随风摇曳，噼啪作响。

一打听，邻里告知，楚军早已来过。

家人是被楚军捉去，还是出逃了？眼下自己又该去何处？

跑呗，跑到哪儿算哪儿。叹息感慨皆是无用的情绪，要紧的是保命。

此时，刘邦身边仅有十几名骑兵护卫，若被楚军追上，必死无疑。他的大部队已被楚军追杀至泗水，为了逃命，汉军自相踩踏，十万人淹死，堵了河水。

而后，残余汉军往西逃去，抵达灵璧以东的濉水。楚军追上，列阵攻击，汉军再退，退至濉水河岸，再无退路。

楚军冲上，两军短兵相接，汉军十余万人被推入河中，无数将士溺水身亡。

堵了泗水堵濉水，知道的是逃跑，不知道的还以为他们分批次集体跳河自杀呢。仗打到这份上，项羽仍无退兵之意。重占老巢，击败汉军，并不彻底，他要擒住刘邦，将之生吞活剥。

此时，项羽已清醒地意识到，刘邦不可小觑，他是自己生命中的强劲对头，应趁其大败之时，赶尽杀绝。

项羽率军继续追击。终于在山谷间，将孤零零的，身边只有十几名亲随的刘邦重重包围。

山谷有风，清冷空灵。

活捉、剿灭的呐喊声回荡谷间，如刀如剑如风，杀进刘邦耳中。

楚军步步逼近，刘邦已不惶恐，也不胆怯，只剩悲天悯人。

看来，一切都是天意，一切都是命中注定。他只能眼噙热泪，仰天长叹，喊一声："天意亡我！"

而天意即上天之意，非人所想。人能想到的，绝非上天本意。就在刘邦绝望之时，山谷西北风沙狂吹，席卷楚军。

风沙刮得天昏地暗，楚军人马大乱，趁此空当，刘邦逃出包围圈。

待风沙散去，楚军继续追击。

刘邦等人，此刻颇有些亡命天涯的味道，只顾闷头逃命。就在他亡命跑路时，碰到了他的女儿和小儿子。

接下来的事，众所周知，刘邦嫌子女累赘，车速过慢，三次将他们抛下，又三次被夏侯婴搀起。夏侯婴据理力争，刘邦拗不过，此刻，他没法叫人把夏侯婴拖到一边砍了，只能从了。他的一双儿女这才得以保全。

当他逃脱险境，内心会不会有一丝愧疚呢？或许有，或许没有。老话说：虎毒不食子，并没讲虎毒不弃子，他必须保全自己，才能东山再起，争霸天下。到此境地，他不争也得争，即便退缩，即便认栽，想必项羽也不会善罢甘休。

实际上，他做了一个常人无法理解、同情抑或赞许的抉择。相反，更多的是唾弃和不齿。只有他自己知道，他是不是真的心狠手辣，是不是丧尽天良自私透顶。

逃出沛县地界，刘邦一行人，去往下邑。

下邑，原魏国属地，地处砀山东北。由吕雉的哥哥吕泽镇守，麾下一千多号人马。

想当年，项梁死后，楚怀王封刘邦为砀郡长。因此，在下邑这个地方，刘邦也有基础和人缘。

可去处纵然再好，危难处境却没改变。原本他作秀，齐聚各地诸侯攻击项羽。没想到，项羽不出手则已，一出手，刘邦便被击溃。

诸侯们多机灵，看看项羽，强势无敌；再看刘邦，想当诸侯领导，可一领就倒，放空炮、喊口号、打偏枪，文不能定国，武不能安邦，凭啥领导还让他当。

如此一来，诸侯纷纷离他而去，在他和项羽之间，或保持中立，或直接转投项羽。邀了一帮哥们儿打架，自己挨得鼻青脸肿不说，随行人等均撤的撤，叛的叛，可见做人之失败。

刘邦此时的悲哀和失落，与他攻克彭城时的欢喜，恰成鲜明对比。

他的心情坠落谷底，降到零下一百度，反攻中原的激情，此刻似乎已全部耗尽。他需要缓冲，让他恢复元气，方能再战江湖。

谁也没料到，让他缓冲的人，不是谋士张良、陈平，也非大将韩信、樊哙，而是一个女人，名为戚氏。

戚氏在历史上很著名，刘邦得天下后，称其为戚姬。

关于刘邦与戚姬的相遇、相识及相爱，颇有几分《聊斋》的味道。只因那戚氏来历不明，司马迁在《史记•吕太后本纪》中，并未记录其身世，只说刘邦得定陶戚姬，极宠爱，常带其在关东一带打仗。

这狐仙一般的女人，在野史中倒十分鲜活——有天使之容貌，魔鬼之身段，曼妙之舞姿，婉约之歌喉。总之，刘邦在逃往下邑的途中，与之偶遇，见之如见天仙。而此女父亲竟与吕公如出一辙，认定刘邦天生贵相，硬要将女儿嫁与他。

刘邦当然笑纳。男人就是如此，生存告急时，眼中并无美女，只有烧饼，一旦填饱了肚子，再看美女，双眼立刻放出神采飞扬的光芒。

刘邦比普通男人更胜一筹，身处险境，尚未抵达下邑安全地带时，便包了个二奶，夜夜缓冲。

他这厢身心得以慰藉，殊不知老婆吕雉，已被楚军囚于彭城大营。

NO.2 蓝颜知己

楚军大营终日歌舞升平，欢声笑语不断。

此情此景钻进吕雉心里，犹如针扎。

楚军欢喜，意味着汉军惨败。被楚军擒获后，吕雉早有了抛头颅、洒热血的心理准备。项羽之为人，她心知肚明，落在其手，必死无疑，区别仅在于死法不同。

项羽酷爱坑杀，还喜欢把人放在锅里煮，王陵母亲便是被煮的人之一。以至于看到楚军造饭，你都不禁要猜测，那锅里煮的究竟是谁的肉？

当活则活，当死则死，到了这个地步，也实在没什么好想的。

可是，项羽并没痛下杀手，反而善待她和其他刘邦家人。这多少让吕雉有些意外，深一想也明白了，项羽留他们在，不是心软，而是将他们作为人质。

他们是他手中的一个重要砝码。

然而，软禁有时候比直接挨一刀更受煎熬。死了也就了无牵挂，也就无所谓悲喜，只要你活着，精神尚且正常，就得品味生离死别的苦涩滋味。

很长一段日子，隔三岔五，吕雉便要听到些战况播报。其内容十分单调，无非是楚军又攻克了哪座城池，哪位汉军将领又投降了楚军，汉军士兵又被杀了多少。

每当此时，楚军便一如往常地歌舞升平。

东边日出西边雨，汉军乐，吕雉痛。一只戴铜指套的手，攥住她的心，时而紧握，时而揉搓。

她想从楚军的战况中，捕捉丈夫刘邦的行迹，哪怕那行迹只是雪泥鸿爪，对她来说也是安慰。

然而，一无所获。

她时常感到虚弱和无助，她毕竟是个女人，即便后来她当了皇后，女人与生俱来的贪嗔痴在她身上也未能免俗，何况充当人质之时。

她想找个人倾诉，身边还真有一个合适的人。此人便是刘邦复克丰邑后，给她留下的管家审食其。

审食其虽年轻，却善解人意。

吕雉默默流泪时，审食其悄然无声陪伴左右；吕雉烦躁无助时，他将手轻轻摁在吕雉肩头，仿佛给予她力量。

吕雉也似乎感受到温暖和力量，虚弱的身子就不再颤抖。

她的心里话，都讲给审食其听。有些话，很琐碎；有些话，很崩溃。审食其总是极有分寸又恰到好处地与她交流，帮她化解。

天长日久，审食其成了她的精神伴侣，蓝颜知己。

她和他，已不再是主仆，而是平等相待。在她面前，他既不卑微也不狎昵。不说话时，他们用眼神来往，那眼神中的细碎关切，心疼怜爱都是心灵密码，只有他们彼此能读懂。

幸福其实很单纯，有人关心，生活便有希望。黑暗过后，总有黎明，冬天已至，春天也不远了。

终于，在听闻太多噩耗之后，审食其带来了一个喜讯：汉王在荥阳。

刘邦还活着，且打了胜仗，犹如天空出彩霞。吕雉与审食其分享快乐，这份快乐非常实在，雪中送炭般珍贵。

荥阳，战略要地，依山傍水，乃关东通往关中之咽喉，破除虎牢、潼关之天险，也必经此处。

当初，陈胜起义，曾派吴广统帅大军，攻打此处。当时，镇守荥阳之将乃秦相李斯之子李由。最终，吴广壮志未酬身先死，其残余部队也被秦将章邯剿灭。

陈胜派兵攻打荥阳，其主要目的是夺取粮食。因为离荥阳西北五十里，有一座山，名为敖山，北连汴水，南连广武。秦始皇时代，山底有一洞窟，存有大量军粮，名为“敖仓”。

如今，楚汉相争，物是人非，荥阳还是荥阳，不过是争夺对象变了。

彭城兵变，刘邦逃至下邑，召集失散兵卒，退守荥阳。掐指算来，从离开汉中，反攻三秦，到彭城败逃，不过短短两个月时间。这俩月，他像坐了一回迪士尼的过山车，由低谷到高峰，由高峰坠落到低谷，尽在一瞬间。

当他抵达下邑后，惊异地发现，张良也来了。

刘邦见张良，犹如吕雉见审食其，悲喜心思都可毫无顾忌地倾诉。

他悲痛，他悔悟，他没想到反楚的仗这么难打，接下来该怎么办？还能与项羽抗衡么？

张良早知刘邦所想，他心中已有谋划，不紧不慢分析道：若要击败项羽，需得到三个人。其一，便是九江王英布。此人别名黥布，早年犯了法，被判处黥刑，即脸部刺字，涂上墨炭。

当年英布定罪后，被押送到骊山服劳役。在那里，英布结识了大批劳改犯头目。而后，他带领这批劳改犯逃离骊山，当了强盗。

陈胜起义，英布也率领几千人造反，兵败后投靠项梁，项梁死后，他跟随项羽。虽骁勇善战，功勋卓著，却只得到九江王的封号。此人与项羽，看似亲密，实则貌合神离。

第二个人，则是游击王彭越，如今他与田横已结成反楚同盟，梁地的大部分地盘，都在其人手中。

第三个人是韩信。

刘邦琢磨此时局势，不得不承认张良之高明。

彭城败逃，他几乎成了寡人。而此寡人非彼寡人，是孤寡的寡。那些诸侯王、大小将领，纷纷背叛了他，转投项楚。其中，北面的魏国和赵国，犹如两枚定时炸弹，潜伏于他身后。这就必须先排爆，方能集中兵力对付南面的项羽，否则将腹背受敌。

派谁去排爆呢？只有韩信堪当此大任。

刘邦彭城失利后，韩信立即整编兵败而回关中的各路兵马。也就是说，汉军的大部队在他手中。

张良的意思是：若韩信与彭越、英布一同抗击项羽，项羽必亡，天下可得。必要之时，可以承诺，若真能助汉王打败项羽，将来便与之分天下。

就目前严峻局势而言，已无更佳的良策。于是，刘邦依张良之计而行。

NO.3 排爆

彭城战败，五路诸侯各有盘算。

五路诸侯为：常山王张耳，河南王申阳，韩王郑昌，魏王魏豹，殷王司马卯。

其中，魏王魏豹把事做得很绝，见刘邦败了，悄然溜走，回到魏国，毁了黄河的渡口，反汉助楚。

这就是典型的墙头草，风往何处吹，就往何处倒。

魏豹原是魏国公子。此人有一哥，名唤魏咎。魏国健在时，被封为宁陵君。秦灭魏后，魏咎被流放，降身平民。待到陈胜起义，魏咎重出江湖，随陈胜一同反秦。

前文讲过，陈胜曾派五路大军攻秦，东路军平定魏地，由大将周市率领。

周市本是魏国人，魏地平定后，陈胜欲立他为魏王。周市死活不干，说立王当立魏王后代。这才叫忠，才算讲道义。

陈胜当时极度膨胀，哪听得进他人意见，坚决不允。

周市也是一根筋，非但不当魏王，还把魏咎接了来。折腾许久，陈胜也烦了，只得立魏咎为王。

陈胜覆灭后，章邯进军魏国。齐国和楚国援救，反被章邯一勺烩了。周市战死，魏咎与章邯谈和，条件达成后，魏咎自焚身亡。

魏咎死后，魏豹逃往楚国。楚怀王当即拨了几千人马，助他反攻魏地。此时，项羽已击溃章邯。魏豹没费多大劲儿，便摧枯拉朽般攻克了二十多座城池。

秦灭，项羽分封，立魏豹为魏王。

分封，好比送友人一礼物，岂有更换之理。项羽玩得够绝，分封后，他想自己占据梁地，便把魏豹迁往河东，建都平阳，封为西魏王。

魏豹心中自然不爽，喜逢刘邦反楚，便与之同抄项羽后路。

刘邦先胜后败，魏豹立马变脸，重挺项羽。

魏豹这流氓，是光屁股上吊，又不要脸又不要命！此等行径，全无信誉，跟抄后路没什么区别。他这么一搞，刘邦感到威胁不小，东边有楚国，南边有魏、赵，北面是项羽。什么叫夹缝中求生存？这就是了。

按张良之计，先排爆。而排爆得分而击之，一个一个来。

如果与东边的楚国较劲，便腾不出手搞魏国。刘邦决定，先礼后兵，劝和不成，再起兵攻打。

劝和的人选，非口才帝郦食其莫属。此人曾助刘邦攻取陈留，事实证明，此人不光口才极佳，嘴不管用时，还能动刀。

郦食其领命而去。

见到魏豹，郦食其开门见山，以利相诱：汉王有言，若魏王您肯助汉抗楚，即封您为万户侯。

魏豹冷冷一笑，不言声。

郦食其接着说：眼下看来，汉王虽然势弱，可日子还长，先胖不算胖，后胖压倒炕。

魏豹默然，半晌，冷冷道，先生所言大谬，依本王看来，日子极短，人生极快；眼睛一闭一睁，一天就过去了，眼睛一闭不睁，一辈子就过去了。

郦食其有点儿蒙，摸不透魏豹的心思，小心翼翼问："魏王的意思是？"

没意思。魏豹似笑非笑道："即便有何意思，也不同你讲。"

郦食其又问："魏王是想亲自同汉王讲？"

魏豹脸一板，斩钉截铁："汉王为人傲慢，不讲礼节，粗俗得很，责骂我等诸侯，像骂奴仆，别人受得，本王受不得。"

拒绝分两种，一种是明拒，一种是婉拒。明拒爽快，央求一方可死心塌地拍屁股走人；婉拒挺损，貌似客气，实则冷酷，属于细鞭子抽打，给人一种细碎的疼。

郦食其忍着细碎的疼痛，怀着失败的沮丧，臊眉耷眼地回禀刘邦。

刘邦气得满地乱转，我还傲慢？我还粗俗？魏豹啊魏豹，你背信于我，我反派人婉言相劝，不听劝也罢了，还出言羞辱。这就叫水至清则无鱼，人至贱则无敌。

既然你自觉无敌，那我就让你尝尝挨打的滋味。

公元前204年八月，刘邦命韩信北上排爆，排挤掉占据天下一方的魏豹。

实际上，魏豹并不想与刘邦死磕，同时，他也不会为项羽卖命。简言之，他不是一棵简单的墙头草，他肚子里拨弄着一副精明的算盘。他期待的结果是：楚汉相争两败俱伤，自己从中渔翁得利。

此事说来话长。

几年前，一个相士给魏豹的姬妾们看过相。其中一个，是魏豹最宠爱的薄姬。相士看了许久，说出一句箴言：此位美人，当生天子。

魏豹心中暗爽。我儿是天子，我即为太上皇，而太上皇绝对是皇上变的。魏豹的推理很清晰，丝毫不亚于阿加莎•克里斯蒂。

欣喜之余，魏豹动了夺天下的心。

可是，韩信的存在，让魏豹空做了一场帝王梦。

韩信再次使用反攻三秦的招术——声东击西，避实攻虚。他下令，在黄河渡口的蒲板东面，摆满大小战船，气势汹汹，作大举进攻状。

魏军见状，便稳坐钓鱼台，等待汉军来攻，伺机予以痛击。

这当然是韩信的障眼法，表面佯攻，暗地里，命人用木框架绑扎瓦罐，这玩意儿当时称作：木罂缻。

在木罂缻上面，又铺上木板，打造成一座浮桥。

夜幕降临，韩信遣曹参率大军主力，通过浮桥，悄然渡过黄河，直抵魏国首都安邑。

此时，魏军主力都集中在黄河岸边，哪料到汉军突然出现在身后，而且是直接攻打空虚的首都。

魏豹猝不及防，安邑迅速陷落。他回师救援，为时已晚。汉军剩余部队，趁机渡河，魏军腹背受敌，无处逃无处躲，很快败亡。

魏豹被活捉。

魏国的地盘归刘邦所有，宫里的姬妾归刘邦享用。被相士下过箴言的薄姬，得刘邦宠爱，给刘邦生了个儿子，此子便是后来的汉文帝刘恒。

可见，相士所言不虚。薄姬肚子里的种是龙种，播种之人却未确定，魏豹自作多情了。

魏国平定，北面的第一颗雷成功排除，刘邦如愿以偿，设置了三个郡：河东郡，太原郡、上党郡。

受胜利鼓舞，韩信乘势进攻赵国。赵国的哥们儿是代国。这哥们儿懂得唇亡齿寒的道理，鼎力相助，结果被弄得半死。

代国败亡，赵国断臂，成了一残疾。

喜讯传回，刘邦狂喜，军心振奋，楚汉战争的格局展现出新风貌，原本极为黑暗的环境，射进一缕曙光。

曙光乃生存的希望，黑暗是人间的恐惧。战争可以将敌方推向黑暗境地，让我方走向光明。

如何再接再厉，把项羽推向黑暗境地？那就是攻打赵国，及其燕国。

魏、代、燕、赵，若都被刘邦收入囊中，实力自然大增，基本可与项羽抗衡。

于是，刘邦派韩信和张耳共同领兵，前去攻打赵国。这让人有些费解，韩信领兵足矣，何必要配一个张耳？张耳本在赵地，何时又投奔了刘邦呢？

NO.4 心怀鬼胎

时间闪回，回到陈胜起义时期。

陈胜派遣五路大军攻秦，其中，北路军由将军武臣率领，张耳与陈余为校尉。收复赵地后，张、陈二人说服武臣自立为赵王。武臣应允，任张耳为丞相，陈余为大将军。

陈胜得知后，勃然大怒，想灭武臣家族。国相立刻劝阻，说秦国未灭，先杀武臣家人，等于又树了个强敌。赵王的头衔，虚名而已，不如顺水推舟，让他称王，命他率军西进攻打秦国。待秦灭后，再将其消灭也不迟。

这是一条妙计。陈胜依计而行。

张耳和陈余多机灵，一听就知道陈胜玩的是将计就计。于是怂恿武臣，不听陈胜号令西进，而是派几员大将领军攻打别处。

不久，武臣手下的大将韩广，夺取了燕地。燕人拥立韩广为燕王，韩广还就当了。可见，韩广也是个不想一辈子给人打工的主，有机会自立门户，便不会放过。

如此一来，武臣怒了，发兵进攻燕地。打就打吧，见过倒霉的，没见过武臣这么倒霉的，他外出时，居然被燕军给绑票了。

这下燕军有了资本，向赵国提条件：归放你们赵王可以，赵地分我们一半儿。

赵国这边没辙，派使者前去谈判，派去一个死一个。燕军也太流氓了，太没江湖道义了，自打有绑票这行以来，至多是杀人质，哪有杀谈判代表的。

谈判一事搁浅，谁也不敢再去。可没想到，赵国的一个勤杂兵，把赵王武臣给救了。

勤杂兵跑到燕地，对燕将说："张耳和陈余压根儿就不想救赵王，他们打的主意是瓜分赵国，自立为王。"

"果真如此吗？"燕将半信半疑。

"您以为呢？"勤杂兵毫不客气地说，"他们巴不得您杀了赵王，便可以此罪名来讨伐。您再想想，赵王、张耳、陈余三人率军夺几十座赵国城池，论实力您扛得住他们打吗？”

看来，赵国灭燕是分分钟的事儿。若真杀了赵王，倒给他们口实，这傻事不能干。于是，燕将放回了赵王。

赵王武臣回到赵国后，得知他的另一员大将李良已占领常山，便派其攻打太原。

李良领兵去了，半路一个秦兵送来封信，说是秦二世的亲笔信。

信是劝降信，内容很简单：若李良肯叛赵归秦，定赐予高官厚禄。

李良拿不定主意，若前行，秦国重兵抵抗，若投降，也不知此信是真是假。

实际上，信并非秦二世所写，而是秦国将领的山寨作品，说明白点儿，就是缓兵之计。

李良徘徊不前，索性兵回邯郸。就在回邯郸的路上，出了一件事，这事让李良走上了叛徒的道路。

那一日，赵王武臣的姐姐外出赴宴，随从百余人马，气派十足。回归途中，撞见李良。李良见此排场，忙伏地通报。

哪知武大姐喝醉了，也不答谢，只派一个低等士兵敷衍几句。

随从官员，以及李良手下的将士，把嘴藏在袖子里笑。

李良颜面扫地，怒火中烧。原本他只是心怀鬼胎，尚未决断是否降秦。这么一来，他下了决心，追上醉酒娘们儿，一刀杀了，随即率军攻击邯郸。

邯郸城并不防备，城破后，赵王武臣被杀。

武臣死后，张耳和陈余收拾其残军，得了五万人马。

此时，有门客向张耳献计，说您和陈余都是外乡人，占领赵国，却未得赵国人心。应当拥立六国时赵王的后代为王，这才显得正义。

张耳觉得在理，遂派人寻访到赵氏后代赵歇，立其为赵王。

与此同时，李良领军进攻把守常山的陈余，被陈余击败，李良转而投奔章邯。

章邯领兵攻打邯郸，摧毁城池，迁空民众。张耳和赵王歇逃入巨鹿城中。章邯与秦将王离合围，巨鹿告急。

这时节，陈余在巨鹿以北，张耳频发急信，让陈余前来救援。陈余心怀鬼胎，不愿损失自己的兵力，因此不发兵。

他回复张耳说，你我是生死之交，不是我不想救，而是救你不成，反而搭上我，与其同归于尽，不如等你和赵王死后，我见机行事，为你们报仇。

狗屁生死之交！自此，张耳与陈余反目。

项羽巨鹿大战击败章邯后，张耳便跟随项羽，以及其他诸侯一同进入关中。

分封诸侯，项羽把赵国的一部分地界赏赐给张耳，让他做了常山王。

张耳当了王，陈余却只被封了侯。反秦大家都有功劳，他封王，我封侯，封地也只得到南皮三个县。陈余十分嫉恨张耳。

分封不公，齐王田荣起兵反楚，陈余趁机调动三个县的军队攻击张耳。

张耳势弱，只得败逃。他原本想投靠项羽，可手下谋士却建议他投刘邦。

这谋士自称会观星相，说楚国虽然如今强大，但最终天下还是归属于汉。

张耳反复考虑，决定投奔刘邦。他和刘邦是老交情，他来投奔，刘邦当然是以厚礼相待。

打这儿起，张耳和陈余各为其主。张耳效力于刘邦，陈余效力于项羽。

韩信灭掉魏国后，名气大增，雄心高涨。

胜利，是世间最顶级的灵丹妙药。对于曾经落魄的人来说，心理治疗纯属扯淡，切实地来几场胜利，什么阴影、失落、抑郁立刻就会一扫而光。取而代之的，便是再接再厉。

韩信再接再厉的计划是，从魏国都城安邑出发，向北进攻赵国和卫国，向东进攻齐国，向南还可以断绝项羽的粮道。可见安邑这地方之关键。

而赵国的首都在今天的河北省石家庄附近，汉军要进入河北平原，必须得穿越太行山脉。把守山脉河谷的正是赵国大将陈余。

于是，刘邦给韩信多配备了一个领军人物——张耳。张耳和陈余反目成仇，都恨不得置对方于死地而后快。若张耳领军前去，定会拼死一搏。

面上，刘邦是助张耳复仇，实质上是把张耳当一个棋子，这棋子的名字叫卒，身先士卒，送到前线去拼命。

刘邦这一手够黑的，但这仅是他如此安排的原因之一。他心里，还揣了一个更深的鬼胎，那就是对韩信的恐惧。

韩信运筹帷幄，反应敏锐，极善于掌控局势的变化，在汉军中，无人可比，一旦他反叛，刘邦将死无葬身之地。

因此，对韩信，刘邦是既欣赏，又钦佩，更恐惧。得派个人监督他，张耳是最合适的人选。

这就叫一箭双雕。

一直以来，刘邦给人的表象是豪迈粗犷、不拘小节。但在关键时刻，重要时刻，他的心眼极多极细。

人心就是如此叵测与险恶，尤其在你死我活的战争和复杂的政治斗争中，这是因为本我求生求胜的欲望。

弗洛伊德语：本我无法忍受其欲望得不到满足，它总是欲壑难填。

NO.5 除了胜利 神马都是浮云

韩信与张耳率军进攻赵国。此时，刘邦占据荥阳，地盘覆盖韩国的大部分地区，魏、代两国也已收入囊中，若拿下赵国，中原地区基本就算全部搞定。这样一来，与楚军对抗就占了优势。

但是，项羽对荥阳的攻击一波接一波，跟植物战僵尸的游戏似的，刚打退一次进攻，又弹出一条提示：一大波僵尸要来了。怎么打也打不完。因此，刘邦压力很大，喘不过气，可他还是给了韩信两万兵马，外加一个监督韩信的金牌卧底老密探张耳。

刘邦此举，当然是赌博。不是他想赌，而是不得不赌，他很清楚，这一把如果赢了，项羽就被动了；如果输了，自己就凄惨了。但是，倘若不赌，就始终处于劣势。

好在刘邦不怕输，自反秦以来，他带兵打仗，输的时候多，赢的时候少，早就习惯了。赢了是惊喜，输了不意外，这心态挺牛，完全放得开，完全敢于一搏。

楚汉相争的第三年，也就是公元前204年，刘邦派遣韩信和张耳，率领两万多兵马，北上进攻赵国。

打赵国，要经过太行山脉。这条山脉的长相很纠结，它的横向是河谷，河谷又狭小，被当地人称为“陉”，易守难攻。

对于陈余那种性情比较纠结的人来说，这形状纠结的山脉，很符合他的心意。

佛说，看山是山，看水是水；又云：看山不是山，看水不是水。陈余领悟了后半句，看山不是山。在他眼中，山脉不是山脉，而是屏障；陉不是陉，而是优势。于是，陈余弄了十几万兵马，固守在一条名为“井陉”的河谷附近，迎接韩信的到来。

迎接的含义就是接纳、对待。陈余手下的有一员大将，名叫李左车。车马炮的车，听其名就感觉此人乃能征善战之辈。他跟陈余建议说，您不要迎战，不要接触，就死守。我只带三万兵马，抄韩信的后路，断其粮道，尔等将死无葬身之地。陈余一听就急了，这不是耍流氓吗？咱赵军是王者之师，我是个文人，怎能使如此低俗的下三滥招术！靠阴谋诡计取胜，赢得窝囊；堂堂正正地取胜，才赢得高雅。

李左车无语，心想赵国悬了。

韩信这边，兵进太行山脉，驻扎井陉口，派探子搜集情报。

探子回来，报告了李左车的计策。韩信倒吸一口冷气，这李左车真够阴的，出手就是杀招，断了粮道，等于被扼住咽喉，自己想动动不了，进也不是，撤也不是，只能坐地挨打。

见韩信吓出了一身冷汗，探子又说，陈余没有采纳这条毒计。

韩信掐死探子的心都有。

惊讶之后，有些愤怒，愤怒之后，就是欣喜。韩信嘴角浮出一丝难以察觉的微笑。这微笑，既有感激，又带着冷冽的杀气——他打心底感谢陈余，此人舍得一身剐，誓把低俗变高雅，真是挨打的好对象。

当晚，韩信派两千人带着汉军的赤色红旗，爬到赵军附近的高山上。任务是：次日待赵军倾巢而出，便将红旗插满井陉关。

这两千人神不知鬼不觉地出发了，飞奔至目的地，潜伏在一望无际的深深黑暗中。

翌日清晨，天高云淡，太行山脉一片祥和，山是山，水是水，平静得很，全然不像大战即将爆发的样子。

韩信下令全军背靠河水列阵，兵将们有点儿晕，这是干吗呢？咱是进攻方，怎么摆个防御的架势，难道是玩疲劳战术，让对方打，打到他们累死为止？瞎猜归瞎猜，军令得服从。很快，汉军摆好阵势。

须臾，陈余接到报告，亲自跑来参观，笑得很夸张，传说中能战善战的韩信，果然只是传说中的。他如此列阵，一看就是没读过兵书的，好奇害死猫，没文化害死人，你不打败仗谁打败仗！

陈余乐，手下的将领也跟着乐。一时间，讥讽笑声在军中蔓延，颇具感染力。大家都很轻蔑汉军，心说动手吧，剿灭他们。

赵军中，唯独有一人，双眉紧锁，面沉似水，此人便是李左车。他仔细观察汉军的阵势，一种恐惧占据心头。韩信会这么傻吗？让你随便打？他一定有后招，这个后招就是杀招，这杀招究竟是什么招，却不知道，这才是最可怕的。

就在李左车琢磨之际，韩信已举起帅旗，用力一挥。霎时间，战鼓擂动，一部分汉军直奔井陉关口。陈余见状，怎肯示弱，立刻派兵迎战。

由于韩信亲率人马出战，汉军气势很足，冲杀强悍，第一拨赵军几下就被打退了。

陈余颇感丢脸，立即下令，出动更大一拨军队扑向汉军。汉军虽勇猛，但毕竟人数少，疯打一阵，渐渐处于下风。而赵军则无穷无尽地冲杀过来。

韩信下令全军撤退。

一看汉军退了，陈余来劲儿了，这还有什么可说的，敌退我打呗，于是命赵军追击。汉军退回水边阵营，韩信下令反击，双方展开惨烈的厮杀，汉军大营前血肉横飞，大营却岿然无恙。赵军的死伤人数飞速激增，士兵一排接一排倒下，眼看尸体成片，后面的人踩着战友残缺的尸首往前冲，冲在前面的挨第一刀！

大营攻不破，陈余急得像一头丢了猎物的野豹。

明明占上风，明明人数多，却被打得那么惨。此时的陈余，热血上涌，完全丧失理智，他竟然号令全军倾巢而出，企图一举吞掉汉军及其韩信本人，当然还要活捉张耳，剥其皮、抽其筋。

冲动是魔鬼，被魔鬼附了身，自己离当鬼也不远了。赵军全体出动后，关内空虚，韩信事先安排的两千人马，迅速窜出，占领了关内，红旗瞬间插满关口。

汉军大营这边，士兵眼见全部赵军杀来，已知无退路，退是死，不退也是死，索性拼了。人一旦有了拼命的心，看谁都不过是一团会走路的肉，管他是谁，杀就是了，杀他个痛快淋漓，方算死而无憾；杀他个地动山摇，方露英雄本色；杀他个昏天黑地，方彰显男儿气概。

死战！死战！死战！汉军将士就这一个想法。刀剑打飞了，就抱住对手摔跤，不管身上挨了多少刀，无论肢体受了多少伤，就是不认输，弄死一个敌人够本，弄死两个就赚了。

此等视死如归的战法，赵军将士显然缺乏心理准备。按常理，他们是守方，死战也该他们死战。可是，仗一开始打，双方的角色就转换了，角色转换，心理势必要跟着转换，换不过来，军心就不稳了。

全体赵军几番猛攻，仍然未能击破汉军大营。陈余一看这么打不行，汉军将士个个都是急红了眼的野狗，自己的将士却像肉包子，去多少失多少。歇歇吧，缓口气，调整战术再打。他下令撤回关口。

到关口前一看，关口堡垒已被汉军占了。堡垒上，插满一支支红旗，那旗帜的色彩犹如血液奔涌，又宛如太阳的光芒，狂射而出，分外鲜艳，又无比扎眼，不仅扎眼，还扎得人心疼。

陈余觉得胸口闷，有什么东西堵在嗓子眼儿里，他想叫想喊，喊士兵不要乱，喊他们不要逃。可士兵已如苍蝇遭遇杀虫剂，只顾无头地乱飞了。

陈余站在那儿，眼睛发直，身子发抖，心里痛且恨，痛的是兵败如山倒，恨的是韩信卑鄙。真是有什么样的头领，就有什么样的部下，刘邦是个老流氓，韩信则是个烂痞子，就会玩阴的。

陈余这厢满腹纠结，韩信那边已发现情势的变化，他下令反攻，这下汉军将士乐了，这仗打得太好玩儿了，哥儿几个刚才还走投无路拼死血战呢，转眼就柳暗花明痛打落水狗了。

接下来的战斗，不说也知，乱哄哄已无战斗力的赵军，死的死，散的散，逃的逃，降的降。陈余因为纠结得太久，来不及逃，最终死在乱军之中。

也许，临死他才明白，除了胜利，神马都是浮云。韩信的战术不是痞，而是背水一战，置之死地而后生。

经典的韩信，经典的井陉之战，够后世的人品味几千年。

第六章

NO.1 疑似

韩信在北方战场连战连捷。

眼看赵国被平定，燕国慌了，只能求和，刘邦应了。至此，燕国成为刘邦的盟军。

对于项羽来说，刘邦的胜利，就是他的失败，刘邦的喜悦，就是他的痛苦。

痛苦的项羽明显感觉到，自己越来越被动。彭城被袭后，他已感觉到刘邦的威胁。现在，韩信把魏国、赵国都灭了，刘邦已不仅仅是威胁，而是劲敌。

他极不愿意接受这个现实，下令攻打赵国，几次攻击，都被韩信击退。

此时，张耳被刘邦任命为赵王，赵国的局势日趋稳定，再打也没戏，项羽便集中兵力继续猛攻荥阳。

荥阳压力巨大，刘邦坐立不安，叫张良来商议。

张良曾跟刘邦说过，若要击败项羽，需要三个人。一个是韩信，另一个是彭越，还有一个是英布。现在，是策反英布的时候了。

英布与项羽早已是面和心不和，只因英布出身贫贱，封赏时项羽就比较刻薄。英布大为不满，项羽的老窝彭城被端的时候，他袖手旁观。

项羽认为英布忘恩负义，派人去斥责英布。

英布愤懑，心说项羽还拿自己当贵族呢，天下原本就不是你一个人的，你充其量也就是一方土匪头子，封我个九江王，本就不公，却像给了多大恩赐似的，老子不买你的账！

二人之间的裂痕愈来愈深。

苍蝇不叮无缝的蛋，何况有些蛋连壳都没了。眼下，英布和项羽的关系，就是一只无壳蛋。张良认为，只要派说客去策反英布，一准能成。

事情正如张良所料，英布已预算了自己的未来，九江在楚国境内，按项羽霸道的土匪性情来说，早晚会收拾自己。

英布脑子里想着未来，刘邦的说客到了，双方洽谈，说客晓之以理，尚未动之以情，英布便答应反楚投汉。

说客很开心，自打干这差事以来，就没这么清爽过。要是人人都像英布这么耿直爽快，我的工作就轻松多了。

项羽听说英布反了，只在这事上加了两个字，以证明自己对英布早有疑心，早有预见。这两个字就是“果然”，英布果然反了！

既有预见，必有对策，项羽当即派遣大将龙且攻打九江。

九江是楚国的地盘，英布不得人心，于是战败，逃到刘邦的地盘。刘邦欢喜，拨了些人马给英布，叫他回到九江打游击，培养势力。

如此一来，项羽时常遭到两路游击队的骚扰，一个是英布，另一个是彭越。这让他非常郁闷。而且，英布叛变的事，还给他心里蒙了一层阴影。他开始怀疑身边的部将，左看右看，瞧谁都不够忠心。

比如钟离眛，立功不少，却没给他封王，他心里一定不满，会不会像英布一样叛变呢？

这么一想，项羽把钟离眛也拖入了自己心里的黑名单。这个黑名单的名字叫：疑似不忠。

疑似，是一个叫考验神经的词，但凡疑似，皆是像非像，暂时无法确定。正因无法确定，才让人焦心。

项羽没有更好的办法，总不能因为疑似，就把手下都砍了吧。在他焦躁的情绪中，还有愤怒，对刘邦的愤怒，如今的乱局，祸根就是刘邦。于是，项羽闷头攻打荥阳，一次比一次猛。

此时，楚军的战斗力依然强劲，刘邦的军队疲于奔命地抵抗。虽说有英布和彭越给项羽制造麻烦，可毕竟只是骚扰，伤皮不伤骨髓，并不能改变整个局势。

这一日，口才帝郦食其来见刘邦，说眼下局势紧张，我倒有个主意可以应付。

刘邦说：“快讲快讲，我几天吃饭都不香了。”

郦食其很自得地说：“我这良策，保管您吃饭香，睡觉也香，就八个字：分封诸侯，恢复六国。”

“恢复了又如何？”刘邦问。

“拉他们一起打项羽呀！”郦食其掷地有声。

刘邦思索良久，决断不下，把郦食其的主意讲给张良听。

张良听后，直截了当地说："此乃本年度最馊的主意！如今天下，项羽势力最强，就算恢复六国，仍然是六个矮子面对一个壮汉，他们照样依附于项羽，跟着项羽来打您。"

刘邦拍案道，险些坏了大事！

既然张良否决了郦食其的主意，必有更佳的良策。刘邦拍完桌子，接着说："子房，讲讲你的办法。

张良没回过神，什么办法？我没办法，我只知道郦食其的办法不是好办法。

连张良都没办法，还能找谁呢？刘邦想到了陈平。

陈平曾和项羽混了很长时间，对项羽的性情、好恶、思维方式了如指掌。他知道，英布反叛，项羽必定坐立不安，疑心重重。

他跟刘邦分析，如今项羽身边，靠得住的人其实不多，将有四虎，谋士有一个。四虎将中，第一猛将是龙且，另外三个是季布、钟离昧和虞子期。谋士就是范增。

眼下要做的，就是离间，让他们相互猜疑。

如何离间呢？用黄金。

不得不说，陈平的招术很损很毒。盛世的古董，乱世的黄金。在楚汉相争的战乱之时，谁不想给自己捞点儿金子做后路呢？

英国哲学家培根说：金钱是善仆，也是恶主。俗话云：拿人手短，吃人嘴软。楚国的大小将领，得了陈平的金子，果然有些变化，这种变化导致楚国集团内部的动荡。

接下来，陈平还有更狠的，他要帮项羽在"疑似不忠"的黑名单里，添加一个重要的人物——亚父范增。

事前，陈平让刘邦向项羽提出和谈。

项羽此时感觉内部不稳，考虑之后，表示同意。而范增极力反对，他认为应当继续猛攻荥阳，刘邦就快扛不住了，此时和谈，说白了，就是刘邦的缓兵之计，他想松口气。

项羽却不赞同，松口气也是双方一起松，现在内部不稳，急需整顿。攘外必先安内，这个道理难道你老范不懂么？亏你还老谋深算。

范增据理力争，项羽一意孤行。两人意见分歧，最终范增拗不过项羽。

实际上，范增也只看到和谈的一层意思，缓兵之计。更深层、更可怕的用意，他还没有悟到——陈平的最终目的，是要把他从项羽身边摘除。

和谈和谈，不是说一句和解就和了。其细则甚多，边境问题，驻军问题，谁先撤退的问题，都得一步一步交涉。

谈判开始。今天，汉军派人去；明日，楚国派人来。可陈平派的人，没去见项羽，而是直奔范增去了。

范增很纳闷，你们该去见项王呀，怎么上我这儿来了。

翌日，项羽派使者到汉军。陈平隆重迎接，他笑容可掬，问寒问暖，说战争期间，安排简陋，还请亚父使者多包涵。

使者愣了，说我不是亚父的使者，我是项王的使者。

陈平的脸跟卷帘门似的，刷的一下拉了下来，说："原来你不是亚父的使者，那还谈什么谈，这不是瞎耽误工夫吗！"

说罢，拂袖而去。

使者站在原地，僵了半晌，随后骂骂咧咧离去。

回楚国路上，使者越想越气，自己身为项羽的使者，到哪儿都受到热情款待，如今可好，范增派出的使者都比自己强。陈平胆敢如此羞辱自己，说明他和范增的关系非同一般，他们笃定是私通了。

见到项羽，使者煽风点火，把原本不算严重的事情，说得无比严重。项羽本就多疑，一听这个情况，便把范增拖入了"疑似"黑名单。

范增不知内情，还怂恿项羽攻打荥阳。项羽越想越不对味儿，莫非陈平和范增挖了个陷阱，推着我往里跳？

项羽的这种极度不信任，表现在脸上，范增当然能感觉到。他既伤心又失望，于是告老还乡。

此时项羽还没醒悟，若范增真是私通陈平，怎会就此离去呢。他只是觉得范增疑似不忠，留着也是多余，因而没有半点儿挽留之意，极痛快地让范增走了。

范增一路远行，一路叹气，一路落泪，对项楚，他可谓是鞠躬尽瘁，可到头来，自己竟不知道究竟图个什么。楚国的一草一木，让他心伤，项羽的一言一行，让他心寒。回头看去，凹凸的城郭越来越小，越来越模糊，像梦中的景象一般渐渐虚化至无形。

随从端来饭食，他一口未动，凉了半日，扔掉，再端再放再扔。夜间，马车行至坑洼处，剧烈颠簸，他一骨碌坐起来，仿佛听见楚国山河崩塌的隆隆巨响，就再也睡不着了。

连日伤心上火，范增背上长了一个毒疮。到了彭城，毒疮恶化，没几日，他便死在了路上。

疑似不忠的英布反了，疑似不忠的范增死了。

陈平立了一大功，本该受到奖赏，可有人却向刘邦告状说，陈平这个人很坏，罪状有两条，一是生活作风问题，二是贪污问题。

生活作风问题是，陈平曾和自己嫂子通奸；贪污问题是，他来到汉军，就收取下级的红包。更为严重的是，此人反复无常，最早效力魏王，却反叛魏王归顺项羽，后又反叛项羽，归顺汉王。

此等无德无常之辈，岂能重用？

这一状犹如一枚手榴弹，在刘邦心里炸开，他当即找来推荐陈平的魏无知质问。

魏无知说，我当初推荐陈平，介绍的是他的才能，您问的是道德。有才之人不一定有德，有德之人不一定有才。

刘邦心说懂了，陈平断然不是个德才兼备的人。

那陈平是个什么样的人呢？说他坏，他又那么有才，一肚子计策；说他不坏，他“盗嫂受金”。只能说，此人疑似流氓。

可喜的是，刘邦的猜疑与项羽的猜疑不同。项羽猜疑，藏在心里，暗自盘算；刘邦猜疑，则亲自对质，把事情先搞清楚，才下结论。

不过，这只是未得天下时的刘邦，他疑人不用，用人不疑，即便有疑，也不会深疑。然而，当他君临天下后，他的猜疑心并不亚于任何一个君主，这就是帝王。

此乃后话，暂且不表。单说刘邦疑虑，叫陈平来对质。

陈平不慌不忙地解释，先说“盗嫂”，我自小没了爹娘，在家乡之时，嫂子疼我，我也爱嫂子，就算有些暧昧，也是情不自禁。

这事儿刘邦其实不在意。孔子曰：己所不欲，勿施于人。在女人方面，刘邦比陈平奔放多了，大家都是流氓，流氓何苦为难流氓。

那么，收红包呢？刘邦接着问。

陈平又解释说，我当时裸奔到汉军，一丝不挂、一文不名，若不收点儿礼，连件换洗的衣裳都没有，吃饭也成问题。

至于投了魏王，再投项王，也并非我反复无常，而是魏王和项王根本不采纳我的计谋，后来，我听说汉王您求贤若渴，待人宽厚，这才来投奔您。您如果觉得我的计谋不可用，我可以走，我收的那些礼都在，如数奉还就是。

刘邦明白了，陈平一到汉军就受到重用，难免遭人羡慕嫉妒恨，所以才告状。

于是，刘邦向陈平道歉说，我错了，我怠慢你了，你千万别介意。

陈平很感动。一直以来，他都深知刘邦对自己的信任，离间楚国将领时，他提出用黄金收买，刘邦不查账不对账，要花多少，到财务那儿去领就是了。

要花多少，到财务那儿去领就是了。此话看似简单，含义却丰富，首先是信任，让下属放开手脚做事，其次更美好，只要把事儿办成了，剩下的钱你自己揣兜里，算奖励。

哪个员工不喜欢听到领导对自己说这样的话呢？

NO.2 遭遇山寨版

范增死亡的消息传来，项羽悲伤。这时候，他念起范增的好来，他曾像尊重父辈一样尊重范增，最后他却死于回乡途中。

他望着范增离去的方向，悲天悯人地想，从今往后，一切事情，都得自己拿主意了，再无人可商议。那个为他出谋划策的父辈，已经永远地去了，再也不会回来。

此时，项羽终于明白，范增所言不虚，和谈确实是刘邦的缓兵之计，继续猛攻荥阳才是明智的，不仅攻城，还要切断荥阳的粮道。

打仗就是打粮食，没有补给的部队，好比没奶吃的孩子，迟早会在哭喊中饿死。

不出项羽所料，补给跟不上，刘邦陷入绝境，出城打，打不过，龟缩城中，将士与百姓吃不饱，就会内乱，到最后饿急了人吃人，自相残杀致死。

唯一的办法只有撤军。

而城已被围，如何撤走？荥阳城此刻的情形，是城外的楚军想冲进来，城内的汉军想冲出去。

还是陈平主意多，他建议刘邦出逃。他说，项羽最想要的是您的命，见您跑了，他一准追击。如此这般，荥阳暂且保住，您也安然无恙。

这也太冒险吧。刘邦思忖，万一我没逃掉怎么办？那不等于是自投罗网。

陈平就是陈平，肚子里的诡计一个接一个。他已制订了一套完善的撤退计划。逃，是三十六计中的“走为上”，还有一计叫“李代桃僵”，找个相貌酷似刘邦的人，穿上汉王服，从东门假装突围，而刘邦则趁乱从西门逃遁。

汉军中还真有一个人，长得很像刘邦。此人叫纪信，当年鸿门宴时，刘邦谎称去茅厕逃离现场，逃离中，有四名亲信将领护卫，其中一个护卫，便是纪信。

纪信很忠心，挺身而出掩护刘邦撤退。

天黑以后，按照陈平的安排，纪信率领两千名身着汉军兵服的妇女，从荥阳东门鱼贯而出。楚军都看傻了，往常从荥阳城里出来的，都是杀气腾腾五大三粗的男人，搏杀一阵便退回城中，今儿怎么都变了性？

两千名妇女拥出，场面婀娜多姿又极为壮观。把她们都逮回去该有多好！楚军士兵的脑子有点儿乱。

恰在此时，荥阳城头有人高喊：食尽，汉王降！

紧接着，一辆王车在侍卫和宫女的簇拥下，由东门缓缓驶出。楚军士兵都乐了，这好，连刘邦带女人一块儿擒了，刘邦交给项羽，女人自己留着。

楚军士兵一拥而上，将纪信一行团团围住。安检过程中，没人识破纪信，他那张“明星脸”挺唬人，又身着汉王服，楚军士兵都信以为真，他们相当兴奋，只待项羽前来，大家邀功请赏。

项羽来了，他走近一看纪信，差点儿没把鼻血气出来，这刘邦是山寨版的！

手下人有些惶惑，这不是刘邦是谁？项羽当场踢翻一个士兵，骂道：刘邦就是化成灰我也认得出！

人生的懊恼莫过于花了买正版的大价钱，却换来山寨货。

项羽率军攻城断粮道，仗打得很苦，那可是真枪实弹，真人相搏啊，末了，弄个山寨假货来糊弄老子，刘邦简直太坏了！

项羽一怒之下，在荥阳城外，把纪信活活烧死。按土匪的话说，这叫点天灯。

纪信化为灰烬时，刘邦已和陈平、张良等人趁乱从荥阳城西门出逃。与此同时，城中的大部分汉军也分批撤退。荥阳城内，只剩下刘邦的两个老朋友，周苛和枞公带领少数汉军镇守。

很快，荥阳城破，收复荥阳后，项羽听闻刘邦已逃往成皋，便率军追去。

成皋，位于今荥阳市汜水镇西北。

刘邦在成皋待了几日，决定回关中重新整合队伍，再伺机与项羽作战。

镇守成皋的任务则交给了英布。可刘邦没走多久，项羽便率大军杀到，英布不敌，成皋失守。

此时，有人向刘邦建议，咱们不能走函谷关，那里有项羽的重兵固守，走武关吧，绕到项羽的背后去。

刘邦采纳了这个建议，率军出武关，后驻扎于宛城。

项羽闻讯，怒气冲冲率兵南下，与刘邦决斗。刘邦自知不敌，便加固堡垒，闭而不战。

此时，项羽兵精粮足，只管攻打。眼看宛城也悬了，楚军后方忽然来报：游击队队长彭越率部渡过濉水，已攻下睢阳、外黄等十七座城邑。

后方是提供补给之处，后方乱好比后院起火，前方的人如何安心做事？

对项羽而言，彭越是个十足的祸害。自彭城之战后，这家伙一直打游击，屡次在梁地切断楚军的补给。

虱子虽小，也架不住它频繁吸血。为了减轻消耗，全心全意打刘邦，项羽决定放弃宛城，反扑后方，彻底剿灭彭越。

但有个问题很棘手，他率大部队去了，成皋又空虚了。宛城可以不打，成皋必须守住。派谁守呢？项羽拿不定主意。

龙且和钟离昧，是项羽手里最猛的两员虎将，可惜龙且不能留下来镇守成皋。此番去后方剿匪，需他做先锋；钟离昧更不行，他得镇守荥阳。

这两人可谓是左膀右臂，缺了他们，项羽忽然有一种被肢解的感觉，再想别的将领，如季布、虞子期等人，虽然勇猛，但皆是莽汉，头脑不行。

得找个智勇双全之辈。

选来选去，项羽锁定了一个人，大司马曹咎。

秦王朝健在时，项羽的叔父项梁遭人诬陷坐了牢，曹咎时任监狱长，早与项梁相识，想私放项梁又不敢鲁莽，便给那时的主管司马欣写了一封信，司马欣把项梁给放了。

在项羽看来，曹咎有情有义，做事也细，会想办法，是个不错的人选。

光选曹咎，项羽还不放心，又任命原镇守汉中三王中的司马欣和董翳为副将，让他们配合曹咎，共同镇守成皋。

临走，项羽对曹咎千叮咛、万嘱咐，说成皋城坚强厚，粮食充足，西边还有一条汜河，若刘邦来攻，你只需坚守，不可出战，坚守十五天，便是头功一件。

行！曹咎胸有成竹地保证，项王您放心走，甭说十五天，一百五十天我也守得住。

项羽看了曹咎两眼，心里踏实了，遂率领大军，催马狂奔，赶去剿匪。

彭越攻下十七座城池，正得意呢，急报传来：项羽大军已攻到外黄城下。

彭越毫无准备，只能龟缩外黄城中坚守不出。

项羽也不歇气，下令全军攻城。在他看来，彭越就是个小土匪头目，只会打游击，充其量是个山寨版大将。刘邦坚守倒也罢了，你这山寨货也坚守，岂能守住！

这次项羽虽然轻视，但不轻敌，他亲自上阵率领攻城，连续猛攻，只一天时间，外黄城便摇摇欲裂了。

以前，彭越未与项羽正面交锋过，只风闻项羽打仗强悍无比，尤其是巨鹿之战，已成佳话。他听后，颇不服气，项羽不过就是猛，而我也是猛人一个，谁怕谁？

今日，亲眼见识项羽率军攻城，彭越才深切领教了项羽的厉害。楚霸王和游击王之间的差距确实很大。

可外黄即将破城之时，天却黑了，项羽下令收兵，全军进食休整，翌日再攻。

彭越侥幸躲过一劫，继而连夜突围。项羽惊醒，忙率军追击，这个祸害不能让他溜了，否则后患无穷。

孰料，在城里彭越是一条虫，出了城就是一条龙，尤其是两眼一抹黑的夜晚，土匪特有的才华立马就显露出来了。他施展出盗窃中练就的夜行本领，神出鬼没，脚下生风，两三下跑没了影儿。

项羽这个气啊，今年走背字，逮谁都逮不到，荥阳逮刘邦，逮了个山寨版的；外黄逮游击王，饿虎般扑食也没扑着。

愤恨难消，项羽把一腔怒火喷撒在外黄的百姓身上。他命人贴了告示：凡城中年满十五岁的男子，到城东集合，违令者斩首。

熟悉项羽脾性的人心知肚明，项王这是又要玩坑杀了。

外黄城的百姓也知难逃一死，去集合，被活埋；不集合，遭砍头。你比较喜欢哪一种？

NO.3 毒舌计

“项羽外黄剿匪记”是一个极其失败的战例，失败之处，并不在于项羽剿匪不成，而是他盛怒之下，坑杀百姓，再度失了民心。

历史上，太多勇猛的将领只知粮食和士兵是战争胜利的保障，却不知最大的保障是民心，唯有以人为本，方可成就丰功伟业。

在以人为本方面，刘邦知人识人会用人，他手下的韩信、陈平、英布等人都曾效力于项羽麾下。然而，项羽一个也没留住，显而易见，他早已输给了刘邦很多。

正因刘邦会用人，所以关键时刻，总有人给他提出上佳的建议。就在项羽率大军剿匪之际，郦食其向刘邦建议说，此时应该反攻成皋，夺回荥阳，更重要的是，还要夺取敖仓的粮道。这样一来，项羽就相当被动了。

刘邦挺赞赏郦食其的意见，果断决定，反攻成皋。

十月的成皋，满目萧瑟。城上，兵士林立，戒备森严；城下，黑压压的数万汉军潮水般铺天盖地涌来。

曹咎并不胆寒，他遵照项羽嘱托，做好了一切防御措施。

刘邦则亲自上阵指挥，将士劲头十足，凶猛冲锋。可任凭汉军怎么攻，成皋城生生岿然不动。连攻几日，楚军毛都没损失一根，汉军却伤亡不少。这么打下去还不如不打。

刘邦心急如焚，召张良、陈平来议，请二人脑筋急转弯，火速给出对策。

观察数日后，张良、陈平发现，成皋城无懈可击，唯一的破绽在于人。

从曹咎的举手投足中，他们得出一个结论：曹咎乃鲁莽、易怒之辈。拿今天的性格色彩学来分析，曹咎属于红色性格过当的人，易冲动、缺定性，抗压能力差。

张、陈二人不愧为高级谋士，不仅懂战略，善布局，更厉害的是识人、懂人。

两军交战，双方僵持不下时，就看谁先找到对方的破绽，找到破绽，便可对症下药，下烂药。

张良和陈平找到了曹咎的破绽，他们跟刘邦说，咱们如此这般，这般如此。

这天夜里，汉军营内人来人往，穿梭不停，显得很忙。

翌日清晨，成皋城外，一片肃静。秋风过处，只有几片枯叶旋转落地。

曹咎登上城头，举目一望，惊了。往日这时候，城下的空地早已被汉军将士填满，密匝匝甚是扎眼；今日城下却空空荡荡，只有五个汉军骑兵吊儿郎当地坐于战马之上，在汜河对岸，眼望城头。

画面反差太大，曹咎很不适应。

见曹咎出现于城头，其中一个汉军骑兵，抬手一指城头，朗声道：开骂！

另外四个，立刻响应，一时间，淫词秽语如黄河之水滔滔不绝从口中涌出，每个词每句话都如毒箭一般射向曹咎。什么缩头乌龟，什么小娘养的、婊子养的，从曹咎的祖宗十八代一直骂到其后代，直骂得天昏地暗，风云变色。由于语言过于粗鄙肮脏，此处不得不删去七万五千二百字。

曹咎身中无数支毒舌箭，急火攻心，当即就要出城与汉军厮杀。

副将司马欣和董翳赶忙劝解，使不得使不得，项王有言，无论汉军如何攻击，咱们都不能出战。汜河是成皋的天然屏障，那几个挨千刀的，就是想激怒你，勾引你出战，我军一旦出战，渡河渡到一半，汉军就会反击。

司马欣和董翳的分析很在理。《孙子兵法·行军篇》中也云："客绝水而来，勿迎之于水内，令半济而击之，利。"

意思是说：当敌军渡水而进攻我军时，我军切莫在水中去迎战，而要等待敌军渡过一半时，再开展攻击，这时最有利于消灭敌人。

曹咎不是傻子，他也知负气出战的危险。因此强忍怒火，紧闭城门，任凭汉军叫骂。

汉军从清晨骂到黄昏，方才收兵。

曹咎胸口仿佛压了块沉重石板，汉军的辱骂像豆子，磨成了粉，磨成了浆，粉也吹不散，浆也流不动，打着转儿又混成凝重的一坨，水泥似的黏在胃里。

当晚，曹咎饭也吃不下，觉也睡不着，双眼炯炯有神瞪着城外，心里发誓一旦抓住机会，定要把汉军斩尽杀绝。

汉军营中，将士喝酒吃肉，其乐融融。

昨夜，张良、陈平在全军中票选"口才男"。从今日曹咎的脸色来看，本次选秀活动相当成功，五个"叫骂王"不负所望。不过，叫骂还得加强，得把曹咎骂到出战才行。

翌日，张良、陈平继续施展“毒舌计”。

五个“叫骂王”领头，后面还跟着两拨队伍，一组重复五人的骂句，一组负责哄笑、喝彩、叫好。

曹咎快崩溃了，他没想到汉军这么毒，昨日只有五张臭嘴，今日升级，既有逗哏，还有捧哏，且配合默契，如演双簧。

他恨不得立马跳下城楼，单枪匹马与汉军拼个你死我活。司马欣和董翳死死将他拉住，他还上蹿下跳。二人只得将他连拖带拽弄下城去。

汉军却不歇气，一拨人骂累了，又换一拨，如此轮番上阵，又痛骂了一天。

若是换个人，或许已被骂麻木了，可曹咎特别清醒，汉军骂的每个字都牢牢戳进他心窝，拔不出来，且生根发芽，毒蛇般爬满五脏六腑，噬咬他的心肺。

无比漫长的一天终于过去，曹咎已经气瘫了，又是一夜废寝忘食。

见曹咎还不出战，张良和陈平决定，将辱骂升级为诅咒。

第三日，汉军打着白幡就出来了。白幡是家里死了亲人，出殡时招魂用的。而汉军特制的白幡有正反两面，正面写着曹咎的名字，反面画了一头相貌极古怪的畜生。

汉军挥舞白幡，先大肆辱骂，然后把白幡扔在地上，用剑刺、拿脚踩，边蹂躏边诅咒。

成皋城下，群魔乱舞。曹咎彻底崩溃了，幡上那头怪物是我吗？我长得如此不堪？是可忍孰不可忍！他亲自带兵就杀出了城，等司马欣和董翳反应过来，想要劝阻时，已是鞭长莫及。

曹咎杀来，汉军的骂将们转身就跑，曹咎毅然渡河追击。此时，他已丧失理智，全忘了坚守的任务，他只想擒住那些叫骂者，狠狠砍杀，出口恶气。

果然，曹咎渡河渡到一半，汉军反击。曹咎大军进也不是，退也不是。此情此景，犹如歌词：绿草萋萋，白雾迷离，愤怒楚军，在水一方。醒悟过来的曹咎，怒气顿消，忽然变得像琼瑶一样哀怨。这哀怨来自于手下兵士大批量地快速死亡，其状之惨，令他不忍目睹。

旋即，成皋城破，司马欣和曹咎拔剑自刎。这哥儿俩很清楚，成皋落于汉军之手，即便刘邦不杀他们，项羽也不会轻饶，把他们碎尸万段，开锅煮了也未可知，自刎好歹留个全尸。

曹咎与司马欣安躺于汜水河畔。秋日温和的阳光拂过二人尸体，仿佛怜悯的抚慰。

东汉的司马懿笃定读过这段历史。因而，在诸葛亮给送去口红、胭脂、眉笔等化妆工具时，他只淡然一乐，如数笑纳，随即化妆打扮，性感十足地走出营寨，展现给诸葛亮看。诸葛亮当场就吐了，吐后无计可施，只得退兵。

任凭对方怎么羞辱，该坚守则坚守，这是一个将领当具备的气度。

甘愿受辱，不是变态，而是老谋深算，不计较一时得失，不逞表面之强，方为大将。

NO.4 人肉汤与迷魂汤

与其说曹咎是自杀而死的，不如说是被骂死的；与其说成皋是被攻破的，不如说是被骂垮的。

刘邦占领成皋后，率军驻扎于广武。

广武地处荥阳与成皋之间，是个高岭地，因此称为广武山。广武西麓就是敖仓，汉军将营寨扎于此处，军粮自然有了保障。而项羽剿匪不成，又闻成皋陷落，急忙回师，将部队驻扎于广武东麓，与汉军面对面。

楚寨在东，汉城在西，中间隔了一条深涧，深达六十丈，相距数百步，名为鸿沟。

项羽虽占据荥阳城，可荥阳城的粮食远不如敖仓丰实，得从后方调集粮食到前线，无奈后方又屡遭游击王彭越袭击，项羽的处境愈发艰难。他消耗不起，只希望速战，与刘邦决一雌雄。而刘邦终日闭城不出，只与项羽对峙。

今日对峙，明日对峙，后日依然对峙，没完没了。项羽也派人施展“毒舌计”，在阵前辱骂刘邦。刘邦根本不在意，这都是我玩剩下的，你还玩儿，傻不傻啊。

项羽觉得刘邦真是个无赖，情急之下，他扯下贵族面具，做出了一个更无赖的举动——把刘邦的父亲刘太公，和刘邦的夫人吕雉一同押到阵前。

阵前，筑起一座高台，高台上摆了一块超大的案板。项羽命人剥花生壳似的把刘太公剥成全裸，捆绑于案板上。案板旁边，架起一尊大鼎，鼎下烈火熊熊，鼎中水已沸腾。

楚军向对面的汉军喊话：汉王出来决战，若不出战，就把你父亲和老婆剁成肉块，一起煮了！

这个要挟实在卑劣，这个举动无比下流，面对如此强烈的羞辱性屠杀，天下没几个男人受得了，而刘邦的确异于常人，他来到阵前，无所谓地调笑道：当年，我与项王同时受命于楚怀王，结为兄弟；如今，你煮我的父亲，就是煮你的父亲；煮我的妻子，就是煮你的弟媳。当真要煮，我也拦不住，只是烹饪好了，分我一碗肉汤尝尝，记住要多放点儿盐，我口味重。

此言一出，项羽傻了半天，竟不知如何是好。刘太公则在案板上拼命挣扎，口中哭喊：逆子啊逆子！我怎么养了这么个逆子！

他一喊，项羽震怒，当即下令烹饪刘太公。

旁边的项伯拉住项羽，苦苦规劝道："争夺天下之时，杀人家室，没有好处，反会招来坏名声。"

项羽圆睁双目，恶狠狠地想，自己这招已经很流氓，孰料刘邦更流氓，这厮堪称流氓中的极品，论耍无赖，自己根本不是对手。

项羽思考的工夫，刘太公已经哭昏过去，被人抬下了案板。而在一旁僵立许久的吕雉，此刻却有了想死的心。

被软禁在楚营的这几年，吕雉天天盼，日日想，夜夜念，渴望有朝一日能与夫君和孩子团圆。作为人质，她也不止一次想到过死，但没想到会被推到楚汉交战的阵前，以这样一种残酷的方式与刘邦面对面。而刘邦的言行，让她绝望，她对他来说，是无足轻重的，他看重的是天下，是江山。但是，她不能指责刘邦爱江山不爱美人，她知道自己已然年老色衰，容貌一天不如一天。因而，在绝望中，她心底还生出一丝深刻的自卑。

杀刘邦家人不成，项羽仍不甘心，派人给刘邦下了一封战书，内容很简单，就四个字：有种单挑！

刘邦一看就乐了，现如今，咱们都是有身份的人，有部队有兵将的人，傻帽儿才单打独斗呢，亏你还是贵族出身，不知道这么搞跌份么？

下战书的人回到楚营，把刘邦的意思转达给项羽。项羽随手抓过兵器，骑上乌骓马就奔出营寨，旋风似的来到阵前，挥舞兵器，痛骂刘邦。

刘邦更乐，心说骂架你就更不是我对手了。你不过是脱口而出，想到什么骂什么，我不一样，我准备了稿子。

稿子的内容就是彭城之战前，刘邦为了忽悠各路诸侯共同讨伐项羽，而命人起草的檄文。文中历数了项羽的各项罪行。

两军阵前，刘邦不紧不慢，不慌不忙，摇头晃脑地一条一条念稿子，第一条：项羽背信弃义，不按盟约分封；第二条，项羽假传王令，谋杀宋义；第三条……

骂人不带脏字水平已经不错，还能逮住对方把柄举出实例，且条理清晰，那就是一种高超的境界了。

项羽想骂又骂不出，气得双手乱舞，咿呀乱叫，刘邦都觉得自己惹急了一个哑巴。

当刘邦念到第八条时，项羽再也不能忍受，拿起弓箭，一箭射向刘邦。

当时，两军隔涧对立，若换别人，这一箭或许半道就坠落了，而楚霸王一怒之下用了举鼎的力气发射，又准又狠，射中刘邦的前胸，幸亏刘邦摇头晃脑，否则，这一箭将直抵脑门儿。

中箭后的刘邦一弯腰，没有捂胸，而是抱脚，口中嚷嚷：居然射我的脚！

刘邦这一瞬间的反应着实令人叹服，射中胸部，是重伤，将士一见，必然军心大乱，项羽必会大举进攻；射中脚趾头，轻伤，反会激发将士的战斗力。

短短两秒，刘邦就想到了这一层，他异乎常人的机灵可见一斑。

刘邦遮遮掩掩地退回营寨。

项羽有些悲愤，发狠的一箭没能结果刘邦的狗命，实属天意。

回到营中，刘邦满头虚汗，脸色苍白，剧烈的疼痛袭遍全身，他再也无力支撑，一头倒在卧榻之上。

军医来看，发现刘邦伤势很重，须敷药静养。

张良等人认为，敷药是应该的，静养是不行的。刘邦这一倒下，军心必乱，军心一乱，项羽便有机可乘。

刘邦忍痛赞同，敷好药后，叫人找来一根拐杖，一瘸一拐拄着巡营去了。

汉军兵将看到刘邦活鲜鲜地巡营，心都放到了肚子里。

汉王确实无大碍，他只是伤到了脚。有将领关切道：汉王您该坐兵车巡逻呀，走着脚更疼。

刘邦坐上兵车，心想，脚倒不疼，老子心疼。

这一次，刘邦又把项羽给骗了。项羽总想把对手做成人肉汤，而刘邦搞的是迷魂汤。

炮制人肉汤，善用暴力即可；而烹制迷魂汤，需要极高的智力和敏锐的应变力。

项羽与刘邦，谁的武力强，谁的智力高，在长久的广武对峙中，显现得淋漓尽致。

NO.5 把刀插在朋友肋上

广武对峙，刘邦胸中一箭，这一箭倒把他射清醒了。

夜间，他轻抚伤口，静静琢磨，如此对峙，终非长久之事，他决定派韩信攻占齐国。

韩信仅率两万人马，便把齐王田横打得抱头鼠窜。连失数城的田横，只得向项羽求救。

原本，田横拿项羽当仇人，因为项羽曾杀了他的哥哥田荣。哥哥死后，他收拾残部，与楚军对抗。

可想眼下形势突变，若齐国被汉军占据，田横便当不成齐王了。而齐国一旦落入汉军手中，项羽的末日也近了。

于是，二人结成战略伙伴，共同对抗汉军。

这种结合，应了本杰明•狄斯雷利的话：没有永远的朋友，没有永远的敌人，只有永恒的利益。

对于现实中的很多人来说，所谓朋友，不过是可利用的工具。你若能给他带来利益，他便对你亲热；如若不能，他便疏远你。尤其是有的来自于乡野小县，欲在大城市立足之人，更是如此。因为他们无根基无靠山，来到陌生大城市创业，生存压力极大。“朋友”便成了他们最实惠的工具。他们口中时常挂着一句话：多个朋友多条路。

很多时候，“朋友”一词是让人寒心的。哲学家苏格拉底认为：恶人才没有朋友，因为朋友是以道义为基础，恶人岂有道义可言？然而，在利益面前，道义一词，十分空洞，敌人可以变成朋友，朋友可以变成敌人，哪还有情义、道德可言？

田横和项羽有杀兄之仇，但面对汉军大兵压境时，立刻可以称兄道弟；刘邦和项羽曾结拜为兄弟，争夺地盘时，兄弟的父亲和老婆，便可以拿来煮。

在利益面前，大家都是土匪流氓，朋友不过是扯淡。

这些所谓的援助，也是为了自己的利益而出力。因此，收到田横的求救信后，项羽摆出一副为朋友赴汤蹈火、两肋插刀的架势，派龙且为大将，率领三万多楚军，浩浩荡荡去往齐国救援。

此时，齐楚联军加在一起，有二十万人马，而韩信的人马仅区区两万。

善用兵者手下无兵，好比大厨手里没材料，手艺再靓也无济于事。韩信只得向刘邦求援。可刘邦此时正被项羽围困，哪敢分兵给韩信。

为难之际，张良说，分兵支援，没有问题，咱们面前有条深涧，项羽不会贸然进攻。

刘邦挺纠结，你说不会攻来就不会么？万一攻来了怎么办？

张良却很有把握，他料定项羽不会进攻，深涧作屏障，只是其一；更关键的是，按常理来说，项羽绝不会料到，刘邦此时敢分兵去支援另一方。

英国小说家毛姆在他的《刀锋》一书中说：当你决定离开常规行事时，这是一种赌博。许多人被点了名，但是，当选的寥寥无几。

刘邦接受了张良的建议，分兵支援韩信，便是反常规的行动。

夤夜，刘邦命曹参、灌婴为大将，领数万兵马悄悄出发，直奔齐地而去。

韩信得了数万兵马，又添二员大将，底气猛增，与龙且率领的齐楚联军隔着潍水，对阵而立。龙且却没把韩信当回事，韩信原先只不过是楚军的一名执戟郎。这个丝毫不起眼的仪仗队员，长期不受重用，心情郁闷，才跑去投靠刘邦，混口饭吃。而且，他还受过胯下之辱，此等胆小如鼠之辈，用笤帚一划拉一大堆，怎能带兵打仗？

有人建议龙且以守为攻，毕竟是在齐国本土作战，粮草充足，而汉军耗不起，龙且没有采纳。就在此时，韩信忽然退兵了。

这下龙且更证实了自己的判断，没错，韩信就是鼠辈。他不顾众将劝阻，立刻追击。一踏进潍水，龙且就发现有些不对劲儿，河水怎么忽然变浅了？骑马都能如履平地一般蹚过去。

然而，龙且一门心思就想着生擒韩信，也没多想，率兵就冲了过去，冲到河中央，意想不到的事情发生了，波涛汹涌的洪水忽然席卷而来，楚军顿时人马大乱。

原来，这又是韩信的一个小计，他命人连夜用粮带装满沙子，将潍水上游堵住，待龙且大军追至河中央，上游便开始放水。

实际上，这种搞法，在打曹咎时，张良和陈平就曾用过。韩信相当于重演了二人的故伎。

故伎重演，只要对方能上当，就不是故伎，而是好计。

中计的龙且，下场和曹咎一样惨，区别只在于龙且更为勇猛。由于他的勇猛，将士的抵抗更顽强，而汉军的屠杀也更持久。

几个时辰过去，龙且的人马才被杀光，场面之惨烈，无法用言语形容。

龙且，项羽手下最得力的大将，最终被汉军如雨般的乱箭射成了蜂窝煤。

如果说，范增是项羽的左膀，那么，龙且便是他的右臂。现在，左膀右臂都被切除了，他就是一个残废。而刘邦呢，只不过是胸前中了一支冷箭而已。

箭伤未愈的刘邦，很快收到韩信的战报，内容极简单，只有八个字：龙且被歼，齐地被平。

刘邦欢天喜地，伤口也不疼了，可笑容凝结在脸上还没散开，韩信又来了一封信，信上说：齐、楚两国相邻太近，若我只做个代理齐王，无法安抚民心，齐地难以安定。

刘邦将信撕得粉碎，大骂韩信不是东西，齐地虽然平定，可我还被项羽大军围困着，你不立刻攻楚，却急着要当王。若我不封你为王，你就要反叛我不成？

想到“反叛”二字，刘邦后背都湿了。

张良和陈平深知刘邦心中所想，在这个至关重要的时刻，对待韩信，只能像春天般的温暖，拿他当兄弟、当朋友、当手足。如果将他秋风扫落叶一般，扫到项羽那边去，战争形势将急剧扭转。

二人把这个厉害关系讲给刘邦听。刘邦当然也明白其中的轻重，他不得不换了一副面孔，成全韩信。按刘邦的安排，张良亲自带上印绶，去往齐地，将韩信扶上齐王的宝座。话说得很动听，有功就该嘉奖，何况，韩大将军立功无数，攻魏国、取赵国、收燕国、平齐国，屡战屡胜，做齐王是当之无愧的。

韩信挺高兴，刘邦真够意思，拿他当哥们儿。没说的，我也当两肋插刀，这就发兵攻打楚国。

然而，韩信没想到的是，这时候，曾经完全瞧不上他的项羽，也想和他做朋友了。

龙且战死，汉军征服齐地，项羽终于意识到韩信的可怕和可贵。

他无限悔恨，这样一个将才，原先自己竟然没有重用。若能劝说韩信回归，那将是一举两得的事，一是获得人才，二是获得齐国。

打定主意后，项羽派说客武涉前去游说韩信。

完成了分封工作的张良前脚刚走，武涉后脚就到了。

见了韩信，武涉也不绕圈子，直截了当跟韩信说，刘邦这个人很坏。坏到什么程度呢？那是三千年一开花儿，三千年一结果，才造就出的一款老流氓。他口蜜腹剑、背信弃义，口口声声拿项王当大哥，得了汉中之地，却反叛项王，抄后路、夺老窝。现在，他利用韩将军您来对抗项王，一旦项王不在了，他转过头来就要对付你。

听了这番说辞，韩信不以为然。这全都是些屁话，说白了，都是利益之争，不存在谁反叛谁，要说不是东西，项羽和刘邦都不是东西。

见韩信没反应，武涉又说，韩将军与项王是故交，老友如美酒，酿得愈久愈芬芳，纵然以前您和项王之间有些误会，也是朋友间的误会，现在若能破镜重圆，携手合作，前程定然无限光明。

世间所有肉麻的话，都是想让对方动情的，可惜韩信对项羽无情可动。

动情这招不灵，武涉又讲道理：项王不是想独占天下，而刘邦想，韩将军若和楚国联盟，就会形成三分的局面，项王和汉王和您这个齐王，共享天下。这意思够明白了，帮项羽，以后你可以自己当老板；助刘邦，项羽垮了，你一辈子就在汉王集团里打工。

韩信依然不为所动，他想起自己曾经落魄的际遇，想起多年来在楚军中遭受的待遇，一幕一幕往事，跟过电影似的在脑中回放。想想过去，看看今朝，若不是刘邦知人善任，我岂有这番成就？说不定，我还在楚军中当个没出息的执戟郎呢，项羽这时候跟我谈友情，纯粹是早不忙，夜心慌，半夜起来补裤裆。

武涉劝降无果，灰头土脸地走了。

他刚走，韩信手下的谋士蒯通又来了，也劝韩信自立门户，说了一大堆话，非但没起作用，倒把韩信说怒了。

这些文臣前赴后继来劝说，究竟安的什么心？

对于韩信来说，当上齐王，已经非常满足了。他没有“王侯将相宁有种乎”的豪气，他根本就没想过当皇帝，他打心眼儿里感激刘邦的知遇之恩。

蒯通怒其不争，笑其痴嗔，转而又想到自己的安危，遂装疯卖傻逃走。

后来，武涉和蒯通的话都得到了印证，韩信悔之晚矣。

论军事，韩信是盖世奇才，论玩权术，他不是刘邦的对手。他还是太善良了，善良的人，最终搞不过流氓。

流氓也为朋友两肋插刀，不过是把刀插在朋友的肋上。

第七章

刘邦的帝王路 LIUBANGDEDIWANGLU

NO.1 邦女郎

项羽很孤独，这孤独很具体，那就是身边无能人，周围没地盘。魏、赵、燕、齐都归了刘邦，人就更别提了，范增死了，龙且亡了，英布叛了，韩信又不念旧情，目前的状态好比皇帝的自称：寡人。

风起时，项羽眼望广武山，一种悲壮的情绪油然而生。他一度认为自己很牛，现在却越来越像一只蜗牛。他感到举步维艰，未来的路崎岖泥泞，狭窄难行，他唯一的出路，就是与刘邦正面交锋，硬碰硬。

这点儿自信他还是有的，他的军事实力还在，他的将士依然勇猛，他相信，还有机会战胜刘邦。

然而，刘邦行事总是出乎他的意料。就在他心里写血书誓与刘邦死磕到底时，刘邦却派了一个使者来求和。

使者名唤陆贾，楚国人士，栖身刘邦帐下，担任幕僚。此人口才、学识不在郦食其之下，且有自己的一套理论：武能定乾坤，文能安天下。闲暇之余，他极爱显摆，常和刘邦谈论《诗经》、《尚书》。

刘邦哪吃这套，他认为天下是骑马打仗得来的，诗书有什么用！

陆贾也不争辩，写了几篇论文给刘邦看，论文的内容是论述国家兴亡的征兆和原因。刘邦看罢，赞不绝口。想不到此人能说会道，还能码字，真行，那就专门搞外交吧。

从此，陆贾常出使各个诸侯国。此番来到楚国，与项羽求和，也是奉刘邦之命。

当然，和谈只是缓兵之计，援军未到，真在广武开战，刘邦自知不敌，于是想到求和。说是求和，实际上又是拿项羽开涮。他相信，凭陆贾的言谈，定能把项羽涮傻了。

然而，这一次刘邦失算了。

陆贾来到楚国，刚说出“求和”二字，就听项羽哇呀呀一声吼。

陆贾吓坏了，忙道，咱有事儿说事儿，您别怒。

但项羽不由分说，就把陆贾轰走了。

项羽这是要死磕啊，刘邦想，不成，这厮猛得很，一贯吃软不吃硬，我还得派人再去求和。

过了几日，刘邦又派了个叫侯公的人去。此时，楚军粮草已快尽了，军心日渐涣散。项羽虽不甘心，但也无法，只好答应和谈。

和谈十分顺利，双方约定以鸿沟为界。鸿沟以西，归汉；鸿沟以东，归楚。

从今往后，楚汉双方，像世上的所有人类一样，以相互温暖为追求，以互不伤害为底线。

当然，这不过是妄想照进现实。人与人之间，国与国之间，很多时候，既不能相互温暖，也不会互不伤害。能和平共处，就已经功德无量了。

刘邦深知和平只是暂时，因此在和谈前，他还加了一个条件，就是要求项羽释放自己父亲刘太公和老婆吕雉。理由很充分，怕项羽万一哪天不高兴，又把人给煲汤了。

要说这要求不过分，可项羽怒了，认为刘邦得寸进尺。幸得侯公好说歹说，胡诌了一通什么项王仁义，刘邦将感恩戴德，天下人心也将归于项王之类捧臭脚的话。项羽这才答应了刘邦的附加条款。

在楚营待了三年的吕雉，终于回到刘邦身边。

三年不见，吕雉老了许多，刘邦也老了许多。

刘邦不光老，且满身是伤。吕雉数了数，重伤十二处，小伤很多处，尤其是胸口的箭伤，尚未痊愈，每逢雨天，一抽一抽地疼。

吕雉且喜且悲，喜的是终与丈夫孩子团聚；悲的是刘邦遍体鳞伤。相比之下，自己这些年好过多了，虽为人质，却毫发未伤，尽管上次差点儿被项羽煲了汤，但终归有惊无险。

而刘邦这些年南征北战，寝食难安，实在辛苦。对于一个男人，最凄凉的日子，莫过于锅里没饭菜，床上没女人。吕雉想，如今好了，我回来了，你两样都有了。

可惜吕雉只想对了一半，刘邦行军打仗，顾不上吃饭是常有的事，可是在床上，他一直不缺女人。他不等吕雉悲喜交加的情绪宣泄完，就牵出一大群美女，展览给她看。

薄夫人、赵子儿、管夫人、唐山夫人，乃魏王府擒来的二手货，肤白貌美气质佳，个个都是孩儿他妈。

吕雉看着眼前这一群姹紫嫣红的“邦女郎”，情绪更为复杂。殊不知，更痛苦的还在后面——刘邦最后向她隆重推出了戚夫人。

戚夫人十八岁上下，嫩脸映桃红，肌肤似玉白，眉目中悄悄含着情，也不知这情因何而生，从何而来往何处去，只像水一般流溢在黑白分明的眸子里。

戚氏向吕雉施了礼，一扭身，径直扑到刘邦怀中，两只手臂环绕刘邦脖颈做撒娇状。须臾，她松了手，玉指一拈，拈起盘中的一颗话梅，当众往刘邦嘴里送。

刘邦很尴尬，吐了话梅道：太酸。

是够酸的，戚氏的举动很酸，吕雉的心里更酸，这酸味赛过老陈醋，闷在胸腔里发酵，生了霉，长了疮，溃烂了，很痒很疼，用手挠挠不到，终成一片妒火，一日烧，两日烧，天天烧，烧得她不忍对镜梳妆。

铜镜中的她，皮肤无光，眼袋低垂，发丝干枯，憔悴得像一包烤玉米；再看身段，不该塌陷的都塌陷了，不该松弛的都松弛了。而戚氏正直青春，前挺后翘，十分婀娜。

吕雉操起木梳砸向铜镜。

铜镜迸裂，泪在眼中奔涌，吕雉没想到，回到汉营的日子，竟比栖身楚营更难熬。白天，刘邦与她基本无话；夜间，也不和她同床共枕。闲暇之时，他只与戚氏莺歌燕舞。

戚氏人美身轻舞姿也炫，一双彩袖飞来飞去，时而逶迤飘出，时而旋转收回，半遮面容，只露双眼，一只清纯，一只勾魂，眼中透出一股掩饰不住的得意。

她还精通音律懂乐器。

有时，她鼓瑟，刘邦便伴随乐声欢唱。兴致来了，她还自己填词谱曲，与刘邦来个男女二重唱。

刘邦老矣，他需要这样一个女人朝夕陪伴，给他温情，给他欢爱。戚氏也尽心服侍，讨刘邦欢心。

如此尤物，怎叫刘邦不宠爱？对戚氏，他是捏在手上怕化了，抱在怀里怕碎了；对吕雉，却是一天比一天冷淡。

单单宠爱戚氏也就罢了，刘邦还宠爱戚氏所生之子刘如意。如意已满周岁，伶俐可人，名儿是刘邦亲自起的，意思就是这孩子让他称心如意。

如果说，宠爱戚氏是对吕雉的伤害，那么，宠爱其子刘如意，对吕雉来说，就是威胁了。

她很快想到自己的亲生儿子刘盈，他的地位，会不会被刘如意取而代之呢？

倘若这种猜想变为现实，在刘邦百年之后，自己得每天毕恭毕敬地向戚氏问安，小心谨慎，察言观色，才能安然无恙地活下去。

这种猜测，绝非杞人忧天和无中生有，回到汉营后，她就听说刘邦在败逃中扔孩子的事情。若非夏侯婴拼死保护，她的一双儿女早就不知去向了。

她得知此事，悲怒却不能形于色，她只能告诫孩子：从今以后，这事不能对任何人讲。

吕雉想得有些远了，而刘邦只想到眼前的事。 眼下，项羽已率军回彭城，他也做好了东归汉中的准备。

NO.2 君子合同

吕雉离开楚营的那一天，楚汉官兵皆欢呼雀跃，其兴奋之情并非是欢送或喜迎，而是和平了。

仗打久了，双方将士都渴望弭兵休战，回家过几天安稳日子。

对于普通人，幸福很简单，一个家，一份亲情，一盘可口的饭菜。这种生活看似简单，在动乱的战争年代却不易得。

楚汉和解，无疑是将士的福音。他们打好背包，哼着小曲儿，准备回家搂着老婆孩子吃火锅。

项羽也是这么想的，他认为刘邦也会遵守合约，东归汉中。可是，他没想到，就在刘邦即将动身之前，张良和陈平向刘邦提出建议：别回汉中，让仗再打一会儿。理由很充分，如今汉军已占据了天下大半江山，各路诸侯也已归附；楚军则相反，他们粮草殆尽，士气衰落，可谓穷途末路。此时不灭他们更待何时，若错过这个时机，将后患无穷。

刘邦心里还拧巴，咱们可是签了合同的啊。张良和陈平差点儿没把真话说出来：合同乃一纸协定而已，锁君子不锁流氓，您是什么身份您不清楚？

当然，真话都赤裸，不能随意见人，尤其对上司，务必要讲些披着华丽外衣的话。

张良就很会讲，他对刘邦说：一旦得了天下，谁还在乎曾经的合同呢？谁又敢跳出来指责您毁约呢？别犹豫了，当务之急，是约定彭越、韩信和英布，一同围剿楚军。刘邦欣然接受这一建议，下令全军越过鸿沟，突袭楚军。

项羽此时也离开了荥阳，骑着乌骓马，带着虞姬姑娘，走在回彭城的老路上，忽闻汉军来袭，简直气疯了。刘邦太无赖，单方面撕毁合同，连个招呼都不打，这是要置我于死地啊！

如果没有放弃荥阳，他绝不怕刘邦来攻。现在，没了荥阳这个险阻，粮草也跟不上，仗就太难打了。他只得下令部队在固陵驻扎，迎击汉军。刘邦率大军赶到固陵，却发现彭越部队和韩信部队都没到。他眼前，只有几万讨债鬼似的楚军，个个眼冒怒火，看那架势，仿佛要把他生吞活剥了。

彭越和韩信为何没来呢？这个问题刘邦还没想明白，楚军的先锋部队已和汉军交上了火。

这时的楚军将士，心头有气，他们要杀光这些说话不算数的汉军，尤其是骑兵部队，战斗力一直很强悍，两三下，就把汉军前锋给吞了。

若把汉军比作一支粗壮巨大的利箭，顷刻间这支利箭的箭头就被斩掉了。除了退兵，刘邦别无他计。退也不容易，楚军的攻势极猛，不给汉军一丝喘息机会。好在周勃所率领的军团拼死抵抗，刘邦才率余部逃进了附近的阳夏城。当时的情形很混乱，一些士兵还没进城，城门就已匆匆关闭了，生怕慢一步楚军就会冲进来。没进城的士兵徒劳地砸城门，砸了半晌没砸开，楚军已旋风一般拥到城下，他们只得殊死相搏，结果没有一个能逃生。杀光城外汉军后，项羽下令攻打阳夏城。

阳夏城不是平原，楚军最强悍的骑兵全无用武之地。刘邦下令全军死守不出，楚军只得靠步兵苦苦攻打，打了数日，城墙还是那堵城墙，城门还是那扇城门，刘邦还是那个刘邦，打得赢就打，打不赢就躲，当乌龟当王八都无所谓，只要能够保全自己。

楚汉和谈时，项羽尚能审时度势，此时已完全失去了理智，极度的愤怒已烧光了他的智商，让他失去了判断力。他一个劲儿嘶吼着，进攻！进攻！进攻！全然不管粮食已严重短缺，士兵已很久没有见过饭了。

城内的刘邦，倒不愤怒，但同样心急如焚——倘若彭越、韩信的援军永远不到，阳夏城终究是保不住的。城外几万饿急了的楚军，知道城里有粮食，这一点儿很恐怖。

夜里，城外的楚军偃旗息鼓，横七竖八、有气无力地躺在营寨里，发出饥饿的呻吟声。他们的士气显然已经不行了。但这不耽误他们明早继续攻城，项王的意图很清楚，不攻进阳夏城，生擒刘邦，绝不退兵。

在这个黑暗的时刻，刘邦也盘算着自己的明天。他想不明白，彭越、韩信等人为何不来援助？早就约定好围剿项羽，难道他们都得了健忘症？

今晚的睡眠，注定像天上的嫦娥一样不可追求。刘邦辗转反侧，越睡越清醒，越睡脑子越乱，索性起身，唤张良、陈平来见。

片刻，张良、陈平来了，给出答案：您没和他们签合同。

刘邦是明白人，听一句就懂了。在这个时候，他应该和韩信、彭越等人签署一份共分天下的合同。

现实如此，为你卖命围攻楚军，成功后若尝不到甜头，谁愿意傻干？天下原本就一块蛋糕。过去，这块蛋糕被秦始皇独吞了，后各地起义，秦朝被推翻，这块大蛋糕就不再属于某一个人了，得好好分分。

刘邦内心是不想与人共分的，转念又一想，不就是签个合同吗？合同是个什么东西，他已经很有数了。

与张良、陈平议定后，刘邦和彭越、韩信、英布等人签署了三份合同：封彭越为梁王，地盘为梁国的所有疆土；封英布为淮南王，地盘是九江以及楚地的一部分；韩信则仍为齐王，把韩国的地盘也给了他——这是作为甲方的刘邦所给予的肥肉。

要想吃到这块肥肉，作为乙方的彭越、韩信和英布就必须火速增援固陵前线。他们将分为三路大军，彭越军团，切断楚军东撤的退路；英布军团切断楚军南撤的退路，韩信军团则从临淄南下，与彭越军团形成犄角之势。

如此这般，项羽已成瓮中之鳖，被几路大军合围了。倘若他不在阳夏穷追猛打，而是及时回归彭城，恐怕也不至于走到如此绝境。说来说去，这终究与他的性情有关，他生性高傲，从来就瞧不起刘邦，在他看来，只要面对面交锋，刘邦肯定是一败涂地的。事实也的确如此，收复彭城之战、荥阳之战，他屡次把刘邦打得落荒而逃。然而，他的一切胜利都是浮云，一贯低调的刘邦，总是迂回婉转，东蹿西跑，就这样，一点点蚕食和消耗了他的实力。

低调是低调者的暂住证，高傲是高傲者的曾用名。最终的胜利，才是真正的胜利。

可悲的是，刘邦的几路大军完成合围时，项羽还在拼命攻打阳夏城，当他得知各地的军情后，他的一腔愤怒变成了恐慌，急忙下令全军撤退，退回楚地，退守彭城。

可是，通往楚地的路，已被彭越大军切断，项羽决定另辟蹊径突围。

NO.3 老歌

垓下，今安徽灵璧县东南。

回楚地之路被断绝后，项羽便率军退到此地。

此地乃河网地带，是通往楚地的一条捷径，河沟、岩壁无数，非常适宜建造防御工事。

项羽习惯进攻，并不擅长防守。这就好比唱惯了高音的人，被迫要唱低音，免不了有压抑和憋屈之感。

实际上，防守也是徒劳的，至多是垂死挣扎。他已经落入了汉军设置的陷阱。彭越完全可以阻击楚军的突围，但他没有，相反，他让出一条道，让项羽率领他最后的十万大军顺顺当当退到了垓下。

项羽抵达垓下之时，刘邦、韩信、英布共计三十万大军已将此地重重包围。

很明显，这是一个军事阴谋。把项羽引入垓下，是汉军蓄谋已久的，这时的项羽，用围棋术语来说，就是“死子”。

项羽毕竟能征善战，到了垓下，他便看清了形势。他的东面，已被英布军团封锁，北面则是彭越军团，韩信军团则与刘邦会合一处，随时可以向楚军发动进攻。

通道被切断，军粮已断绝，唯一的出路就是突围。世上原本就没有路，杀得多了就有了路。

作为垓下会战总指挥的韩信，并不打算进攻，只要挡住楚军的突围就可以了，换言之，此仗不用打，最佳的方式是困死对手。

这种情形，项羽不是没有经历过，他有足够的经验，巨鹿之战他就玩过破釜沉舟，那一次，同样危急，同样缺粮，但是在他果决勇猛的指挥下，最终获胜。他期望历史都重演。

可惜，韩信不是章邯，也不是王离。他是几百年才出一个的军事天才。

费尔南多•佩索阿的《惶然录》中说：人类的幸运在于，每一个人都是他们自己，只有天才才被赋予成为别人的能力。

韩信，便具备了别的军事将领所不具备的能力。在项羽率领麾下强悍的骑兵团疯狂冲杀时，他并没有与之恋战。换个别的将领，也许早就陶醉在必胜的喜悦中，心理上充满痛打落水狗的快感，从而展开对攻。

韩信的厉害之处就在于此，他没把项羽看成一条落水狗，而将之当做一条疯狗。他像怕得狂犬病似的，且战且退。眼看自己中军的一道道防线被摧毁，他丝毫不惊慌，他泰然自如的神情似乎在说：狭路相逢，遭遇疯狗，不用对咬，让狗先过去，这不丢人。

十万疯狂的楚军真就过来了，他们不顾左右，不顾后方，仿佛喝了忘情水，一心只向前飞。此时，汉军的左右两翼开始迂回包抄，把楚军后方的步兵和前方的骑兵一分为二。

项羽见势不妙，立刻掉头往回冲，他不能让自己的部队被切成两段。待他一转身，韩信下达命令：全面围攻。

这是一道绝杀反击令，汉军从四个方向同时发起攻击，上演了一出笼里困兽斗的好戏，项羽率领全军拼死相搏，杀出一条血路，逃回垓下大营，清点人数，几乎崩溃——十万大军，剩下不足两三万。

尽管汉军也死伤了十余万，但总兵力仍占极大优势。

项楚的末日就这样到来了。

夜幕悄然降临，楚军将士的身心已极度疲惫，他们饥肠辘辘，仰望星空，眼中没有任何内容，心里却充满深刻的恐惧。

他们担心汉军会夜袭，因此神经紧绷，大营外的一丝风声，一草晃动，一木颤抖，都会让他们脆弱到极致的神经铮然断裂。

深夜，万籁俱寂中，汉军果然来了，但不是来袭营的，而是来唱歌的。

一曲楚国歌谣响起。悠悠缓缓，一字一句，有韵有律地送进楚军将士耳朵里，真叫人肝肠寸断。

也不知谁出的这损招，让在外奔波征战多年的战士听家乡曲，且是在战败绝望之时。

我们都有这样的体验：紧张工作一天回家后，猛然听到CD机中传出一首抒情的老歌，那感觉仿佛走丢的狗，闻到主人的气味，整个身子顿时就软了，松弛了，懈怠了。

难怪有人说，百无一用是抒情。

汉军吟唱楚地的抒情曲，不就是想让楚军将士百无一用么？

楚地抒情曲，不仅抒情，而且凄楚，凄凉的凄，楚军的楚。在外无援兵、内无粮草的垓下荒野，他们还有何斗志可言？所有的信念，所有的士气，所有的希望，尽在这歌声中土崩瓦解了。

项羽倒没绝望，他只觉惊恐，莫非楚地已被汉军全面占领了？他不敢相信，楚歌竟然是汉军将士吟唱的。他的第一反应仍是死战到底，宁愿死在战场上，也不能束手就擒。

但他身边的亲信已不愿死战，都劝他说，我军中了十面埋伏，现已兵少将寡，士气全无，硬拼注定是死路一条，还是逃吧。

这话没错，大战开始，汉军就把士兵分成十队，十里埋伏布阵，阵与阵之间，层层接应，紧密有序。

楚军就在这种布阵中消耗掉了最后的精锐。

再说将领，刘邦麾下有英布、樊哙、曹参、周勃、彭越、灌婴等一干猛将；项羽身边单有大将两员——钟离昧和季布。钟离昧虽勇，却不能独当一面；季布有才，却长期未受重用，直到龙且死后，他才顶了班。

几场突围战打下来，他们的胆也被韩信摘了。况且，刘邦身边还有张良、陈平等智谋超群之士。而项羽唯一的得力谋士范增，现在只存一具尸首，那尸首恐怕已开始腐烂了。

如此对比，纵然项羽心中一万个不想逃，却也不能不逃。

逃离中，汉军的歌声依然在荡漾，忽近忽远，忽大忽小，挥之不去，逃之不开。项羽胸中的霸气、傲气、怒气、勇气终被这歌声消磨了，代之而起的是无尽的悲凉，他仰天悲叹，忍不住也唱起一首老歌来：力拔山兮气盖世，时不利兮骓不逝。骓不逝兮可奈何，虞兮虞兮奈若何？

唱罢，潸然泪下。身边的虞姬更是泪珠儿断了线，哽咽道：大王意气尽，贱妾何聊生！

只这一言，已让项羽泣不成声。左右人等皆垂首闭目，不忍不敢抬头看项王的脸。

悲伤了一会子，项羽忽而想到了身后事。他对虞姬道：我此番突围，大约要与你长相别离了，你可自寻出路。

虞姬泪流满面，拉着项羽的手说：贱妾生是大王的人，死也与大王不分离。

项羽拨开她的手，抚其脸庞，感伤道：你一个弱女子，怎可……

说到此处，项羽竟然说不下去了，手和声音都抖得不成个样。

贱妾蒙大王厚恩，只愿生死相随！虞姬抹去泪，望着项羽，凄然一笑。紧接着，她突然伸出手，从项羽腰间拔出佩剑，横在自己白皙透明、经脉淡蓝的脖颈上。

项羽想喊喊不出，忙用手去擒，无奈为时已晚。虞姬拉小提琴似的，将横在脖上的剑一拉，颈喉顿时开了一条口子，血珠儿汩汩冒出，只一刹那，大股鲜血由伤口处任性喷出，很快，遍身殷红。

虞姬软软倒下，脸色状如白纸，神态却极安详，没有呻吟，没有恐惧，只是嘴唇蠕动，似默念项王名字，一滴血，一个你。

项羽抚尸痛哭。

虞姬已经永远地去了，她再也不能为他斟酒，再也不能为他披衣，再也不能在他烦闷时，为他歌舞一曲以舒心怀。她对他刻骨的崇拜和浓烈的爱恋，就这样无声无息地终结了。什么江山红颜，什么英雄美人，什么天下威名，皆是过眼云烟。这一刻，项羽看到了生命的尽头。他只能用他仅存的一把傲骨，为自己画上一个句号，让灵魂有个安住。

这个句号便是宁死不降!

作为一个女人，虞姬爱上这样一个刚毅不屈的男人，短暂的一生也算没白活。她最后凄然的一笑，便是一种没有遗憾的倾诉，这笑容将永恒地刻在项羽心中。

在垓下荒野，项羽命人掘地为墓，把虞姬安葬。随后，他骑上乌骓马，率领最后的八百子弟兵，继续突围。

他们趁夜黑冲过汉军营寨，天亮时，渡过淮河，八百子弟兵只剩下百余人，又不辨方向地逃窜一阵，不知前方是何处，转来转去，最后迷了路。

他们神色仓皇，逃到一个三岔路口，遇见一个农夫，项羽问询：彭城该往哪个方向走?

农夫知他是楚霸王，便往左一指：朝那边，一直走。

项羽信了，带领百余人往左一头扎下去，跑了一阵，觉得不对劲儿，前面哪里有路，只有一片沼泽，这才醒悟上了当。

那农夫面目极忠厚，竟说谎话欺骗，其心何其歹毒。不由得让人想起钱锺书《围城》中的一句话：忠厚老实人的恶毒，像饭里的沙砾或者出骨鱼片里未净的刺，会给人一种不期待的伤痛。

此时，后有追兵，前有沼泽。项羽也没有时间多想，只能绕过沼泽地，向南跑。一路上，百余人又伤亡不少，到最后，他身边只剩二十八个骑兵。而汉军的追兵却有五千余人，他们把项羽等人重重包围。

项羽仍不服输，他把二十八名骑兵分为四队，面朝四方突围。

他自己身先士卒，纵马冲杀。他的勇猛依旧是举世无双，单枪匹马杀退一帮汉军，并且还取了一个汉将的首级。他将首级提在手上，继续冲杀，二十八名骑兵一看这个阵势，也来了劲儿，一通狂砍乱杀，生生杀出了重围，到了乌江边上。

乌江对面，便是楚地。

隔江相望，家乡就在不远处，可江上没有一条船，只有江水无波无澜似绸缎，平静地缓流而过。

项羽眼望乌江，心里明白，这下再无退路了。

其实不然，乌江亭长此时已把船停泊在岸边，等候项羽坐船过江东。这亭长官虽小，却颇有些见识，他说江东之地尚有民众数十万，过江后，项王仍可称王。

若项羽真的过了江，也许历史会被改写。因为，当时即便汉军的追兵赶到，也没有船只渡江。

可是，项羽却悲悯地说了四个字：天亡我也！

既然天要亡我，我为何还要渡江？想当初，我带八千子弟兵由从江东来，现在却无一人生还，我还有何脸面去见江东父老？

项羽不是刘邦，他宁愿站着死，也不愿跪着生。何况虞姬已死，他苟活于世间更无意义；刘邦则不然，只要能生，管他什么方式，只有先生存下来，才会有将来。

其实，世上并没有所谓愧疚和不愧疚的事，大多是面子上挂不住罢了。

当年，江东父老拥立项羽为王，并没指望他常胜不败。项羽胜也罢，败也罢，永远是他们心中的王。

而项羽不干，他觉得无颜没脸面，这就是自讨苦吃。换个角度讲，容忍不下自己的一次惨败，又何以容得了天下人？既然容不下天下人，天下自然也容不下他。

项羽就是这样活生生把自己逼入了最后的绝境，并且他还做出了绝地反击。他把心爱的乌骓马送给了乌江亭长。此马伴他征战多年，曾一日千里，十分英勇，如若战死，委实可惜。

他的虞姬他的马，似乎都比他自己的生命更重要。乌江亭长一时无语，他真没想到，这个驰骋疆场，勇猛无敌，又坑杀过无数人的将领，也有一颗柔软的心。

这不奇怪，我们每个人心中都有一块柔软的地方，只是柔弱点不同罢了。包括杀人如麻的土匪和混不吝的流氓。

送出了马，项羽在这世间似乎再无牵挂，他命令二十余个将士也下马，手持兵刃，与汉军作最后的搏斗。

此时，汉军已经围了上来。二十余人对战五千人，其惨烈程度可想而知。

项羽杀了几百个汉军士兵后，身体已受了多处重伤。杀至最后，楚军将士全部阵亡，独剩他一人，他的下腹已被刀剑捅穿，肠子迸射而出，坠于裤胯之间。他右手持刀，左手抓肠，往腹腔里塞，肠子滑腻，握捏不住，肚子剧烈起伏，呕吐猛然来袭，痛楚到了极致，他仰天长啸，横刀自刎，刀如风，飞过脖颈，鲜血四溅。

须臾，刀从他手中滑落，他的双眼塌陷，皮肤枯萎，英武威猛面容刹那化作焦土颜色，与血液浸泡的铠甲，恰成鲜明对照。

汉军中，有一名骑兵，名唤吕马童，原是项羽部将，而后才降了汉。此人看到项羽倒下，想起刘邦的许诺：谁取了项羽的头颅，就赏他千金，封万户侯。

于是，吕马童不顾一切扑上前，欲斩项羽人头。可想得赏的不光他一个，汉军将领王翳、杨喜、吕胜、杨武等人，也同时扑了上来。

五个人犹如五只急红眼的疯狗，对项羽尸体进行争夺。

争夺中，各不相让，你撕我扯。王翳力大手快，砍了项羽头颅；杨武砍去项羽右脚；杨喜砍走项羽左脚，吕胜切下项羽左臂，最先扑上去的吕马童手脚却最慢，只拾得项羽徒剩的一把零碎残骨。

短短一瞬，项羽已被肢解得不成人形，年仅三十一岁的他，无论如何也想不到，自己会如此英年早逝，更想不到的是，自己死后，连个全尸都留不住。

也许，他曾想过，刘邦亦是楚人，即便自己战死，刘邦大约也会将他妥善安葬，且不会为难他手下的士兵。

刘邦是不会亲自肢解他，但他悬了赏，他的手下才不会放过这个立功的机会，他们兴高采烈地拿着项羽的头颅、胳膊、腿脚、骨头去领赏。刘邦说话算数，不仅给砍下项羽头颅的王翳封了侯，另外四人也封了侯，千两黄金自然是五人平分，一人二百两。

这就是项羽在刘邦心目中的价钱。

NO.4 大吹捧

风光的背后，不是沧桑，就是肮脏。

刘邦夺取天下，风光无限。这风光的背后，用了多少流氓招术，做过多少违心的交易和妥协暂且不论，沧桑是肯定的。而看到风光背后的又有几人？

得天下后，刘邦也兑现了自己的承诺，改封齐王韩信为楚王，封彭越为梁王，封臧荼为燕王，封张耳的儿子张敖为赵王，封英布为淮南王，封英布的岳父吴芮为长沙王，原来的韩襄王的后代韩王信仍为韩王。

被封之人既喜悦又纠结，先前咱们都是在刘邦的领导之下打天下的，如今得了天下，咱们是王，刘邦也是王，汉王。

这就有点儿不对劲了儿。

一念及此，诸王们很知趣地共同上书，请求刘邦即位称帝——您必须被拔高，必须登顶峰，必须在我等之上，俯瞰众生，指点江山。如此这般，彼此都安全。

联名书到了刘邦手里。刘邦眯起眼，反复看了几遍，美滋滋地舔着嘴皮，脸上闪出腼腆而含蓄的笑：这个、这个……

扭捏半晌，刘邦道：我听说，皇帝这尊号，贤能之人方可拥有，我可当不起。大伙看看，还有无别的人选，那个被项羽奉为义帝的楚怀王，他还有没有后代啊？

底下人觉得煞风景，这大喜的日子您提那个死鬼干吗？他哪还能有什么后代。

可刘邦还推让，他觉得单凭几句请求，言语空洞，极不充实。诸王们如果懂事的话，应该举出些实例，说明我可以称帝，必须称帝。

韩信等人猜透刘邦的心思，汉王这是要求咱们写议论文啊，议论文讲求三大要素：论据、论点、论证。先前咱们只说了结论，确实不行。

于是，一帮人重新上书，称刘邦出身虽贫寒，却大义凛然率众扫灭暴秦，诛杀不义的楚霸王，为天下谋了福利，功劳自然远超于诸王，称帝乃天下众望所归。如不称帝，国家受损失，黎民受损失。

刘邦读罢这篇议论文，仍装模作样辞让了一番，见实在推辞不过，时机已成熟，便说：既然大伙都觉得我合适，那为了国家和苍生，我就勉为其难登基吧。

一个月后，刘邦在山东定陶举行登基大典，定国号为汉。册封原配吕氏为皇后，儿子刘盈为太子。

这一年是公元前202年二月，刘邦五十四岁，吕雉四十岁。

又过三个月，刘邦在洛阳的南宫举行庆功宴。

已当上皇帝的刘邦，感觉众人拥立他为帝的力度还不够，很多人并没真正看到他的沧桑。于是酒过三巡，刘邦举杯问众臣：大家说说，我是如何得的天下，项羽又是如何失的天下？

群臣一下就反应过来了，陛下这是要听吹捧啊！那就吹呗，拍马屁谁不会？

这就错了。拍马屁说起轻巧，可要拍准、拍爽、拍得恰到好处，拍了又仿佛没有拍，则须具备极深的技巧和极高的境界。

首先讲究明拍和暗拍。

明拍就是颠倒黑白，吮痈舔痔。譬如一个人干瘦如猴，可说是玉树临风；一个人肥胖如猪，可赞其月朦胧鸟朦胧，胖得很有诗意。

暗拍则是先抑后扬，表面批驳，实则赞颂。讲究一个当头棒喝：你太不像话了！待其惊诧，立刻作痛心状接着道：您废寝忘食只顾拼命工作，长此以往，您身体垮了，公司的损失大了！

对方惊喜，货真价实的先惊后喜。

当时，在南宫的宴会上，刘邦混黑道时的老友王陵便采用了暗拍。

王陵道：陛下你为人傲慢，嘴还特脏，喜欢损人。人家项羽就不同了，他仁厚，懂文明讲礼貌，温存待人。

此言一出，群臣惊诧，心说你丫找死呢。

见刘邦脸儿也变了色。王陵紧接着说了一个词“但是——”

世间万千事，坏就坏在“但是”上，好也好在“但是”上。只需一转折，情形大不同。

王陵自然是好的转折，他有条不紊地继续说：但是——诸如这些，皆是表面，陛下派人攻城略地，胜利之后，便实行分封，与人共享；项羽则不然，他嫉贤妒能，有功的他妒忌，有才的他怀疑，手下有功也不奖励，夺了地盘也不分。他不失天下谁失天下？而陛下不得天下谁得天下？舌灿莲花至此，王陵这拍马屁的功夫也算是到位了。

但如果我穿越至公元前202年五月的洛阳南宫，只对刘邦进一言：陛下胜在坚韧，而项羽败在坚定。

此言等同没说一般，而只此一句，差异一字，含义却大有嚼头——坚韧与坚持都是坚持，区别在于，坚韧之人会换不同方式坚持到底，此路不通，另辟蹊径；而坚定之人则永不换方式，崇尚一条道走到黑。

一字之差项羽就死了，刘邦就活了。这便是有形似无形之吹捧，境界比王陵又高了一等。

时代呼唤捧人，而吹捧学问之精深之博大，绝非一纸荒唐言，几句心酸话可以概括。

不过，对付一般人，用上一二成的吹捧功力就足以令其身心愉悦了。难就难在刘邦不是一般人，也不是一般的皇帝。

王陵的暗拍招术并不顶用。一记先抑后扬、虚实相接的马屁拍来，刘邦表面颔首认可，心中却并未美到忘形。

可这事是他挑的头，你叫各位畅所欲言大肆吹捧，人家吹了捧了，你又不接，这叫装蒜。

君王无戏言，皇帝不装蒜，当接了捧，再反捧回去，方是王道。

刘邦饮下一樽酒，缓缓道：其实我不如很多人，譬如运筹帷幄，决战千里之外，我不如张良张子房；论治国抚民筹粮饷，我又不如萧何；论带兵打仗、攻城略地、军事谋略，我不如韩信。 此三人，皆人杰也，用了他们，我才取得天下，项羽只有一个范增，还给逼死了，因而败亡。

这番吹捧，功力甚是惊人，既谦虚又精辟，既陶冶了自己，又成全了他人，既分类赞扬，又归类称颂。

“汉初三杰”，就是在刘邦的一席吹捧中成了历史名词。

群臣听完刘邦的捧词儿，气氛愈加热烈，相互恭喜祝贺，终使彼此达到精神高潮。洛阳南宫的庆功大宴会，就在这惊天地动地的马屁声中，欢乐祥和的大肆吹捧中，缓缓落下了帷幕。

NO.5 人心工程

精神高潮总是短暂的，世上没有人单靠精神鸦片就能活下去。要想活着，并且还要活得滋润，得来些实在的东西。

南宫庆功宴后，刘邦手下一些没被封赏的臣子，颇不满足。这帮人受了口头表彰倒也喜悦，可仨锦旗改一被面，光环闪亮，不值什么。短促而虚无的快感过后，这帮臣子尤其是一些将军，开始蠢蠢欲动，相互撺掇，说再不给封赏，就给刘邦一点儿颜色看。

这日，刘邦和张良在南宫外散步，偶见一帮武士聚在一堆窃窃私语，说至激动处，满脸飞眉毛。

刘邦脑袋上冒出一个问号，问张良：这帮人在嘀咕什么？

他们在商量谋反的事儿。张良语出惊人。

刘邦脑袋上冒出一串问号，又问张良：为何要谋反？这天下可是刚平定啊！

张良道：天下是平定了，可人心未定。比如分封，被封地授爵的人，都是您的亲信；他们得了土地和官爵，固然高兴；而没得到的，就觉不公。还有些曾经得罪过您的，又怕遭到暗算。因而他们想先下手为强，早谋反早超生。

刘邦一听就急了，刚建国就内乱，这太令人崩溃了。以前听有识之士说过，打天下难，守天下更难，治天下更是难上加难。当时也没往心里去，现在想起，果真如此。

张良微微笑道：陛下别急，我有一计，可安众将之心。

有何良策？快讲快讲。刘邦迫不及待。

张良不紧不慢地说，那我先请教陛下一个问题，您平素最记恨的，恨不得杀了他的人是谁？

我记恨的人不用杀，他已经死了。刘邦说，就是项羽。

我没说敌人，我的意思是说咱们内部的人。张良解释道。

刘邦思忖片刻，咬牙切齿道：我最恨之人，当然是雍齿，此人曾抄我后路，后又立了些战功，牛得很，在我面前没大没小，要不是当时正是用人之际，我早就把他杀了。如今天下已定，子房提醒得好，我这就宰了他。

不可不可。张良连连摆手，陛下非但不能杀之，还应将此人封侯。

封侯？一剑封喉还差不多！刘邦不知张良何意。

张良接着道：陛下若封赏了雍齿，那些立了战功又怕陛下为难他们的人，一看您连雍齿都封了，还能有什么顾虑呢，没顾虑自然也就没了造反的心。

从内心来讲，封赏雍齿，刘邦是极不情愿的。但为了笼络人心，还真没有比雍齿更佳的人选。

得了，封就封吧。老子不是给他奖赏，而是拿他当个棋子。刘邦自我安慰。

事实就是如此，很多事，都不是我们心甘情愿做的，为了大局，我们不得不委曲求全。即便当了皇帝，也不能完全随心所欲。

刘邦采纳张良之计后，大摆筵席，封雍齿为什邡侯，同时又加快速度封赏了另外一些将领。那些动了谋反念头的将军，得了封赏，立刻转怒为喜，大口吃肉大碗喝酒。

但是，安定人心是一项大工程，这才刚刚是个开始。

尽管刘邦当了皇帝，与臣僚有了君臣的名分。却没有君臣之间的礼仪。

尤其那些长年跟随刘邦南征北战的开国功臣，并不觉得刘邦有多神圣。在他们眼里，他依然是个老流氓。这就好比明星身边的人，并不觉得明星有多么神秘，多么与众不同。正应了古希腊寓言家伊索的话：熟悉会滋长轻视。

人与人之间，一旦轻视，孔子那套君臣长幼之礼就什么都不是了。刘邦手下的一些有功老臣便是如此，他们在殿上争功，喝醉了相互谩骂，甚至大打出手，更有甚者还动了兵器，一剑砍在廊柱上。

这哪儿像朝廷，俨然一个流氓集中营。

刘邦很头疼，他既不能杀鸡儆猴，又不能听之任之。好在有一个人，为他解决了这个难堪的问题。此人便是叔孙通。

提起此人，人们一定会想起当年的秦二世胡亥。

当年，各地动乱，胡亥召集儒生开会。别的儒生都讲真话，唯独叔孙通只吹捧不进言。儒生们都以为，叔孙通从此就会平步青云，没想到不久后，他就消失了。

叔孙通是个清醒的人，他知道秦王朝廷已是朝不保夕，于是对胡亥吹捧一番后，便悄然离开了。他先跑到自己的老家鲁国。

不久，鲁国被项梁占领，他便投靠了项梁。项梁死后，他又投靠了楚怀王。

楚怀王被项羽迁徙到湖南后，叔孙通眼看跟着楚怀王没出路，索性又投了项羽。

可没想到，项羽的老窝彭城最终又被刘邦占了。

人生就像一次旅行，指不定会在哪儿翻车。叔孙通走投无路，只好又投靠了刘邦。

叔孙通很清楚，刘邦讨厌儒生，而自己是一个资深的儒生。

于是，他见刘邦时，不穿儒服，不戴儒冠，只穿一身楚制短衣。他心里有数，儒生装对刘邦而言，是一种刺激，他会摘下儒冠当尿盆，以宣泄情绪。

见了面，两人一交谈，叔孙通并不像别的儒生一般装模作样，他说话实在，一个钉子一个眼，不玩虚的。

刘邦喜爱叔孙通的言谈和短打扮，在他看来，读书人若读死书，迟早把脑袋读成了一团糨糊，应当像叔孙通这般善于变通。

从某种角度来说，如果刘邦能穿越至今时来统管教育，将是一大幸事。

不久，叔孙通上任，当起了皇家宫廷礼仪师，对文武百官进行系统的礼仪培训。

培训活动黎明时分便开始了，文武百官以及各路诸侯齐聚殿外。

“趋”——宫中的传达官朗声一呼，众人分东西两列排好，东列为武将，功臣、列侯；西列为丞相等文官。

庭中，数百名执戟郎从殿门至主殿分队排列，旗帜鲜明。

刘邦入殿，礼官引导诸侯群臣等官员，依次朝贺。

朝礼毕，宴会开始，群臣入座，跪拜刘邦，且不得与刘邦平视。而后，按尊卑次序，依次向刘邦敬酒。敬完酒，群臣落座，却不能痛快豪饮，按规定，每人饮酒不得超过九杯。

刘邦麾下老臣，多是狂放的酒徒，九杯酒相当于漱口，味儿还没尝出来，就不许喝了，实在叫人有些憋屈。

叔孙通可不管这些，他恨不得在群臣的酒杯上刻一排字：酗酒有害健康，浅尝辄止！

整套礼仪，庄严肃穆，不苟言笑，十分正经。

追随刘邦多年的一班兄弟，终于明白，他们再也不能像过去那样和刘邦没大没小了，他和他们之间，是君上与臣下的关系，是老板和员工的关系。

老板当有老板之气派，对员工应恩威并施。

恩时甩个笑容，以示和蔼可亲、平易近人，甚至嘘寒问暖，拉些家常；威时板起脸作心事重重状、焦虑状、深沉状、思索状，仿佛一事不谨，即贻四海之忧；一念不慎，即贻百年之患。

唯如此，老板方显老板之尊严。

刘邦便是这样找到了尊严，他终于感觉自己不同凡响。回想当年，他头戴一顶“亭长冠”招摇过市，就是为了找到一种与众不同的感觉。而今，那破冠自然是不用戴了，戴也是闲暇时的嬉戏。

不靠外表装扮粉饰的强大，才是真正的强大！

这感觉让刘邦无比受用，当皇帝的滋味，不尝不知道，一尝真美妙。

欣喜之余，刘邦赏给叔孙通黄金五百斤，封为太常，即国家典礼总署署长。

叔孙通领了赏，又请求道：我有一班弟子，制定朝仪他们也有一份功劳。

刘邦心说，我懂，老儒生手下还有一帮小儒生，过去我厌恶儒生，而今想来，厌恶之人也有用处。既然用了，就得付费。于是乎，刘邦把叔孙通的弟子都封为郎官。

叔孙通也仗义，将所得金子都分给众弟子。一帮儒生欢天喜地，直呼叔孙通为圣人。

儒生们欢喜，猛将们抑郁。四海既定、国家新立，本该天下狂士俱欢颜，可叔孙通打造的一套宫廷礼仪，愣把狂士束缚成了乖巧的小媳妇儿。

此套礼仪，乍一看仿佛表面文章，殊不知这表面文章的背后，具有强大的心理暗示，那就是朝廷之上，没有兄弟，只有君臣，以前那个流氓大哥已经不复存在了，他已贵为天子，九五之尊。彼此间过去那种无拘无束、嬉笑打闹只是一份淡而又淡的回忆。或者说，是内心的一个谣言。

可是，吹捧、封赏、规范礼仪只能换来暂时的平静。对于一个新建的王朝来说，穷，才是最根本的问题。

因为穷，人心便始终无法安稳。

第八章

NO.1 燕赵门

秦末时，全国人口约两千余万。连年战乱，打死很多人，饿死很多人，冻死很多人，病死很多人，人口锐减百分之七十。战争中，人之性命，宛如蝇虫，倏忽消亡，又似孑孓，朝生夕死。

到了刘邦立国，秦时一万户以上的大邑，仅剩不到两千户。

大批百姓流浪，大片土地荒废，满目疮痍之景象，带给人的只是满腹苍凉，满腔哀怨。人与人虽聚集一处，却陡生一种独行于万木枯萎凋零、虎狼横行的荒原之感。

荒凉之地总是贫瘠，衣食住行都很窘迫，布衣粗食以外，治安基本靠狗，通讯基本靠吼，行路基本靠走，好马着实没有几匹，就连刘邦乘坐的御车，也是由四匹毛色杂乱的马拉着。

这么大一个国家，连清一色的四匹马都挑不出，足可想见百姓穷成了什么样。

皇帝好歹还有马车坐，大臣只能乘牛车上班。当时的动力车分为几种：马车、牛车、羊车、鹿车。

秦时，高级官员及贵族皆乘马车来去。牛车笨重迟缓，只作运货载物之用。若哪位高官假装简朴，坐牛车进宫议政，非但不被赞以节俭，反倒惨遭处罚。只因此人不拿自己当人，乘货车就来了，着实有损国格。

而刘邦的一班重臣却日日乘牛车，来去自如。大家皆知此举低贱，却也都不道破，只说牛车其实也不赖，它八面来风，极为凉爽，时速慢如龟，却极安稳；行至坑洼处，颠簸剧烈，只当是免费按摩。另外，此车可装棚，可铺席，想躺则躺，想坐便坐，姿势任选，随性放纵，实乃汉朝最新款高科技座驾。

话虽具阿Q风范，心中却酸楚无限。上到帝王，下到臣子，都很清楚，此时的国家，国力衰弱如伤病老者，政局动荡如风中蒿草。天下平静的状态究竟能维持多久？

穷则生乱，吃不饱饭的人多了，自会横生叛乱。

不幸的是，这种担忧简直立竿见影，定国半年之后，便有人举兵叛乱。此时，刘邦已从洛阳迁都于咸阳。

建议迁都者，名唤娄敬，乃是齐国布衣。他指出：洛阳之地，在周朝衰落时便无险可恃，因而遭诸侯挟持；咸阳之地则不同，有险峻关隘，有肥沃土地，一旦情况紧急，可立即集结百万雄兵。在此地建都，等于扼住了天下的咽喉。天下若有变，也不至恐慌，皇帝这把龙椅就算坐稳了。

无独有偶，娄敬的想法，也是张良的想法。依地利看，洛阳中心腹地不过百里，且一马平川，无险可守。居住是可以的，作为用武之地就太差劲了。

既然张良也是这个意见，刘邦就没什么好犹豫了，当下安排迁都事宜。

帝王迁都，都想优雅转移，绝不愿华丽撞墙。刘邦则不然，他明知咸阳早被项羽的一把火焚毁，仍毅然决然奔火灾遗址而去，只因定都那里易守难攻。

当然，中央机关不能设在一片焦土中，只能暂住于栎阳，待咸阳的宫室建成，再搬迁过去。定了新都，不妨取个新名。想来想去，刘邦想到了一个地名——长安。

此地名始于秦，乃秦咸阳所辖的一个乡。刘邦以此作为国都名，无非是取长治久安之意。愿望通常很美好，现实从来不买账。国都定名长安刚两个月，燕王臧荼在燕地起兵叛乱。燕地之广阔，拥有广阳、上谷、渔阳、辽东、北平等大片疆域。对于一个统一的国家，任何一地的动乱，都将威胁中央的安定。换句话说，燕地乱，即是长安乱，齐地乱，也是长安乱。

这当然是刘邦无法容忍的，他立刻御驾亲征，日夜兼程北上。

臧荼没想到，刘邦来得如此迅猛，他来不及调整部队，只能仓促应战，结果是连战连败。战到最后，臧荼带着儿子狼狈逃窜，刘邦乘胜追击，将臧荼活捉，其子化装逃脱，转投匈奴而去。叛乱平息，刘邦封卢绾为燕王，派自己最信任的人驻守燕地，刘邦也算安心了。孰料，一波刚平，一波又起，燕地叛乱刚平息，颍川又发生了大规模叛乱，叛乱头领乃项羽旧部降将利几，此人和臧荼有交情，此番闻听臧荼被宰，唯恐殃及自己，索性化被动为主动，起兵造反。

利几和臧荼一样，皆是翻不起大浪的小泥鳅，好不容易探头招摇一下，就立即被石子击中，化作涟漪，荡漾开去，再无声息。

刘邦两度亲征平叛，虽颇具摧枯拉朽之气势，内心却有些惶恐。形势很明显，如今汉朝，正如破牛车一般，八面来风，危机四伏，项楚余党与异姓诸侯王是两枚不定时炸弹，指不定何时就爆发。

尤其是那些手握重兵的诸侯王，他们之中，有几人没觊觎过皇位？他们若叛乱，就不是激起一点儿小风浪了，那将掀起狂风巨浪，搞不好就席卷至长安。

若将异姓诸侯王们全都杀掉，该有多清净——这样的狂想只能藏在心里，假装从未萌生过。杀，只是手段，不是目的。目的是让他们既能为己所用，又忠心耿耿不生异心。简言之：掌控。掌控的方式多种多样，政治联姻是其中一种。

在异姓诸王中，比较而言，刘邦最信任的当是张耳的儿子赵王张敖了。张耳曾被刘邦尊为师父，当年韩信出征攻打赵地，刘邦还派张耳监督过韩信。

如将张敖拉拢过来，自己的皇位又多了一道保护墙。

这年，恰逢刘邦之女鲁元公主年满十四。正是如花似玉的年纪，如花椒似芋头，麻不死人噎死人。十四岁的鲁元公主，并不像同龄少女那般天真烂漫，多年的颠沛流离使她早熟，其举止处事颇有母后吕雉年轻时的神韵。

刘邦看在眼里，喜在心里，有心将女儿嫁给张敖。

对于鲁元公主，张敖这个名字很是陌生。初听母后谈及婚事，她还以为父皇要把她嫁给藏獒。听母后娓娓讲了半晌，方知：父皇搞的是政治联姻，并非要她嫁给一条狗。尽管联姻之后，张敖这乘龙快婿最终也是皇家的看门狗。

鲁元公主没有选择，也无从选择。谈不上爱，也谈不上不爱的婚姻，说不上好，也说不上坏，随缘吧，既嫁之，则安之。

吕雉对这门亲事也赞许和满意，刘邦更有些迫不及待，当即就要择期聘嫁。

皇上嫁女，君臣联姻，乃举国欢庆之大事，普天之下，谁人不知，谁人不晓，只不过百姓看热闹，大臣看门道。众臣与各诸侯王皆知，刘邦此举，实质并非嫁女，而是拉帮手。

真够难为刘邦的，没当皇帝时，南征北战，风里来雨里去，提着脑袋打天下；拥有了天下，却提心吊胆，唯恐生变，帝位不保。

从洛阳迁都至长安后的日子里，刘邦一刻也没闲着，先是扑向燕地平叛，而后将女儿鲁元公主嫁往赵地，以拉拢赵王张敖。此两桩举国风传的重大新闻，合称“燕赵门”。

他殚精竭虑，希望快些促成女儿与赵王的婚事，可上天偏不作美，就在鲁元公主即将出嫁时，又出了一件大事。

NO.2 匈奴来犯

鲁元公主婚期临近，朝野上下一派喜悦祥和之气。忽然，边境急报传来——匈奴大军南下！

匈奴之凶残，众所周知。自战国中期始，匈奴便频繁南侵，边打边抢，赢一仗就大赚一笔。时至战国后期，头曼单于统一匈奴各部，这帮来自北方的游牧民，成了有组织性、有纪律性的职业土匪。

刘邦曾派韩王信驻守晋阳，以抗匈奴。韩王信却言：晋阳离边塞远，应在马邑驻守。

韩王信，乃战国时韩襄王韩苍之庶孙，后被刘邦封为韩王，因与韩信同名同姓，为了区别，世人称其为韩王信。

韩王信身为王族之后，却无王者头脑，他驻扎马邑，实在是一个脑残之举。

马邑，今山西朔县，当时离汉匈分界线极近，处于匈奴直接威胁之下。

刘邦深沉感叹：都叫韩信，打仗的差距咋就那么大呢！

韩王信眼望边塞天高云淡，心中异常烦乱，悔自己不该急于求成。他没料到，自己使出一招揠苗助长，匈奴顺势一躲，反击一招十面埋伏，他就亡羊补牢了。

韩王信一面向刘邦求救，一面派使者与匈奴和谈。

刘邦又气又疑。气的是，韩王信战术低劣；疑的是，这厮原本驻扎晋阳，偏要迁至马邑，莫非别有所图？

于是，刘邦派使者前去责问。

韩王信在马邑等了数日，没等来援兵，倒等来个调查员。

难道刘邦怀疑自己谋反啊？一时间，韩王信更加恐惧，生怕重蹈臧荼、利几的覆辙。

恐惧中的人，本能的选择通常是逃离。

说到逃离，想起门罗的话：太多的事情被看成了笑话，就像太多的事被看成了悲剧，但很多事情既不是笑话也不是悲剧，而只是某种生活方式的选择，比如逃离。

其实，很多时候，人的逃离，与其说是选择生活方式，弗如说是为了生存。

韩王信的逃离，表面看，可笑且可悲；实质上，只是为了活命。他直接投降了匈奴，献出马邑城，相约联合反汉。

继臧荼、利几之后，韩王信荣登反叛排行榜第三位。

刘邦大怒，决定打榜，照死了打。

他亲率三十万大军，浩浩荡荡直奔边塞。大军行至一个名叫铜鞮的地方，与韩王信遭遇。

韩王信所率人马，不过万余，对抗是死，不战也是死，打还是不打？相当为难。正如歌中所唱：有生之年，狭路相逢，终不能幸免，手心忽然长出纠缠的曲线。

刘邦哪容韩王信纠结，立刻下令全面围攻。韩王信拼死突围，落荒而逃。刘邦紧追不舍，追至马邑，又击退匈奴援军。

此时，急报传来，匈奴新一代头领冒顿单于正率二十万大军，开赴晋阳。

刘邦派先锋樊哙迎击，匈奴军象征性对战片刻，便迅疾败走。樊哙猛追，匈奴且战且退。

刘邦极兴奋，没料到匈奴如此好打。匈奴之凶残，看来是个谣传。派军士侦察，又获知，冒顿单于屯兵于代谷。但兵非强兵，马非骏马，只是一帮老兵瘦马罢了。刘邦更喜，欲派轻骑奔袭，企图一举生擒冒顿单于。

他哪里知道，没有多少文化的匈奴土匪，此刻运用了一句成语：请君入瓮。

他不知，有人知，郎中刘敬劝阻道：此乃冒顿单于之奸计，陛下切不可上当。

此刘敬，正是劝说刘邦迁都的娄敬，因建言有功，被擢升为郎中，赐姓刘。

今日，刘敬又建言，刘邦就不爽了。

在刘邦看来，匈奴不过尔尔，几仗打下来，只剩些残兵败将，还敢用计？再说，现在我们正好趁人之危难之际显身手。

刘敬却认为，贸然进攻，恐怕是乘虚不得其门而入。

刘邦不赞同，他定要将匈奴置之死地而后快刀斩乱麻。

见劝解无效，刘敬又请命说：臣愿亲自前往，先探听虚实。试想，匈奴之患，当年强秦军队都不能一举拿下，岂有打几仗就精锐尽失、一蹶不振的道理？

刘邦心烦，转念一想，刘敬所言也有几分道理。行，那你就快去快回吧。

刘敬一走三四天，杳无音信，活不见人，死不见尸。刘邦按捺不住，径直率三十万大军北进。

大军所到之处，匈奴百姓望风而逃。刘邦得意洋洋又前行了几十里，放眼望去，只见雪地上有军帐，帐内空空如也，帐外火堆尚未熄灭。显然匈奴军刚逃跑不久。

刘邦确定：匈奴军已然是穷途末路了！

确定之后，刘邦急令部队全速前进。

很快，三十万汉军抵达广武，消失了很久的刘敬迎了上来。

刘邦调笑问：情况如何？

刘敬一脸严谨，低沉道：乍一看，代谷中的确只有一些残兵败将、虚弱瘦马。

再一看呢？刘邦问。

再一看还不如乍一看呢。刘敬答。

那还费什么话！刘邦高声叫：赶紧打吧。

不可冒进。刘敬劝阻道：有句成语叫耳听为虚，眼见为实。可眼见不一定就为实。两军对阵，通常炫耀兵力，以威慑对方，匈奴却反其道而行之，实在有悖常理。

大军未动时，刘邦只觉刘敬胆小可笑，此刻大军已至，情况已明，刘敬还在劝阻，就十分可气了。

你就是个靠嘴皮混饭吃的货！刘邦骂道：此刻乱我军心，本当该斩，念你过去有功，暂且羁押，待我剿灭匈奴再与你理论。

处理了刘敬，刘邦亲率先头部队直击平城。

平城十几里外，有一座白登山，刘邦下令扎营于此。岂料，天下没有白吃的午餐，也没有白登的山。

白登山这名字，如冒顿之诡计一般，具有很强的欺骗性。待汉军进驻白登山后，隐藏起来的四十万匈奴精锐部队立刻将整座山围困起来。

一困六七天，汉军粮食耗尽，刘邦万万没想到，山上的消费竟然如此高。

此时正值隆冬，夜又长，朔风凛冽，大雪纷飞，冰肌裂骨，汉军自南而北长途奔袭，哪里受得住这般奇冷，几日挨过，将士们冻得几乎断了手指，兵器都握不住。

情势万分危急，不被打死，也将饿死，不被饿死，也将冻死。

刘邦想，难道说我就如此交代了？作为汉朝的开国皇帝，反强秦、诛项羽、平天下，末了，却终结于一座名不符实的雪山上，后世人将如何评价自己？估计就有一句话——“机关算尽太聪明，反误了卿卿性命。”

好在他身边还有一个陈平，当即唤来，令其出谋。陈平倒没让刘邦失望，用了一计，竟生生让冒顿单于退了兵。

究竟何种计策，史书未载，野史未记，世上单凭无端猜测，说那陈平送去一张美人图，与冒顿议和，条件是如愿退兵，便将献图中美女。冒顿动心，继而网开一面。

此事颇为扑朔，真假难以定论，只说刘邦逃出重围时，天降大雾，或许是雾气迷了匈奴军的眼也未可知。

刘邦这边突围，樊哙也率后部大军赶到。冒顿见汉军势众，遂放弃平城，下令北撤。

匈奴撤走，刘邦惊魂才定，长长舒了口气，心中感激天降大雾，不禁诌了一首《大雾诗》：城外一片白蒙蒙，原来大雾锁平城，不是大雾锁平城，怎见城外白蒙蒙。

感完叹毕，刘邦回师广武，路上念起刘敬的好来，也记起代谷侦察员的失误来。于是，一到广武，他便下令将侦察失误的人员统统砍头。又命人释放刘敬，封其为建信侯，赐食邑二千户。

杀过赏过，刘邦取道赵国，班师回长安。

殊不知，这一撤离，后方冒顿单于卷土重来，前头更有一场凶险迎候他的到来。

NO.3 情敌就是敌情

话说刘邦死里逃生，往南撤离。他前脚走，冒顿与韩王信联军后脚就反扑而来。幸得樊哙断后，加之周勃率部相助，才击退敌兵。

自起义始，刘邦打了多年仗，有胜有负，顶忌讳的就是被抄后路。冒顿与韩王信真正是无耻下流之徒。他和匈奴结下的梁子，从此是解不开了。

征讨败北，又遭后袭，刘邦憋了一肚子火阴着脸，到了赵国。

赵国，正是他未来女婿张敖的封国。见老丈人来了，张敖殷勤迎接。

待刘邦洗去一身尘土。张敖忙唤下人：赶紧上好酒上好酒。菜呢？一时紧张竟给忘了，于是亲自端上，小心侍候着。

刘邦吃得舒坦喝得畅快，想要歇息。张敖唯恐照顾不周，想要锦上添花。兀自琢磨老丈人喜好何物？想了片刻，有了心得，吃喝嫖赌四门功课中，刘邦最好的一个色。此番他又征战多日，久未愉悦，我当雪中送炭。

想到此，张敖狠狠心，叫来自己宠爱的一个侍姬，让她陪刘邦睡荤觉。

这个侍姬，相貌非凡，号称东垣美人。

君臣之礼须严谨，翁婿之礼要遵循，可一见美人，刘邦什么礼也不讲了。

对于美人，刘邦历来是来者不拒，夜半，刘邦房事正酣，女婿张敖在房外咳了一声嗽。刘邦惊诧，心中陡然蹿起一股无名火：这小子，莫非舍不得自家的姬妾，故意提醒我速战速决？

张敖着实冤枉，他侍立门外，只是担心东垣美人伺候不周，自己好及时补人。哪知夜黑风寒，着了些凉，忍不住咳出了声。

刘邦却不依。妈的，你心甘情愿让老子睡你的女人，却又把老子当情敌，情敌就是敌情，刘邦噌地起身，两腿叉开盘踞于床上，唤张敖进房，一通臭骂，言语之脏不堪入耳。

张敖受辱，备感委屈，原本自己锦上添花如天使，雪中送炭赛耶稣，被刘邦这一骂，连条狗都不如。

凭心讲，刘邦一股邪火倒不是全因张敖咳嗽而起。只因他此次御驾亲征，本打算一鼓作气连匈奴带韩王信一并收拾了，不承想，鹰没打着，倒让鹰啄了眼。胸中愤懑无处宣泄，拿张敖当了一回出气筒。

女婿受岳丈的气，权当儿子挨了老子的打，能忍也就忍了。

女婿能忍，未见得女婿的属下也能忍。刘邦已然忘了一点儿，此婿并非寻常人家之子，他好歹也是一个王，其父还曾经被自己尊为师父。

王下有臣，尤其是老臣，无法容忍主子遭受这般羞辱。刘邦的粗蛮与目中无人让他们十分愤恨。愤恨之下，张敖的丞相贯高，以及赵午等一班老臣，扬言要杀了刘邦，以消心头怒火。

张敖一听，面如土色，战战兢兢道：我如今的一切，都乃皇上所赐，若无皇上，当年我父王亡国后岂能复国？我宁愿一死，也不会背叛皇上。

说罢，当着贯高、赵午的面，咬破手指欲写血书宣誓。贯、赵二人赶紧拉住，心说您已经受尽了委屈，再献点儿血，就太惨了。

贯高、赵午出了宫，扼腕哀叹张敖软弱。叹罢，又把一腔怨恨投到刘邦身上：大王虽怯懦，我等却胆肥，不如寻个时机，取了那老流氓的狗命！

刘邦这边，浑然不知女婿的丞相已起了杀心。他在东垣美人和女婿身上尽情发泄了几日，心气已顺，便往行都洛阳去了。

到了洛阳，刘邦也不歇息，立即召集群臣，商议对抗匈奴之策。

刘敬又建言：天下初定，国力孱弱，当休养生息，不应征讨。

刘邦问：不动武，那么来文的，安抚？

刘敬摇摇头说：非也，冒顿这个人极为凶残，仁义是感化不了他的。

武不能动，文也不行，那怎么搞？刘邦道，难道坐视他夺我地盘，占我城池，抢我粮食？

刘敬不紧不慢道：陛下别急，臣倒有一计，只是有顾忌，不好拿出来。

刘邦眼睛一亮：快快说来，大伙儿一起商议。

刘敬环顾左右人等，扭捏了好一阵儿，才说：若陛下肯将鲁元公主嫁与冒顿为妻，再陪上一笔丰厚嫁妆。冒顿笃定欢喜，会立公主为阏氏。他们叫阏氏，咱们叫皇后。这么一来，冒顿就成了您的女婿，他的太子就是您的孙子。

这主意听起来不错，太子变孙子，仗就不用打了，匈奴再凶，也不过是大汉之臣属。

不过，有一点儿刘敬没想到，如此一搞，就给赵王张敖变出了一个情敌。

情敌就是敌情，张敖说不定会因此谋反。

刘邦深知其中利害关系。他认为，和亲可以，可让鲁元公主去献身，极为不妥，不如从后宫里选个美女冒充吧。

刘敬不赞同，说冒顿又不傻，一旦他知道自己娶的是假货，便不会立其为阏氏，那陛下就是赔了宫女又折兵。

刘邦反复思索良久，采纳了刘敬的建议，准备让鲁元公主去和亲。

消息传到长安，吕雉坐不住了，命人备了快马，星夜赶往洛阳。

踏进行宫，吕雉河东狮吼，痛骂刘敬，说下三烂的东西，出的招也是下三烂。

看似骂刘敬，其实连刘邦一块儿捎上了。

刘邦只能好言规劝，吕雉根本不听。

虽说世间所有的爱，都是为了相聚，只有母爱，是为了分离。但分离也要看孩子跟了谁。像冒顿这种食人肉、喝人血的禽兽，岂可托付终身？

刘邦心说，哪有那么严重，冒顿充其量也就粗鲁点儿，不至于是禽兽吧。

吕雉冷笑，笑冒顿恶名天下皆知，唯独刘邦假装不知。

单说这冒顿单于训练士兵射箭。事先，他亲手设计一种可以发出尖锐声响的弓箭，名为鸣镝。此箭相当于号令，一旦发出，所有骑马射手必须跟随发箭，违者当场砍头。

头一回训练，冒顿放飞自己的爱鸟。然后，射出鸣镝。一些射手犯愣，此乃大王爱鸟，射还是不射？

结果，迟疑之人，尽遭砍头。理由很简单，这些人不遵号令，不够忠心。

第二回，训练升级，冒顿放出自己的爱妻。然后，射出鸣镝。射手们更惊诧，此乃大王爱妻，射还是不射？

没射之人，又丢了脑袋。

第三回，大伙下了决心，今儿不管大王放的是谁，咱们都射——只见林中跑出冒顿的父亲头曼单于的坐骑。此时，鸣镝划过空中，一声啸叫。射手们想也不想，全体放箭。

这回的训练成果，冒顿非常满意。

不久，冒顿陪同父亲头曼单于去打猎，待头曼单于及其侍卫围捕猎物时，他发出鸣镝，射向父亲，跟随他的一群射手，条件反射似的，举箭便射。这一射，头曼单于及其侍卫全部丧命。

之后，冒顿自立为单于。此时众人才明白，冒顿哪是陪父亲打猎，他是拿父亲当猎物打了。目的是夺取王位，可见此人的心有多险恶。

此等恶人，怎能将女儿嫁给他，说不定嫁过去就成他的人肉靶子。

于是，吕雉拼死阻止，还带着女儿鲁元公主一同哭闹，闹了数日，刘邦烦乱不堪，只得收回成命，在妃子所生的庶公主里，选了一位眉眼醒目者，冒充鲁元公主，送去和亲。

NO.4 行馆谋杀案

有史学家言：和亲不过是个小伎俩，带给汉朝天下的，却是一个永不安宁的大祸根。

此言虽有理，可就当时汉朝的国力而言，和亲也是不得已而为之。

对于和亲，冒顿单于是非常乐意的，他既得了一个美女，又笑纳了价值不菲的纺织品及美酒粮食，尽管那美女是仿冒的长公主。

刘邦与冒顿单于约定，长城以北，为游牧地区，属单于管辖；长城以南，为耕织地区，由汉朝管辖。

此约定看似公平，可在心理上，冒顿单于占优势，他已然混到了与汉朝分庭抗礼的境界。因此，他虽封仿冒长公主为阏氏，却不认刘邦为老丈人，只与其结为兄弟。一句话，江湖是你的，也是我的，但迟早是我的，称你一声大哥，已给足了你面子。只要你年年进贡，我就不打你了。

刘邦很恼火，刘敬又建议，将过去六国的豪族迁徙到关中地区，以充实关中的力量，一旦时局有变，一方面可抵抗匈奴，另一方面，若诸侯叛乱，也有足够兵力去讨伐。这就叫强本弱末。

此建议让刘邦转怒为喜，下诏将六国豪强十几万人口，强制迁徙到关中。

这招很妙，却非刘敬首创，早在秦始皇一统天下后，就如此搞过，他曾将一些豪族迁至咸阳，以便控制。

搞完了迁移六国豪族的事，刘邦偕戚姬回洛阳行宫享清福去了。朝廷的事，一半交给萧何，一半交给吕雉。萧何辅佐太子监国，吕雉则监督萧何。

而刘邦也并非单图享乐，他之所以安居洛阳，一多半是对彭越、英布等诸侯放心不下。这些人盘踞中原和南方，表面上，俯首帖耳，百依百顺，实际上，随时有可能成为祸患。

须知，世上之所以有忠心耿耿的臣属，是因为时间相当短暂，方显出忠肝义胆的气概。所谓久病床前无孝子，旷日持久不容易，一切事物之美好在于“没时间变坏”。

另有一些，时间很短就变坏了，譬如臧荼、譬如韩王信。

刘邦在洛阳住了不久，韩王信叛国势力的余党在东垣作乱。刘邦再次御驾亲征。

这一次，韩王信余党没有匈奴撑腰，刘邦大获全胜。

平息了东垣之乱，刘邦又想起那位东垣美人来了，班师回洛阳途中，他前往赵国的一个行馆，所谓行馆，便是官员出行在外的临时居所。刘邦人尚未到，已预先给女婿张敖发了通知，令其将东垣美人送至临时居所，供自己临时享用。

接到通知，张敖立马派丞相贯高将东垣美人送去，并令其负责打理行馆事务。

倘若张敖另派一人前去，恐怕也不会惹出后面的事端来。偏偏他派了贯高，一场祸事想躲也躲不过。

贯高一直在寻找干掉刘邦的机会，此次天赐良机，岂能放过。于是他精心布置，令手下武士在茅厕中埋伏，等刘邦进来方便时，将其杀掉。

刘邦到了行馆，便迫不及待与东垣美人欢乐了一番。乐过之后，意犹未尽，想多住几日，问询左右：此为何处？

左右人等答：此乃柏人县。

刘邦一惊：此地不宜久留！

莫非刘邦能掐会算，算出贯高图谋不轨？当然不是。他只是想到“柏人”二字的含义，古汉语中，“柏人”和“迫人”音相近，因而将“柏人”解释为“迫人”，意思是被人所迫。

这在修辞里叫做谐音析字。刘邦可不管什么修辞，他只是从字面上预感不祥。

可见刘邦疑神疑鬼，极度缺乏安全感。缺乏安全感者，通常疑心就重，也极善于保护自己。这几乎是一种本能。

刘邦便是凭着这种本能，连夜起驾，离开了柏人县，踅回了东垣行营。

贯高计划很周密，安排很细致，哪知天不灭刘邦，只能无可奈何一声暗叹。

若这桩未遂的谋杀案，到此为止也就罢了，刘邦侥幸保命，贯高尚未得逞，实乃两不相欠。可世事常把人捉弄，转眼到了第二年，有人向刘邦举报，说去年贯高与赵王张敖密谋反叛，曾在柏人县埋伏武士，欲刺杀皇上。

刘邦忆起当初在柏人县的预感，不由得后背发凉。

“谋反”是一个极度敏感的词，尤其是臧荼反叛以来，刘邦对谋反有一种由内而外的生理反应。在听闻柏人县之事后，他先是毛骨悚然，后是怒不可遏，接着下令捉拿张敖、贯高等人。

此时的张敖，已娶了鲁元公主，婚后小两口感情融洽、生活甜蜜。这日，正甜蜜着，朝廷使者来了，宣读完圣旨，冲身边卫士一扬手：收了他们。

卫士如狼似虎扑过去，张敖被五花大绑捆成了粽子，王府中的所有男男女女也全被拿下。

闻听这个噩耗，赵午等一班老臣知道大祸降临，难逃一死，便前仆后继地自杀。一时间，血流遍地。贯高闻讯赶来，大喝道：“住手！柏人县之事，大王毫不知情，我等这样就死了，谁来证明他的清白？”

大伙儿一听，有理，反正固有一死，或轻于鸿毛，或重于泰山。为洗清大王冤屈而死，就重于泰山。

于是，一帮人扔了手中利剑，和贯高一起，陪张敖前往洛阳受审。

审讯一开始，贯高就把所有罪名一手揽了。

他承认，自己是主谋，只因恼怒于皇上对赵王的傲慢和无礼，遂起谋杀念头，属于激情杀人，与赵王张敖没有半点儿关系。

刘邦将信将疑，提审张敖。张敖哭天抹泪，发誓赌咒，大喊冤枉。

女婿哭完，女儿哭。吕雉此时也从长安赶到洛阳，她规劝刘邦说，张敖是咱们的女婿，他断然不会谋反。

刘邦嗤之以鼻：“屁！老子本想养只虎，助我帮我，没想到却是养虎为患。”

吕雉说：“虎毒不食子，公主怀了他的孩子。”

刘邦更怒：“你懂个屁，虎毒是不食子，可保不齐要咬老丈人，一旦他谋反成功，他的孩子就是皇上。”

吕雉无言以对。

可案子审来审去，也没查出张敖的罪证。

对于贯高，什么刑都用了，整个人几乎被打烂，扔在地上，就像一张千疮百孔、拎都拎不起来的破抹布。

到了这份上，贯高依然不改口，负责审讯的廷尉也无可奈何。

还是刘邦鬼心眼多，他觉得，这贯高和夏侯婴有几分神似。当年，夏侯婴为了保全他，也是在牢里打死不认账。对于这样的硬汉哥，跟他拼硬的不行，得来软的，最好找个和他私交甚厚者，与之攀谈，或许可以查明真相。

选来选去，中大夫泄公与赵国旧臣素有交情。刘邦便派其前去刺探贯高。

泄公带上药品，带上食物，带上祝愿，前去牢中一探。探究的结果依然是，谋杀一案与张敖无关。贯高说，我死不足惜，可不能违背良心把罪名推给他人。

刘邦得知后，释放了张敖。

得知张敖被赦，贯高磕头谢天谢地谢人，谢完，一头撞死在牢中。

贯高死了，刘邦心里却愈发别扭，为泄心中怨恨，下令诛灭贯高三族。

赵王张敖，则被降为宣平侯。

柏人县行馆谋杀案，到此并未终结。因为此案还留下一个小尾巴，就是东垣美人。

NO.5 当皇帝有什么用

吕雉的嫉妒心与报复心闻名遐迩，她残害戚姬的一段故事，已被各种懂历史的人讲滥了。然而，戚姬并不是第一个倒霉的。第一个倒霉蛋，是赵国的那位东垣美人。

赵王张敖被押送到洛阳时，东垣美人被关押在河内，就是今天的河南武涉县一带。

此时的东垣美人，已怀有身孕，且是刘邦的龙种。审讯的官吏得知后不敢怠慢，连忙将受孕报告递交给刘邦。

刘邦正被行馆谋杀案搞得心烦意乱，哪有闲工夫管理这事儿。因此，对于东垣美人的申诉根本不予理睬。

有人跟东垣美人出主意，说你可以去找吕后说说情。很多事情，刘邦都听她的，只要说通吕后，你的性命就保住了。

可是，吕雉身为皇后，岂是想见就能见的。出主意的人又说，可以让你的家人去找辟阳侯审食其，此人的话，吕雉基本上是言听计从。

东垣美人倒糊涂了，她捋了捋关系——刘邦听吕雉的，吕雉听审食其的。按这个糖葫芦似的关系看，朝廷的事其实是由审食其说了算。那还和刘邦睡个什么劲儿，不如直接委身于审食其更为实在。

可即便东垣美人豁得出去，审食其也不敢碰怀有刘邦龙种的女人，还是送礼比较妥当。于是，东垣美人让他的弟弟赵谦给审食其送去了一份厚礼。

审食其倒果真拿人钱财，替人消灾，真找吕雉说了东垣美人的事儿。

吕雉听罢，一巴掌把审食其打得旋转一百八十度壁虎似的贴墙上。

吕雉一腔怒火，倒不是冲审食其，她冲的是刘邦和东垣美人。东垣美人本是张敖的侍姬，却敢勾引刘邦，不知道中间差着辈分么？还敢找我求情，行！那我就让狱吏好好优待你一下！

作为蓝颜知己，审食其岂能不懂吕雉的心思。他料定吕雉会有此种激烈反应，却明知山有虎偏向虎山行，这不叫傻，这叫精。挨一巴掌换来一份厚礼，这个账是很多自以为聪明者算不过来的。

而东垣美人就惨了，她眼巴巴望着吕雉来解救她，等来的却是一场空。东垣美人自知无望，在狱中生下孩子后，便自杀了。

东垣美人死后，狱吏将婴儿抱到宫中，给刘邦看了。

刘邦看着看着就落了泪，心里生出几分懊悔，遂诏令将东垣美人送回东垣安葬。至于孩子，则交给吕雉抚养。这个孩子，便是后来的淮南王刘长。

事情就这样过去了，刘邦却一直比较抑郁。这几年，外面叛乱不断，宫里也不安宁。说实话，日子还不如他过去那样舒适，当皇帝有什么用？

好在新的一年来了，新年必有新气象。这新气象便是萧何主持修建的长安城皇宫——未央宫落成。

未央宫位于长乐宫西面，楼台殿阁四十三座，雕梁画栋；后宫十一座，金碧辉煌，池塘十三口，池中鱼蟹成群，据说，还可打捞蓝田玉；土山六座，可登高望远；其气派之势令人惊叹。

可刘邦非但没有奖赏萧何，反而斥责萧何。现如今，国家这么乱，百姓这么穷，为何要花巨资造豪华宫室，这不是劳民伤财么？

萧何倒挺从容，说正因为天下不宁，皇权不稳，才需要这样一座宫殿来显示皇权的威望。再说，这宫殿又不是一次性的，以后陛下的千秋万代扩建也罢，改造也罢，记谁的好？记您的好！

如此一说，刘邦眉开眼笑了。

看来，天下所有的事都是一分为二，有让人难受的一面，就有让人舒服的一面，这就像一部作品，有人骂街的同时，必定有人喜欢。

当皇帝还是有用的。

未央宫落成，刘邦在前殿举行盛大宴会。一来大宴群臣，二来为父贺寿。

席间，刘邦喝得面红耳赤，凑近父亲问，您老人家，眼神好，看人准。过去，你看我是无赖，看哥哥是人才，只因他置了些田产。如今您再看，我和哥哥，谁的产业大啊？

一席话可把老爷子给说臊了，恨不得找个地缝钻进去。

底下群臣大笑。

刘邦称帝已七年，兄弟子侄，都封了侯封了王。一人得道，鸡犬升天嘛，却唯独没封父亲刘大伯。

究其原委，还是父子之情淡薄，当年，父亲那一句“你只能去给人家做赘婿”，深刻地伤了刘邦稚嫩的小心灵。

此外，封了老父，必封庶母。自己亲娘早死了，荣华富贵的日子一天没过上，好待遇倒给了后妈，这多不合适。

于是不封，说不封就不封。

直到有一天，刘邦不知道哪根筋搭错了，跑去探望老父，只见父亲手拿扫帚，佝偻着腰在门前扫地。

看到刘邦，老父慌忙扔了扫帚，施以大礼。

刘邦上前搀扶，但见老父身着粗衣布服，两鬓斑白。刘邦的心像被什么利器刺了一下。晃眼数载，竟没觉得父亲已衰老成了这般模样。

你乃我父，何须大礼。刘邦难受道。

皇上就是皇上。刘大伯谦卑道，陛下乃至高无上的君主。我不过是一介百姓，小得很。见了天子不施大礼，是乱了法度。

刘邦尴尬。

隔了几日，刘邦封父亲为太上皇，住栎阳宫。

刘老头儿当了一辈子平民，冷不丁搬进宫殿，恍如梦境，从早到晚，晕晕乎乎。眼睛也花，宫中什物多且杂，怎么看也看不过来。偶尔脱口叫出个名儿，倒逗乐了一帮下人。

正所谓：前有刘大伯入栎阳宫，后有刘姥姥进大观园。身份虽不同，效果却一样。

老头儿郁闷了，失落了，空虚了，鼻子酸了，冷不丁流了些泪出来。

刘邦就纳闷了，生活质量改善了，名分也有了，老爷子倒不悦了，是何原因？

左右人说：金窝银窝不如自己的狗窝，良友好友不如老友。老爷子平生打交道的，尽是些屠户、卖酒卖肉之徒。闲了就跟这帮人斗鸡踢球，老胳膊老腿利索着呢，说到底是个乐子。

原来老爷子好这口。刘邦了然了。既动了心孝敬，何妨做得彻底些。圣贤话里也说过：摆渡要摆到河边，送佛要送到西天。

隔日，刘邦吩咐人在栎阳宫南边的郦邑，修造一座复古景区，模样完全仿照老家丰邑，一景一物，一街一巷，一居一室，一砖一瓦，一草一木， 都很逼真。

背景实在，还得有人。刘邦下令将丰邑的旧居民都迁至景区。那些居民一进景区，如回故乡，人人都能找到自个儿老家。路遇老邻居，拥抱寒暄，讲不完的亲热语，拉不完的家常话。

现代人爱在都市制造乡村生态环境，却非首创。两千多年前，刘邦就把这事儿干了，而且干得极漂亮。

刘老爷子很兴奋，心境豁然开朗。觉得生活挺美，一日美、两日美、美不够。

那些丰邑旧民，与刘老爷子心情别无二致。生活在这座社区里，简直无可挑剔，哪儿都熟，哪儿都方便。社区还配了物管，大街小巷因此比过去干净亮堂。这辈子老死于此处，也算值了。

这些人打心眼儿里感激刘老爷子，也感激刘邦。

刘邦也有一种满足感，还是当皇帝好啊。皇帝不光可以随便杀人，还可以想给别人什么样的生活，就给什么样的生活。

第九章

NO.1 小女人与小人

春天如约而至。

自刘邦称帝以来，这个春天是最闲适、最温情的春天。

这个春天，空气中流传着一种慵倦而迷乱的味道。

宫内的人，常常看见刘邦牵着戚姬的手，在御花园里款款而行。

傍晚的时候，她把他拉到宫门外的草坡上，为他吟唱自己原创的情歌。

累了，她小鸟依人般斜倚在他的肩头，看天边最后一抹余晖渐渐散去，终至荡然无存。

她想和他就这样老去，如天边余晖。

暮春的晚风，总撩拨小女人萌生出一些说不清、道不明的情愫。这情愫丝丝入扣，又异常温暖，还略带些酸味。

刘邦很爱这个小女人，爱她对自己那种孩子般的依恋。对于他这个年纪的人来说，想拥有的恐怕已不是爱情，而是一种默默的温情，可以感知，不可道明。

他赠她精美绝伦的指环，闪亮剔透，戴在手上，可透见指中细骨。

首饰中，她极爱指环，兴之所至，一手戴几只。可就因为有一次，他看着她指环累赘的手，轻轻皱了一下眉，她便将所有指环取下，送于侍女，从此再没戴过，从此不当指环王。

她就是如此在意他每一点儿细微的喜怒哀乐，他对她亦是关爱备至。

可是，她的心并不像她表面那样平静如水，那样随遇而安、与世无争。浪漫的时刻，她也并没有全身心陶醉，她常常不自觉地预想未来，想刘邦百年之后，自己将何去何从？

宫中之事，她很清楚。进了宫，便出不了宫，历来都是这样的。

或许，她会为他殉葬；或许，她会孤独老去。这时候，她不曾想到，她的结局将是惨绝人寰。尽管，她已预感到了潜在的危险，这危险来自于吕雉的嫉恨。

吕雉已久受冷落，在暖暖的春日里，她品读的是一份萧瑟的寒气。她骨头冰凉，心中一团火。但对于以后的日子，她却未丧失信心，只因她背后有两座靠山，一座是朝廷元老势力，一座是太子刘盈。

刘邦若故去，她将是皇太后。戚姬一个小女人又算得了什么呢？

戚姬何尝不知这其中的厉害。她想，唯一保全自己的办法只有一个，那就是让刘邦废掉太子刘盈，改立自己亲生的刘如意为太子。

刘邦爱如意，自不必说。可废长立幼，非帝王一人之事，也非帝王家私事，它殃及整个朝廷，甚或引发天下动荡。

对于戚姬的恳求，刘邦不是没动过心，但刚一动心，自己就推翻了。戚姬哭闹，他又摇摆。几番下来，他被搅得心神不宁，答应上朝时，与众臣议后再定。

哪知此事一讲出，群臣大投反对票，个别人反应还尤其强烈，太傅叔孙通便是其中一个，这厮先讲大道理，说君王立嫡长子，乃周朝就已成的定制。况且，太子已立数年，岂可说改就改。

说完道理，又显摆自己的历史知识，说秦始皇之所以败亡，就因为没有早立长公子扶苏为太子，这才让小人赵高钻了空子。这个教训是深刻的，错误是严重的，结果是悲惨的。叔孙通越说越激动，说到最后，竟发了狠话："陛下若废嫡而立少，我愿以颈血溅地！"刘邦心说，不至于吧，朕不过提个设想，你就要抹脖子。这叫什么？这叫赤裸裸的要挟。刘邦满脸不悦，拿眼扫众臣，盼望有人能站出来，与叔孙通据理力争，最好争得面红耳赤，不可开交。

朝堂内静了片刻，真站出一个人——御史大夫周昌。

刘邦眼前一亮，充满希望地看着周昌。

周昌脸憋得通红，嘴动了动，却没说出话来。

刘邦知道周昌这人口吃，平常说话就结巴，这会儿情绪正激动，更是心有力而嘴不足。

"臣、臣、臣不、不讲……"好半天，周昌说了一句。

这不是瞎耽误工夫吗！大伙都看周昌。

刘邦也泄气，瞧周昌如此激动，以为他要大肆批驳叔孙通，心中还暗喜了一下，没想到这厮是抽风。

周昌咽了口唾沫，接着道："臣不、不讲……不讲大道理，就、就、就一、一句，陛、陛下若废、废太子，臣期、期、期不敢奉诏！"

刘邦差点儿背过气去。吐了一堆废字，就最后一句利索。利索是利索了，可什么叫“期期不敢奉诏”？

旁边有人嘀咕：是极极不敢奉诏。

汉朝有两个著名结巴，西汉有周昌，东汉有邓艾，因了这个缘故，后世人造了句成语叫：期期艾艾。

再说朝堂之上，本有些支持易储的大臣，一听御史大夫都如此坚决，也就缄默不语了。无奈之下，刘邦只得退朝，此事再议，再议。

易储的消息，如晴天霹雳，飞速传至吕雉耳中。

吕雉心里小鹿乱撞，这感受可与她第一次见到刘邦时的心情媲美。而她到底不是寻常女人，心虽慌，却不乱，颇具“每临大事有静气”的风范。

她出了宫，直奔御史大夫周昌府邸而去。

见到周昌，吕雉二话不说，纳头就拜。

周昌吓坏了：“这、这……快、快请请请……”

吕雉自己起来了，拉住周昌的手，热泪盈眶道：若非先生在朝堂之上力挺，太子今日就废黜了。

周昌也很动情，上下嘴唇频繁碰撞，一句话没抖出来。

首次易储失败，刘邦极烦闷。

这个明朗舒适的春天一下变得阴暗和烦躁了。他心里生出几分懊悔，怪自己鲁莽行事，贸然将易储之事端上朝堂，结果适得其反。大臣反对也罢了，关键是，从今往后，吕雉对戚姬仇恨笃定更深了一层。

再一深想，更有些惶恐，自己年纪越来越大，戚姬那么娇弱，爱子如意也才十来岁。自己故去，这对孤儿寡母如何面对强势的吕雉呀？

刘邦越想越抑郁，一个人关在屋子里，闭门唱楚歌。

大臣们瞧着不对劲儿，也不敢多问，但心里都有一本账，皇上是让易储的事儿给闹的。

纵观历史，在君王立储时，总会有些小人作祟。此等小人，心思细密，狡诈多谋，城府深厚。极擅长拿别人的鸡，来熬自己的汤。

当时，周昌身边就有这么一个人，名唤赵尧。

赵尧本人其实从不造谣，该说的说，不该说的不说，人前人后，都是面带三分笑，从不全吐一片心。在朝中，赵尧不过是个掌管皇帝符印的小吏，虽有机会接近刘邦，可从未有过亲密接触。因而，朝中上下，谁也没把这个管公章的人物当回事。

年前，方舆县的一个县令，来京城接受考核。临走，对周昌说：您手下的那个赵尧，不可小觑，这家伙年纪虽轻，城府之深，深不见底，俨然与其年龄不符。保不齐将来您的位置要被他给取代了。

周昌根本没往心里去，只呵呵一乐：你好好地回方舆县吧，别在这儿造谣了。

殊不知，没过多久，这小县令的话就应验了。

近日来，刘邦心中的抑郁无处倾吐，旁人也不点破。这就叫高处不胜寒吧，刘邦兀自想。恰在这当口，赵尧寻个单独与刘邦相处的时机，一语道出了刘邦所想。知音啊。刘邦喜且惊，忙赐赵尧落座，问其可有良策。赵尧说："您不是封如意为赵王了么，找个强悍之人辅佐他，就安全了。"怎么样才算强悍呢？那就是让皇后、太子以及众臣都敬畏、都信服的人。刘邦琢磨了半天，问："你说的这人是我吧？"赵尧被噎了一下，缓了口气说："此人非御史大夫周昌莫属。"刘邦眼珠一转，拍手称快。这事儿就这么定了，唤周昌前来，告诉他，别当御史大夫了，去赵国当宰相。

周昌就委屈了。御史大夫位列三公，中央内廷行走，地位仅在相国萧何之下，去藩国当个宰相，听着挺美的，实际上是降了职。

刘邦说，除了你，没有人能保全赵王了。有你在，朕就不担忧身后事了。

皇上以爱子相托，这是多么大的信任。得，人固有一死，或轻于鸡毛，或重于金山。承蒙皇上如此器重，甭说去赵国，就算是刀山也去得。

周昌前脚走，赵尧后脚就接替他的职位。这个毫不起眼的年轻小吏如此平步青云，让一帮跟随刘邦出生入死的老臣大感意外，意外之余，又有些愤愤不平。

看来，小女人和小人，名为小，能量却不小，都足以俘获君王之心，震动朝野内外。

NO.2 恐惧

易储未遂，刘邦平添一桩心事。这心事如鲠在喉，咽不下去，又吐不来，只得慢慢消化。他这厢正消化着，赵国那边传来周昌的密报——代国的相国陈豨有谋反嫌疑。

陈豨曾为赵国宰相，因随刘邦平定臧荼有功，被封为阳夏侯。如今，周昌到赵国任宰相，陈豨就下课了，只负责军事防务方面的工作。一种说不清、道不明的失落感从陈豨心底油然而生。

失落便是不满足。要知道，陈豨是一个有理想、有抱负、有雄心的人。他与刘邦一样，也有自己心中的偶像，且此偶像为同一人——信陵君。

于是，以相国身份开府之后，陈豨便模仿信陵君之作风，大肆招揽门客。当年张耳招揽门客，三教九流，五行八作什么人都招，陈豨则不然，他的门客中，大多是江湖游侠。

游侠，在战国时期繁荣活跃，说白了就是当刺客。其中，最著名的代表人物便是荆轲。特征是性情耿直、豪气冲天，所谓风萧萧兮易水寒，人生难觅是猛男。

陈豨豢养众多猛男，每次出门，皆有大批猛男伴随。难免不叫人有所猜想。

这一日，他回自己的封邑阳夏，途经赵国国都，随行门客的车子竟有上千辆，浩浩荡荡，气势澎湃，导致邯郸官舍爆满，狗都钻不进去。

周昌原任御史大夫，工作内容是监察。干得久了，患上职业病，为人极其警觉。陈豨之举，让他生疑，也没细查，径直就向刘邦报告：陈豨大量豢养北方游侠，其野心昭然若揭，此人又在外统兵数年，位高权重，恐怕要生变。

如此短短两句的小报告，在刘邦心里可起了大波澜。自臧荼谋反以来，反叛事件不断，这让刘邦感到恐惧，这种恐惧几乎是一种生理反应，无法控制，唯有将谋反之人消灭，恐惧感才会烟消云散。可是，他又不能采取宁可错杀一千，也不放过一个的策略，那样，势必会引发更大的叛乱。他所能做的，就是派人秘密监视，一旦证据确凿，定不放过。

监视任务自然交给周昌，周昌暗中派人至代国，秘密调查。这一查，果然查出许多问题。

陈豨得知刘邦在查自己，也很恐惧。他想起韩信和自己说过的话。

陈豨就任赵国宰相前，曾去韩信府辞行。

陈豨平生就崇拜两个人，一是信陵君，第二个便是韩信。在他心目中，韩信乃天下第一的军事人才，举世无双。闲暇时，他常与韩信探讨军事问题，甚是投机。

眼看陈豨即将调任，韩信也有些依依不舍。

屏退左右后，韩信对陈豨说："兄如今掌握了天下精兵，又身处重镇，此乃皇上的恩宠，但老兄你想过没有，这种状况能维系多久？"

这话把陈豨问得一愣。韩信又说："倘若有人诬告你拥兵自重，意欲谋反，第一回皇帝不信，第二回便会起疑心，第三回皇上就会收去你的兵权，甚至派大军讨伐你。"

陈豨听出了一身冷汗，问韩信："若真有这一天，当如何是好？"

韩信道："若真到那一天，我将在关中起兵策应你，共图天下。"

此事陈豨记在心里，没想到韩信的话当真就应验了。

此时，边界的匈奴趁机派来说客，游说陈豨造反。

陈豨犹豫不决，正左右为难无法抉择时，刘邦来了一纸诏令。诏令上说，太上皇崩于栎阳宫，令陈豨回关中参加葬礼。

陈豨岂敢前去，于是装病不从。

不久后，陈豨决定反叛，并与韩王信勾结。

刘邦御驾亲征，并约韩信同征讨，韩信这时也装起病来。刘邦无奈，只得带上张良走了。他一走，朝廷的政务就交给了吕后和萧何。

刘邦走后不久，吕雉接到一封密报。密报上说，韩信打算伪造皇帝诏令，释放囚徒，与自己的奴仆、家人组成临时突击队，袭击皇后和太子，解除禁卫军武装，在关中谋反，以策应陈豨，从而共谋天下。

传递密报之人，乃韩信府中的一个舍人，名唤乐说。此人的哥哥同在韩信处当差，犯了错，韩信要处决他。乐说为救哥哥性命，遂铤而走险，向吕后告密。

这一密报把吕雉吓坏了。韩信是什么人？那是战无不胜的军事天才。凭他的本事和号召力，很快就能在京城形成燎原之势，那样一来，京城就岌岌可危了。

吕后急诏萧何来见，说了情况，又问："相国说这事该怎么办？"

萧何疑虑，他不大相信韩信会谋反。若韩信真有心谋反，天下早就不姓刘了，何必等到今时今日。

可是，这话萧何不敢对吕雉明说。毕竟，吕雉手上有证据确凿的密报。万一韩信真的反了，自己难逃监国失职的罪责。相国的官位显然是保不住了。

眼下这种情况萧何只能信其有，不能信其无。

于是，萧何与吕雉经过一番商议，决定将韩信骗进宫中。

如何骗？假传皇上御驾亲征告捷，陈豨兵败被杀，召集群臣在未央宫庆贺。

韩信接到了邀请，心中疑惑，仍称病不往。

萧何左等右等，不见韩信主前，便亲自到韩信府上去请。

萧何劝解韩信道："皇上亲征大捷，是国家的喜事，你不去就不合适了。另外，众所周知，你和陈豨的交情匪浅，此番你托病不赴，怎不叫皇上生疑。"

这话让韩信感到恐惧，于是便随萧何进宫。

韩信一进长乐宫，预先埋伏好的武士，蜂拥而出，将韩信拿下，五花大绑，押往钟室。

所谓钟室，就是放置编钟的房室。

吕雉下令，将韩信装进一只大布袋里，吊在房梁上。指使武士用竹签将其刺死。

这是一个漫长和极端痛楚的刺杀，韩信万千哀叹，最终仅汇成了一句话："吾悔不听蒯通之言，现在竟为女子所诈，岂非天意！"

韩信庙门上，曾有一副楹联："生死一知己，存亡两妇人。"

这副对联，概括了韩信的一生。

"知己"，指的是萧何。萧何曾将他举荐给刘邦，让他平步青云；最后也把他送上死亡之路。

"两妇人"，一个曾经资助过韩信午餐的漂母，一个便是吕雉。

这副对联，每每读之，让人深感无奈。在权力的争夺中，多少无尽的悲凉都在其中了。

NO.3 权力有毒

刘邦得知韩信死亡的消息，且喜且怜。喜的是韩信这个心腹之患竟然解决掉了；怜的是，韩信这位军事奇才就这么告别人世了，刘邦终究还是有一些惋惜。

然而，这种纠结的情绪很快就被平叛的喜悦代替了。

此番御驾亲征，凭借周勃、樊哙、曹参、灌婴等猛将的奋力拼杀，以及张良的奇谋良策，刘邦所向披靡。一举收复雁门郡十七县，云中郡十二县，代郡九县。

陈豨败走匈奴，韩王信战死阵中，其余叛将相继被捕杀。这一下，韩王信解决掉了，陈豨也算解决掉了，韩信也解决掉了，压在刘邦心头的巨石般的隐患烟消云散了。

他轻松了，属下们却人心惶惶。大家不无恐惧地猜想：下一个牺牲在刘邦权力大旗下的人，会是谁？

大伙儿猜来猜去，谁也没想到，下一个牺牲品竟是梁王彭越。

彭越是刘邦最亲近的老臣之一，群臣怎么也想不通，他怎么会能成为韩信的后继了？可偏偏悬在他们头顶上的那把闪着寒光的权力之剑，就落在了彭越头上。

彭越年龄与刘邦接近，脾性相投。而且，他处事谨慎，尤其是韩信被贬为淮阴侯后，他就更加小心翼翼，如履薄冰，生怕有一时不慎，触动了刘邦某一根敏感的神经。

每一回，刘邦带着戚姬到洛阳行都，他都亲自前去迎驾，与刘邦喝酒畅聊。二人可以说是无话不谈。

在众多异姓诸侯王中，彭越也是到长安朝觐最勤的一个。

然而，万万没想到，彭越赔了千般的小心，最终还是惹恼了刘邦。

这事儿还得从刘邦平息陈豨叛乱说起。

当时，刘邦诏令各诸侯王率兵同他一起征讨陈豨。可是诏令发出，那些诸侯王置若罔闻，只有自己的儿子齐王刘肥和齐相曹参派出了精锐部队协助中央军。

彭越自然也接到了诏令，但他正病着，且年事已高，早没了当年当土匪头子时的风采，根本没法带兵出征，便命部将领兵至邯郸，与刘邦会师。

刘邦全然不理解彭越，或者说，坐到了皇帝这个至高无上的位置，他早已懒得去理解下属。在他看来，彭越和其他诸侯王一样，也是不听号令。他不是真病，而是装病。

于是，回到洛阳后，刘邦便派使节去梁国，斥责彭越。

彭越没想到，刘邦误解了自己，他一时不知如何是好。

一开始，他打算亲自到洛阳向刘邦谢罪。

可是，部将扈辄提出反对意见，他说："大王您称病不出，如今皇上问责，又去朝见，恰好说明您是装病。此番您去了洛阳，肯定会像韩信那样自投罗网，和他一个下场。倒不如趁这机会反了吧，先发制人，进攻洛阳，说不定天下就是大王您的了。"

彭越很气愤，喝退了扈辄。

他不想反叛，也不会反叛，可他一时又没有良策应付，想来想去，只好继续称病。这一次，他倒是真的在装病了。

殊不知，拖延是最坏的办法，换来了最坏的结果。彭越怎么也没想到，梁国的太仆得知扈辄鼓动彭越造反，便连夜跑到洛阳，向刘邦举报了这一情况。

反叛！反叛！刘邦怒火中烧。一开始，他就认为彭越是在装病，装病就装病吧，不援助我也行，可你还动了反叛的心，那你就必死无疑了。

怒归怒，刘邦表面却不动声色，他派了一个慰问团去慰问梁王。

慰问团当然不是去慰问的，他们深知刘邦的用意。

于是，他们到了梁国，以迅雷不及掩耳之速，控制了彭越，把他押送至洛阳受审。

审讯中，彭越拒不承认自己有反叛之心。因为他确实没有任何叛乱的部署和举动。

彭越说，若自己真有心要反，岂会在自己的封国束手就擒。

同时，他也承认，扈辄确实给他出过谋反的馊主意。他没采纳，更没有付诸实际行动。但是，他也没有将扈辄诛杀，他只是将其喝退。对于一个具有反叛之心的下属，这么轻易地就放过了，那你又安的是什么心？这说明，在潜意识里，你还是藏着谋反的心思，至少对皇上是不够完全、彻底的忠诚。

彭越的行为，好比杀人未遂，但杀人动机存在。刘邦念在彼此旧情的分上，没杀彭越，只将他废为庶人，把他流放到蜀国的青衣县去了。

青衣县，今四川名山北部，本是羌民的居住区，属蜀郡西部都尉所辖。

洛阳至蜀郡，漫漫长途。彭越很绝望，他不知前面等待他的是什么，会碰到什么。一路恍恍惚惚，经过郑县时，他还真碰到了一个人。这个人就是吕雉。

吕雉是从长安往洛阳去，也没想到路上会遇见被流放的彭越。

彭越一见吕雉，还以为自己碰到了救星。他曾与刘邦称兄道弟，他与吕雉，便多多少少有些叔嫂情分。现如今，在朝廷，吕雉是个举足轻重的角色，她的一些建议，刘邦偶尔也是听的。

彭越想，或许，吕雉可以给他官复原职。

事实证明，人们很多预想，其实都是一厢情愿的幻想。

彭越求见吕雉，吕雉应了。一见到吕雉，彭越便声泪俱下地哭诉道：“微臣已然老朽，死不足惜，唯有一个心愿，就是叶落归根，将我这把轻贱的老骨头葬于昌邑老家。如此，微臣别无所求。”

这番可怜可悲可叹的哭诉，似乎打动了吕雉。她将跪在地上一把鼻涕一把泪，颤巍巍的彭越搀扶起来，不动声色地宽慰道：“梁王不必伤心，你随我的车驾回洛阳见皇上，我替你求情。”

彭越很感动，一路泪难干。

孰料，吕雉还没来得及向刘邦求情，刘邦听闻彭越回转的消息后，就已经震怒了。他心里责骂吕雉独断，全然不把他这个皇帝放在眼里。

这一点是刘邦的痛点，或者说是心中的禁忌。他出生入死，历经艰难险阻才换来今时今日的帝位，才换来至高无上的权力，若有人不尊重他的帝位，那就要挑衅他的权力，这让他既恼火又感到危险。

吕雉也确实不像话，先是私自杀了韩信，事先不打招呼，现有自作主张把彭越带回。这种做法从根本上说，就是一种擅权的表现。

擅权就是篡权的萌芽状态。

必须扼杀这种萌芽状态，但刘邦也不好直接对吕雉发飙，便索性把押送彭越的几个官员全部撤职查办。

吕雉得知后，心想刘邦误解自己的意图了。于是，她连忙去和刘邦说说私房话。

“可知我为何把彭越带回洛阳来吗？”吕雉开门见山地问。

刘邦不做声，面沉似水。

“我是为你着想。”见刘邦不答，吕雉又说。

刘邦斜睨吕雉一眼，心里骂了一句难听的。

吕雉也不避刘邦的目光，解释道：“那彭越是何等人物，他从一介草莽，做到诸侯王。可见此人能力非凡，你将他流放至蜀地，实在不是一个明智之举。”

“哼！”刘邦气咻咻问，“如何才明智，留用他？”

“不，”吕雉斩钉截铁道，“不要流放，要杀了他。”

此言一出，颇出乎刘邦的意料，愣了一下，转而问：“流放和杀有何区别？”

吕雉正色道：“流放，等于养虎为患，一有机会，他便会东山再起，记你的仇，叛乱是一定的，杀了他，便不留后患。”

刘邦暗叹：“还是你狠！”

什么叫最毒不过妇人心，这就是了。其实，权力有毒，无论男人或女人被它吸引，心肠就会无比坚硬和锋利。

当即，刘邦采纳了吕雉的建议。

可是，自己已经发了流放彭越的诏令，此番朝令夕改，恐不能服众，引起群臣内乱。

吕雉看出刘邦为难，便自告奋勇说，此事就交与自己处理。

NO.4 肉酱自助餐

吕雉很有心计，她知道若要改变刘邦的诏令，定彭越死罪，必须得让彭越再次入狱。

于是，吕雉想了一个损招：陷害。她命人买通了彭越的一个舍人，这个舍人，曾随同彭越一起被流放到蜀地。

吕后暗中给此人些好处，授意他告发彭越回到洛阳之后又策动家人反叛。

如此，彭越再次入狱。

彭越混到现在这个地步，麾下已无一兵一卒，就算真想反叛，也早已是力不从心。但正因如此潦倒，想定你什么罪名，就定你什么罪名。

审判也是走个过场。新上任的廷尉吃透了吕雉的意图。他根本不查证据，不问事实，只单凭一个舍人的诬告便一锤定了案。

于是，彭越被砍头，头颅悬挂在洛阳闹市。

之后，刘邦传下诏令——胆敢收殓彭越的，立即逮捕。

有此诏令，谁都不敢伸出脖子去挨宰。唯独一人，居然跑去祭奠彭越。

此人便是栾布。

说到他和彭越的交情，不得不提及率先反叛刘邦的臧荼。

臧荼成为燕王后，拜栾布为将军。臧荼谋反被捕，栾布也未能幸免。他的家人找到彭越，彭越向刘邦说情，把栾布赎出，任命他为梁国大夫。

因此，彭越当算栾布的救命恩人。

彭越被再次押回洛阳时，栾布正在齐国出公差，听到消息，他连夜赶回洛阳，只见彭越的人头悬挂于市。

栾布扑通跪在彭越的人头下，号啕大哭，并摆上祭品祭奠。

守吏见此情景，当即就把栾布逮捕，押解回宫。

刘邦很气愤，亲自审讯栾布。

刘邦问：“彭越反贼，我明令禁止任何人收殓，你竟去祭奠，难道你们是同伙？。

栾布高声道：“我死不足惜，但有些话要讲——当年，皇上败走彭城，困在荥阳、成皋间，项王之所以不能向西进逼，与汉军共拒楚师。在那个关键时刻，彭王向楚则汉破，向汉则楚破。尤其是垓下一役，若没有彭王鼎力相助，项羽也不会灭亡。待到天下已定，彭王功封梁国，皇上仅是为了让彭王出兵，彭王因病未能随驾，就怀疑彭王要谋反，又找不到谋反实据。如此下去，臣恐怕往后功臣会人人自危，谁还信任陛下呢？”

栾布这番话说得入情入理，刘邦为之所动，便赦免栾布无罪，并升其为都尉。

这一举动，让群臣十分意外。

栾布则更意外，他从死罪的危险境地平步青云了，都尉做到燕国宰相，又晋升将军，直至封侯。

究其原委，是他的话触及作为一个皇帝的根本利益，这个根本利益就是权力的维护。

刘邦擢升栾布，并非觉得自己有错，而是利用奖赏栾布，笼络以及安抚群臣动荡不安的心。

可是，吕雉在这个事情上，却做得又狠又毒辣。彭越死后，她命人把彭越的尸体剁成肉馅儿，又将肉馅做成肉酱。史称：醢刑。

把一个人折磨到这个份上，也就够了。可是，吕雉还没完，她又用了一招杀鸡儆猴。把“彭越牌”肉酱分赐给各路诸侯品尝，自助餐，想吃多少，自己看着办。

那些诸侯见到这个特质的肉酱后，无不惊骇。

说起来，猪天天遭受人类的醢刑，司空见惯，不觉狠毒，人对人施以醢刑即觉人心之狠毒了。这种狠毒来自于对权力的追求。吕雉如此，刘邦其实也如此。

韩信被竹签刺死，彭越被做成肉酱。这两件弑杀开国功臣的事件举国震惊。

大家都知道，这两个事件，都是皇后吕雉亲手参与实施的。

作为幸存者的淮南王英布，这日正在狩猎，忽然有人送到彭越的醢肉，他立刻汗毛倒竖。他有一种深刻的预感，他将来的命运，恐怕与韩信、彭越一样凄惨，而且，这一天似乎不会太远。

他想起韩信说过的一句话“狡兔死、走狗烹；帝国破、谋臣亡”。

面对着彭越尸首做成的肉酱，再回想起韩信的话，每一个字都像冰锥一般刺入英布的骨髓。

从这时候开始，英布便暗地加强自己的军备与防务。他想，如果大难临头的一天到来，他绝不会和韩信、彭越一样束手就擒。

回头再看刘邦。

韩信、彭越事件虽然已经平息，刘邦心里却没有因此而轻松，反倒更添了一块心病。

这个心病就是吕雉。

韩信、彭越是谋反，而吕雉是擅权。

谋反与擅权，哪一个对自己至高的权力威胁更大呢？显然是后者。谋反是釜底抽薪，但要抽成功了才行，而擅权很直接、很巧妙，在不经意中就掠夺了你的权力。

刘邦开始后悔自己下的一条政令，那就是当自己离开中央时，由吕后和萧何辅助太子监国。

他很想废除这条政令。可是，此令从楚汉战争时期就开始实行了，群臣都有一个共识，凡事既听皇上的，也听皇后的。这种局面导致结果很可怕，一旦刘邦驾崩，太子又懦弱，朝政大权势必会落到吕雉的手上。

有了这个担忧，刘邦又把易储的问题提了出来。

NO.5 神秘高人

对于易储，丰沛系的老臣是坚决反对的。刘邦为了易储，不得不亲手培养提拔一批政坛新锐，和那些老臣抗衡。这样，在廷议易储时，才不会形成一边倒的局面。

如此一来，最感到恐惧的人是吕雉。她向那些丰沛系的老臣求助，可谁也没给她一个好主意。只有人给他一个建议，让她去找张良出谋划策。一是张良智谋过人，二是刘邦对张良的计策几乎都乐于采纳。

吕雉便派自己的哥哥吕释之去拜见张良。

张良本不想沾染上这事儿，可经不住吕释之的一再恳求，只好出了一主意，他说刘邦曾昭告寻求天下贤士，当时，有四位贤士想招却没招来。因为他们觉得刘邦傲慢无礼，就躲进山里，坚决不做汉臣。

其实，刘邦对这四位贤士非常尊重，如果让太子刘盈写一封亲笔信，再派一个口才上佳的说客，带上金银去邀请，或许他们会出山。若来了，就热情款待，让他们随同太子入朝。如此这般，皇上一定惊讶异常。此事若成，或许就可保住太子地位。

得此良策，吕释之赶紧通报吕雉。

吕雉依计而行，派说客去恭请那四位神秘的高人。

这四位神秘的高人，被称为“商山四皓”。

高人确实很高，不仅住得高，谱也摆得很高，无论使者如何游说，都不肯出山，只写了一封信叫使者带回。

信中的意思很明白，说我等四位老朽深居山林，从未踏进宫门，从未见过朝廷的模样，在山野里，我们采食，看星转斗移，才知时日过去，眼见霜雪盖枝叶，才知季节变换。这样日子，无比惬意，只求如此终老此生。

张良读完信，仍不甘心，再次挑选说客，带上厚礼上山去恭请“商山四皓”。

终于，“商山四皓”被张良和太子诚意所打动，答应出山。

四位神秘高人到了长安，吕雉并没让他们进宫，而是把他们暂时安置在吕释之府中。

说来也巧，这四位爷刚在在吕释之府落脚，刘邦就病倒了。而且病得比较严重，浑身没有一点儿力气，心情也很糟糕，不愿见任何人。就连戚夫人也不能进他的寝宫，他身边只有一个太监留守侍奉。

刘邦这一病，连续数日不上朝。皇帝不问政事，注定是个危险的事情，刘邦病卧宫中不久，传来一个惊人的消息——淮南王英布举兵造反了。

英布为何谋反？这还得从他的宠姬说起。

众所周知，英布有一位非常漂亮的宠姬。虽貌美，却体弱多病，有点儿林黛玉的意思。

于是，这位宠姬经常要去看医生。侍奉她的人，便给物色了一位私人医生。

这位私人医生与朝中的官员中大夫贲赫住对门，贲赫心里打着小算盘，他一直想和英布套近乎，现在正是一个机会。

于是，每当英布的宠姬来看病时，贲赫就跑到对门来嘘寒问暖，还常常送一些礼物给英布的宠姬。一来二去，贲赫和宠姬熟络了。宠姬也是有点太浪了，有时看完病不走，就在医生家里和贲赫一起饮酒。

英布得知此事后，醋意大发，心想贲赫竟敢对自己的女人图谋不轨。一怒之下，就要派人把贲赫逮来治罪。

贲赫知道后，吓得不轻，连夜逃往长安。诬告英布谋反，说英布已经集结起军队了。其实，英布只不过派出了一个捉奸夫的小组。

相国萧何不相信贲赫的诬告，他给刘邦出主意说，先将贲赫关押起来，再派人去六郡调查清楚之后，再做定论。

贲赫去往长安，英布心里七上八下，又一听刘邦派使者来了，生怕自己和彭越、韩信一个下场，于是决定先下手为强，真的就起兵造反了。

英布打仗极厉害，他一路过关斩将，先是击杀了荆王刘贾，后又进攻楚国，楚王刘交发兵迎战，刘交又大败逃入薛县。

几个胜仗打下来，英布雄心十足，他对手下将士宣言道："皇上年事已高，断然不会亲自出征。他麾下的将帅中，除去韩信和彭越，其他的人都不足惧，而韩信和彭越已不在人世了！"

将士听了他这番话，士气猛增，作战更为勇猛。

英布谋反的消息，飞一般传至长安，朝野震惊。

刘邦尚在病中，身体没康复，又听闻这个丧信儿，脾气更坏了。他下令，命太子刘盈挂帅，征讨英布，同时，他宣布废去英布王位，册封当年的东垣美人所生的刘长为淮南王。

吕雉得知刘邦的命令后，赶紧去找那四位神秘高人，向他们讨要主意。

四位神秘高人很果断，意见也一致，他们说，太子不能挂帅。因为他已是储君，如果挂帅出征，即使有功，对他也不会有什么帮助；万一失败，正好给人一个无用的把柄了。如此一来，废立之祸就在眼前了，眼下，必须马上阻止。

吕雉依四位神秘高人之计行事，在刘邦面前哭天抹泪，苦苦哀求刘邦收回成命。

刘邦却不答应，他说，这正是太子建功的时候。

吕雉又给刘邦分析，韩信不在了，彭越也死了，如今天下独一无二的枭雄便是英布，太子统领您的旧属出征，无疑是羊入虎口。此乃其一。其二，英布一旦得知您不能亲自出征，一定会改变退保淮南的战略，而是直接进攻中原。虽然，您现在身体不适，但您只要坐在辎车里指挥，众将领一定拼死尽力。为了江山，皇上您也只能受些劳苦了。

这番话说得刘邦无从反驳，他只好收回让太子刘盈挂帅的成命，改为自己御驾亲征。

此时，更要命的是，张良的身体也不行了，无法随军出征。少了这条臂膀，刘邦更是抑郁。

在霸上，张良与众臣为刘邦送行。

张良对刘邦建议说，将原属周勃等直辖的上郡、北地、陇西等郡的车兵、骑兵约三万人，交给刘盈调遣，成为太子卫队，驻守霸上，以防有变。

刘邦确实很听张良的话，他当场就同意了。

吕雉成功了，她的这次成功，对于她以后掌握朝政大权起了决定性的作用。

事实证明，在每一个权力的角斗场中，都隐藏着神秘的高人。

第十章

NO.1 腐败是一种自保

刘邦平叛的能力相当强。

此番御驾亲征英布，又是全胜而归。不但收拾了英布，还搂草打兔子，顺手把叛将陈豨的残部也收拾干净了。

吕雉闻听刘邦凯旋，她赶忙派夏侯婴等官员出城迎候。

刘邦很疲惫，回到长安后就直接去了未央宫歇息。翌日，便有人向吕雉报告：相国萧何被关进牢狱了。

吕雉摸不着头脑，刘邦此次御驾亲征大获全胜，正是兴高采烈的时候，怎么一回来就把相国给关押起来了？萧何犯了什么错？

吕雉想不出原因，便将夏侯婴、周勃等一班老臣唤至长乐宫，问询事情原委。

原来，刘邦的车驾进城时，道路两旁跪了好几千人告御状。民众拦驾告状，指不定有多大的冤情呢。刘邦叫人将状子收来一看，被告人竟然是萧何。

那些民众告他强行以低价购买百姓田宅。

刘邦将信将疑，坐在未央宫里琢磨。萧何得知刘邦回来，便跑去问候。

刘邦似笑非笑地说："相国如今也开始盘剥民众了。"

萧何一愣，刘邦把状纸交给萧何看。

萧何看罢，承认确有此事，但这并非自己的意愿，而是别人给出的主意。

这让刘邦更不解了。萧何为人精细、谨慎，一贯勤政爱民，别人为何给他出这样的主意，谨慎的他，又怎会轻信他人？

谁也想不到，这桩强买民众土地的案子，是萧何自己陷害的自己。

原来，刘邦亲征英布时，对长安很不放心，三番五次打发人回来询问萧何的情况。

刘邦这般多疑，让萧何很害怕。手下人对他说，相国您如今位极人臣，权位和名誉已经达到了无以复加的地步，百姓也拥戴您，皇上怎么会不猜忌您呢？"

此一言，让萧何更惶恐，想来想去，他认为，当下之计就是尽快把自己的名声搞臭。

一个朝廷的最高级别的官员，如何能迅速地把自己搞臭呢？很简单，那就是低价强买百姓的田产。百姓保准咬牙切齿痛骂，这样一来，名誉被污。民众怎么看待自己是小事，关键是让皇上觉得自己没有野心。

主意打定，萧何说干就干。他赊欠压价的方式，霸占了不少民田民宅，同时还收受贿赂，把没干过的坏事都干了，而且是大张旗鼓地干，唯恐天下人不知。

此番遭到刘邦质问，萧何还不承认自己的错误，只向刘邦请求说，长安城中的土地，本就不多，上林苑中有很多空地都荒废着，请陛下将其让出，供百姓耕种。

妈的，刘邦一听火冒三丈，这厮强夺了民田，又受贿，不认错也罢，还反过来为民请命，想动我上林苑土地！

盛怒之下，刘邦传令廷尉，将萧何打入牢狱。

萧何下狱，吓坏了一帮跟随刘邦打天下的老臣。他们挺想为萧何说说情，可也只是想想，谁也不敢真去。

刘邦这时候也很难受，他此次亲征平叛，虽然大获全胜，但却受了箭伤，这两天箭伤复发，脓血长流不止。

这个时候谁去说情，无疑是找死。

在这种情形下，吕雉却托了一个人去给相国萧何说情。

受吕雉之托的人，是侍奉刘邦的王卫尉，他和赵尧一样，是刘邦亲自提拔起来的政治新锐。

王卫尉假装不知萧何犯了什么事，他找了个刘邦心情稍微平静的时候问：“相国到底干了什么，陛下要把他打入牢狱？”

“受贿。”刘邦道，“巧取豪夺民田，还打我上林苑的主意，想拿去再讨好百姓。”

王卫听后，给刘邦分析说，陛下与项羽争战多年，后又多次御驾亲征平叛，都是相国萧何镇守、经营关中，如果他又有异心，后果不堪设想，如此巨大的利益他都不在意，怎么会贪图商人给的一点儿小利呢？

这番话刘邦听来很不是滋味，但又不得不承认很有道理。

最终，他还是决定赦免萧何。

萧何被无罪释放，吕雉非常高兴。可这事刚刚过去，一个更让她烦恼的事情又来了——刘邦再次提出易储的问题。

刘邦在此时提出这个问题，是因为萧何刚出狱，绝对不会和他对着干。事实上也是如此。可是，刘邦没想到，萧何不反对，周昌也没在朝中，却有一个人跳出来强烈反对。

此人就是太子傅叔孙通，他举出春秋时期“骊姬之乱”的例子。

晋献公，宠爱骊姬，骊姬是个有理想的女人，她的理想是让自己亲生儿子奚齐当上太子，以后继承君位。于是，这个女人用计陷害已立的太子申生。让申生将下了毒的酒肉献给晋献公，晋献公误以为太子要谋害自己，愣把申生给绞死了。死了一个还不够，骊姬觉得申生的弟弟重耳和夷吾仍具威胁，又陷害这哥俩儿。晋献公再次上当，派兵攻打蒲城，讨伐重耳。重耳被迫从蒲城逃亡到狄国。

因此，晋国才有了数十年内乱，成为天下笑柄。

刘邦越听心里越不是滋味。

末了，叔孙通跪在地磕头，把头都磕流血了，声称：“如果陛下一定要废太子立少子，臣愿血污此地。”

他这一跪一磕头，许多大臣也效仿，一起跪下。搞得刘邦无可奈何，只得退朝，易储之事只得再议再议。

再议就不是让步，只是暂时的搁置，绝不会就此罢休。

这一点，吕雉非常清楚，刘邦不会忘了这件事，即便有所懈怠，那狐狸精一般的戚夫人就会提醒他。

虽如此，吕雉并不慌乱，她有四位神秘高人出谋划策，心里多少有些底气。

只是这一回，叔孙通站出来力挺太子，倒有些出乎她的意料。在她的印象中，叔孙通是那种唯唯诺诺的儒生，绝不能成为大汉王朝的脊梁，没想到自己看走了眼，这叔孙通还挺硬气。

对于叔孙通力挺太子的举动，刘邦也很意外。但他没想到，就在两天后，他见到了更让他意外的人。

NO.2 遗嘱

两日后，未央宫张灯结彩，举行庆功大宴。庆祝刘邦御驾亲征平叛成功。

刘邦本想借着庆功会把易储的事，再提一提。可宴会刚开场，刘邦的瞳孔就放大了——他看见太子身后，站了四个须眉斑白、气度非凡的老者，看岁数都近乎于耄耋之年。

这四位爷是谁？刘邦很疑惑，命人去询问。

片刻，有人回禀，那位爷就是大名鼎鼎的“商山四皓”。

刘邦惊疑，心想屡次求这几位爷出山辅助我，就是求不来，还跑到深山老林里躲着，今日怎会陪伴于太子左右？

唤来四位老人问询。四人的意思很明白，说陛下您历来看不起读书人，不是嘲笑，就是责骂。我等受不了这份侮辱，所以躲起来。现在，听说太子恭敬贤士，天下的读书人都很高兴，因而我等就来辅佐太子了。

刘邦听完，心里有些酸，不过仔细想想，他们能辅佐太子，也是大汉江山的福分。

于是说，那就烦劳四位老先生辅助调教太子吧。

四位高人向刘邦敬了酒，匆匆离去。

之后，刘邦对戚姬道：“这易立太子之事恐怕是不成了，如今的太子有‘商山四皓’辅佐，羽翼已日渐丰满，无法轻易废立。”

戚姬听罢，潸然泪下。

易储失败，戚夫人伤心，刘邦抑郁。两人都很清楚，如果不立戚姬所生的刘如意为太子，刘邦一旦驾崩，戚姬母子的性命就很难保全了。

心情抑郁，刘邦的病就更重了。

在这一场权力争夺中，吕雉无疑是最后的获胜者。

从实力对比来说，戚氏是完全无法与之匹敌的，吕后的兄弟在朝中已有势力，是她的强大后盾；另外，那班开国功臣早在沛县和她就建立了感情，刘邦易储失败，其阻力正是来自那些老臣。

最关键的是，吕后在争权夺利的政治斗争中，积累了丰富的经验，其手腕和掌控大局的能力已经超强。

再看戚姬，她的后盾只有一个，那就是老朽病重的刘邦，她的特长只是会些歌舞。

刘邦自知，生命已走到了尽头。

回顾这一生，过得太快。从他渴望得到权力的那一天起，日子就开始飞奔，不经意中，他就老了，老得即将离开这个世界。他的确获得了至高无上的权力，然而，这权力转瞬即逝，眨眼间就会归于自己的子孙。

他有太多的牵挂，太多的舍不得。其中，最让他放心不下的，就是戚姬母子和太子刘盈。

他已经预料到戚姬的凄惨下场，这一点让他很伤心。伤心的同时他又害怕，他怕太子刘盈担负不起国家的重担。

在生命最后的时刻，他做了最后一件事——立遗嘱。

遗嘱中，他叮嘱太子要读书，他说自己年轻时一直认为读书无用，所以秦朝颁布禁书令时特别高兴。然而，他当了皇帝后，方知读书之重要，这一点让自己尤其悔恨。

然后，他说到尧和舜，这俩人没有把天下传给自己的儿子，而是禅让给别人，是因为他们的儿子没有当国的能力。你是嫡长子，我早就想扶立你。大臣们称赞你的朋友“四皓”，我都不能让他们效忠辅佐于我，他们却心甘情愿为你效力，由此可见，你是能担当大事的。

接着，刘邦又提到萧何、曹参、张良、陈平等一班老臣。

他说，这些老臣是我的同辈，你的长辈，你要尊重他们。

最后，他将戚姬母子托付给太子刘盈。

刘邦很了解刘盈，这个孩子宅心仁厚。或许，他可以保全戚姬母子。

刘邦刚立完遗嘱，吕雉就带来一个号称专治金疮的名医。

这名医探查刘邦的病体之后，已知无药可救，但他为了领赏，却假意安慰说，此病只需服药调养，不几日即可好转。

此时的刘邦虽然病重，但头脑还是清醒的，他从名医的神色就看出这是一个江湖游医。可是，他没有力气痛骂游医，只说这是自己的天命，就算扁鹊在世也无济于事。

这个江湖游医领了赏后，悄然离去。

从此，刘邦不再见任何医生，也不服药。

他终日恍恍惚惚，精神萎靡，时而清醒，时而混沌。趁他清醒时，吕雉来到他枕边问："萧何也年事已高，若陛下百年之后，谁可以继承相国一职？"

"曹参可继任。"刘邦艰难地说。

"曹参以后呢？"吕雉又问。

"王陵可以继任。"刘邦缓了口气，接着有气无力地说，"可惜，此人心性憨直，忠诚有余，智谋不足。若他任相国，需陈平辅助。而陈平虽有智谋，却无定力，需周勃监督。可委以周勃为太尉，如此，天下可安。"

"周勃以后呢？"吕雉继续问，"谁可继任？"

刘邦不再回答，他慢慢闭上了双眼，他想，这以后的事，你管不了，我也管不了了。

NO.3 后宫血案

公元前195年六月一日，刘邦在长乐宫病逝，享年六十二岁。

之后，年仅十七岁的刘盈登基，史称汉惠帝。吕雉被尊为皇太后。

吕后被尊为皇太后，居住在长乐宫，皇帝刘盈住在未央宫，有事情就得去长乐宫朝见皇太后。朝廷政事，大臣们也去长乐宫报告。

此时，汉朝廷的大权，实际上全掌握于吕后一人之手。

掌握了大权的吕后，发誓要把后宫那些曾经的眼中钉肉中刺全部清除掉。她们全部是骚媚的狐狸精，全部是不要脸的“小三”。其中，最不能放过的，当然就是戚氏了。她是极品“小三”，曾经把刘邦搞得魂不守舍，几乎害得吕后丢失了一切。

吕后恨戚氏，恨她的一头青丝长发，恨她的身段，恨她的眼神，恨她的粉臂玉腕，恨她的才艺表演，恨她在刘邦面前的一颦一笑。这种恨压抑而绵长，如今终于可以肆无忌惮地爆发了。

吕后囚禁了戚氏，下令剪去戚氏的一头飘逸青丝。身着褐色囚服的光头戚氏被关押在长乐宫的永巷内。在潮湿阴暗的牢房中，戚氏没有同伴。刘邦在世时，她受尽宠爱，却也结下不少仇怨。那时，她是嫔妃们嫉妒的对象，如今，她是嫔妃们嘲讽的工具。虽然都被吕后关在这里，但很明显，戚氏的处境比谁都艰难。她身体受苦，心灵更加空虚和孤独。

关押在永巷的嫔妃宫女都要做苦役。戚氏做的苦役是舂米。每天限定舂一斗。没完成工作，就没饭吃。戚氏从小到大没有干过重活，她的一双嫩手，纤纤玉指，从来都是用来拨琴弦丝竹的。现在，这双手要拿起沉重的舂杵，一下一下地舂米，周而复始，日复一日，每一天都累得头昏眼花。

此时的戚氏可以说是痛不欲生，她的未来几乎没有什么指望。她心里唯一牵挂的就是儿子刘如意。这份牵挂不仅是思念，更多的是担忧。她想，吕后是不会放过刘如意的。

在做苦工的日子里，戚氏自编自唱了一首歌，这首歌充分表露了她对儿子的思念。歌词是这样的：子为王，母为虏，终日舂薄暮，常与死为伍。相离三千里，当使谁告汝。

戚氏的声音仍然很美，只是柔美中多了无尽的哀怨。这首原创歌曲凄婉而悲凉。在永巷里回旋，最终飞到了吕后的耳朵里。吕后不禁打了一个冷战，刘如意，怎么把他给忘了？这小子是一个后患，必须除掉。于是，吕后立刻派人去邯郸，召赵王如意回京。

使者到了邯郸，赵王的丞相周昌说，赵王患病，不能离开邯郸。使者连跑三趟，都被堵了回来。赵王真的有病吗？没有。因为周昌很清楚，赵王一旦回京，必遭吕后的毒手。而且，赵王的母亲戚氏也会被一同处死。可使者来了一趟又一趟，赶都赶不走。周昌索性把话挑明：太后痛恨戚氏，众所周知，如今把赵王召回京师，就是想将他母子二人一同杀害，臣不敢奉诏。

使者没办法，回去禀告了吕后。吕后很生气。但她又拿周昌没办法。当年刘邦要废黜太子刘盈，周昌也是那一句“臣不敢奉诏”，结果，刘邦也拿他没辙。这个周昌就是那么牛，如果没有他，刘盈当不了皇帝，吕后自然也就成不了太后。说不定，如今舂米的是她，而不是戚氏。说起来，周昌算得上是吕后的恩人。这个恩人很棘手，杀不得擒不得。怎么办？吕后想出了一个调虎离山的办法。把周昌调到长安来工作。这么一来，赵王如意便没了挡箭牌。

周昌这回不敢不奉诏。你再牛也不过是个臣子，不能什么事都甩出一句“臣不敢奉诏”，调动工作很正常，朝廷需要你，没理由抗旨。

周昌到了长安，先找到刘盈，让他保护赵王如意。刘盈性格有些懦弱，但心地很善良，他没能让戚姬逃过母后的毒手，觉得很内疚，如今，他下决心要好好地保住刘如意。然而，刘盈过高地估计了自己的能力，他这个皇帝实在是有名无实。

此时，吕后又派人去了邯郸。这一次，没了阻挡，使者轻而易举就把刘如意带了回来。刘盈亲自到霸上迎接，把刘如意接到自己所住的未央宫内。自打这一天起，刘盈就和刘如意形影不离，同桌而食，同榻而眠。晚上促膝谈天，早起外出锻炼，感情甚洽。吕后想下手，却一直捞不到机会。

这样过了两个月，安然无恙。刘盈也放松了警惕。这一天，刘盈早起去打猎，叫刘如意一起去。如意年纪小，十分贪睡，赖在床上不肯起，刘盈只好把他留在寝宫，独自走了。谁知，这一别竟是永别。刘盈在外打猎，吕后就派人在未央宫内把刘如意当猎物打了。

未央宫内，早就布满了吕后的眼线，机会一出现，吕后立马派武士潜入刘盈寝宫，用一条布勒死了年仅十多岁的刘如意。

关于此桩血案，《史记•吕太后本纪》中的记载是“太后闻其独居，使人持鸩饮之”。用布条勒死，是野史《西京杂记》的说法。按常理推断，《西京杂记》中的说法更为可信。因为刘如意当时才十几岁，武士怎么可能让一个十几岁的孩子喝酒呢？

刘盈打猎回来，得知如意已死，号啕大哭，他对母后的恐惧又加深了一层。他断定这是母后一手操纵的血案。但他没料到，更为残酷的血案还在后面，他将亲眼目睹真正惨绝人寰的一幕。

赵王如意一死，戚姬的死期也就不远了。此时的戚姬，万念俱灰，她宛如吕后手里的一只昆虫，吕后只需轻轻一捏，她瞬间便会香销玉殒。然而，吕后并不想让她痛快地死去，她要让她品尝世间最不堪忍受的四个字——生不如死！尽管她们都是女人。

吕后开始玩儿命地折磨戚姬。每一次折磨，都是一种恨的宣泄。

戚姬的头发早被剃光了，她的眼睛依然美丽，嗓子依然动听。这些，都曾让刘邦迷恋而不能自拔，自然也是吕后心中烈火一般的恨。

吕后派人给戚姬灌下一杯酒，不是毒酒，而是哑酒。戚姬喝下，拼命抓挠自己的喉咙，她竭尽全力也再喊不出一点儿声音。

接下来，就是眼睛。戚姬那双顾盼流波的眸子，无数次勾走了刘邦的魂魄。吕后派去的人，用两只月牙形的钳子夹在戚姬的双眼上，一使劲，整个眼球被夹了出来，眼球连着丝丝滑腻的肉筋，血淋淋地落在精致闪亮的银盘里。

不知道吕后看到了这双眼球后，背脊会不会升腾起一股寒意。

也许不会，戚姬那双光亮的眸子，脱离身体后会很快地暗淡，干瘪了，犹如蜡烛熄灭。

此时的戚姬，又瞎又哑。但她还能听到声音。就连这一点，吕后也不允许，她下令，用香烛将戚姬熏聋。史书上没有记载，戚姬是什么时候听到儿子刘如意的死讯的，如果是熏聋之前的一刻听到，那么，她在人世间听到的最后一句话，就是儿子身亡的噩耗。

吕后当时有没有这样做呢？无从所知。

总之，此时的戚姬，饱受精神和肉体双重折磨，宠爱她的刘邦死了，儿子刘如意也死了，她在这个世间，再无牵挂再无希望，一眼望不到头的苦痛人生不堪重负，若是饮一杯毒酒，脖颈上挨一刀倒是一种解脱。然而，此时的她，连死也是一种奢望。吕后的宣泄还没有结束，她还痛恨戚姬的四肢，它们曾在刘邦面前舞蹈，一招一式都是那么轻佻妖艳，诱惑无穷。吕后自然不会放过，她再次下令，砍掉戚姬的双臂、双腿。

此时的戚姬，很难再被称为“人”。她既瞎又哑又聋，没有四肢，没有头发，只有一截短小扭曲的身子，看上去异常古怪。这样一个东西，该关在哪里呢？扔到厕所里去！吕后无比厌恶地说。

当时的厕所，是和猪圈连在一起的。戚姬被关进厕所，等于是和猪关在一起。当时的猪，称为“彘”。于是，吕后给了戚姬一个新的身份——“人彘”。

过了几天，吕后发出了她狠斗“小三”的最后一道命令，派人去请刘盈前来观赏“人彘”。刘盈到了现场，看了一眼地上迟缓爬动的怪物，吓得当场大哭，几次昏厥过去。回到未央宫，一病不起，卧床一年，不能理朝政。身体恢复以后，刘盈也不理朝政，终日沉湎于酒色。他认为，吕后的残酷行为，不是人能干出来的，他作为吕后的儿子，实在没有颜面治理天下。

NO.4 无为而治

刘邦死后，吕雉权欲熏天，刘盈仁慈懦弱，汉王朝陷入风雨飘摇之中。

在这段日子里，最操劳最辛苦的人便是相国萧何了。

萧何为汉朝开国作出的巨大贡献，是不言而喻的。而且，他一直小心翼翼，如履薄冰般谨慎。

可是，现在的萧何，已经太老了。公元前193年七月初五，心力交瘁的萧何，终于一病不起。

萧何卧病不起的时候，惠帝刘盈曾到相国府探望。

病榻前，惠帝问奄奄一息、生命垂危的萧何："相国，您不在了，谁能接替您呢？"

萧何道："知臣者，莫过于陛下也，我心中的人选，陛下应该很清楚了。"

惠帝想了想，又问："以相国之见，曹参如何？"

萧何流泪道："陛下如此贤德，臣死而无憾矣。"

萧何为何力挺曹参？不单因为他与曹参是多年的挚友，更重要的原因是因为他非常了解曹参。

曹参虽为一介武夫，但却不是一个四肢发达、头脑简单的人。他有政治头脑和见识。当年，刘邦当上皇帝后，封长子刘肥为齐王，曹参则任齐相国。他的执政能力是有目共睹的。就眼下的形势看，吕雉权欲膨胀，外戚蠢动，正需要曹参这等有资历、有能力，又有政治见识的人物来平衡朝廷中各派的政治力量。

萧何挺曹参，是他为汉朝做的最后一件政事。做完这件事之后，他撒手人寰。

再说曹参，在听到萧何去世的消息后，他便当即吩咐自己的舍人道："赶紧为我打点行装，我即将入京了。"

舍人摸不着头脑，问曹参进京做什么。

"做相国。"曹参的回答干脆而有力。

舍人将信将疑，老老实实地收拾行装。

果然，几日之后，惠帝传来了诏书，任命曹参为相国，令其即日赴长安就职。

走之前，曹参向自己推荐的接班人交代齐国的政事，说你的任务很简单，只要管理好齐国的监狱和市场就是头功一件。

继任者不解，监狱和市场难道比治国更重要吗?

曹参道：“你以为管理好监狱和市场是小事么？须知这两个地方，便是善人与恶人并存，鱼与龙混杂之地。这两处一乱，一国的秩序便乱了，因而我将此事作为头等大事托付于你。”

继任者这才明白了曹参的意图，所谓细节决定成败，做好监狱和市场的细节工作，齐国便会安定许多。

交代了齐国的事，曹参到长安走马上任。

朝廷中，上上下下，所有官员都把眼睛瞪圆瞪亮，要看看这位新上任的相国，萧何的继任者有什么过人的本事。

官场中有句俗话，叫新官上任三把火。大伙儿怀着无限期待的心情，看曹参有何动作。

可是没料到，曹参没有任何动作，连小动作都没做出一个。一切事情，他都按照萧何过去定下的规章制度办。譬如任用干部，他不选那些能言善辩、喜好舞文弄墨之辈。他认为这类人都是沽名钓誉缺乏真才实学的。因此，他专门选用那些不善言辞、行事谨慎、性情敦厚的人。

而且，曹参的工作效率也很低，很多公文积压着不及时处理，而且他上班喝酒，下班回到府中还喝。

朝廷上那些公卿大夫立马看不顺眼了，他们早也盼晚也盼，盼着这位新继任的曹相国治国的新举措，哪知道这厮升了官却不作为。得好好规劝一番。

于是，一帮人跑去规劝曹参。孰料，他们揣了满肚子的至理名言未及倾吐，曹参就拿出美酒，邀众人一同畅饮。其中有人刚想开口，曹参就向其敬酒，将对方的一腔肺腑之言堵在嘴里。

末了，一帮人喝得烂醉，趔趔趄趄地离席而去。

头一回劝解失败，这帮人还来，可每一次的结局都相同。日子一长，大家对曹参的不作为倒习以为常了。

作为相国，曹参终日纵酒放歌，底下的官吏自然上行下效。在相府的后花园里，常常聚集着一帮酒徒在喝在笑在作乐。有人看不惯这种景象，又不好直接告之曹参，就假意请曹参到后花园游玩，让他亲眼看看。

曹参到了后花园，只见一群官吏大呼小叫，一边喝酒一边唱歌。报告之人以为曹参会当即怒斥这帮烂醉的官吏，没想到曹参看到这幅景象，立刻受到了强烈的感染，吩咐人拿来美酒，与官吏们一同豪饮。官吏们便喝得更痛快，唱得更放肆了。

曹参昏天黑地的酗酒，又不理政事。惠帝心里直犯嘀咕，又不好直接质问曹参，就把曹参的儿子找来问话。

惠帝吩咐曹参的儿子曹窋说："你去问问你家老爷子，他新任相国，为何成天买醉不理政事，长此下去，天下不知会乱成什么样。"

最后，惠帝还嘱咐曹窋，你千万别说这话是我让你问的。

曹窋点头应允，可转脸就把惠帝卖了，把惠帝所言原原本本讲给曹参听。曹参听罢，勃然大怒，命人打了儿子两百大板。

打完，曹参给儿子下令，滚回宫里伺候皇上，国家大事你小子少插手！

惠帝知道此事后，在上朝的时候就责问曹参："为何要责打曹窋？"

曹参不慌不忙地取下头上冠，拿在手上，反问道："陛下您与高祖皇帝相比，谁更英明神武呢？"

这话把惠帝问得一愣，片刻说："这还用问，朕当然无法与先帝相比。"

曹参点了点头，仿佛很满意这个答案。接着，他又问："那么，陛下您觉得臣与萧何相比，谁更贤能呢？"

惠帝瞪眼看了看曹参，须臾，诚恳地说："说实在的，你恐怕比不上萧相国。"

"这就对了！"曹参拍手道。

看着曹参一副兴高采烈地样子，惠帝更蒙了。

曹参接着解释道："先帝与萧相国平定天下，国家法度也已建立齐备，臣以为恪尽职守，严格遵循法度就是最明智的选择。

惠帝登时醒悟，认为曹参言之有理。萧何制定的法令，严明周全，曹参接任相国，谨慎遵循，无为而治，天下庶民皆可安居乐业，这就是最大的贡献。

再想深一点儿，如今吕后权倾朝野，连自己这个皇帝都是个傀儡，何况曹参这个继任的相国。试想，倘若他大刀阔斧地推行新的政令，他的下场很有可能比韩信、英布、彭越等人还惨。

其实知道这个利害关系的不单曹参一人。张良和萧何也早就心中有数。张良装作逍遥似神仙以求自保，萧何则成天戴着假面具。他们自有一套，曹参学不来，他只能每日放纵饮酒，从而自保。

无为而治，有时候是一种政治手段，更是一种混官场的智慧。

NO.5 政治情书

汉高祖刘邦故去，相国萧何也故去。大汉王朝这艘巨轮在曹参的无为而治中行驶得还算平稳。然而，平稳只是表面，在这艘巨轮之下布满了暗礁。

内部，吕雉掌权，群臣之心纷乱；外部，匈奴蠢蠢欲动。

就在这个局面严峻之时，匈奴的冒顿王向汉朝提出了和亲。

冒顿王亲自给太后吕雉写一封关于和亲的信。信的大意是：我，作为一个君王，生于沼泽，长于荒野，可谓孤苦伶仃。皇太后您也刚死了丈夫，寡居宫中，心情一定也相当郁闷。我愿以我的所有，给您带来快乐。

这哪是和亲的信，简直就是一封情书，赤裸裸地向大汉朝的太后吕雉求爱。

吕雉读完这封情书，气得七窍生烟。她心里陡生一种被人欺负的感觉。自己刚刚守寡，这匈奴冒顿便如此猖狂地送来这样一封书信，明摆着就是想将大汉王朝据为己有。

过去，匈奴强盗屡次侵犯大汉边疆，已十分可恨；如今更为大胆和放肆了。这口气怎么也不能咽下去！

吕雉立刻召集臣下商议对策。

她先把这事跟自己的妹夫樊哙讲了。自从刘邦死后，在群臣中，樊哙是吕雉最信任和器重的人。当然，这不仅仅因为他们是亲戚关系。

要知道，刘邦在临死之前，为了削弱吕雉的势力。曾派陈平去杀害樊哙。陈平在押解樊哙回长安的途中，忽然收到刘邦驾崩的消息。顿时，陈平惊出了一身冷汗，昼夜赶往长安，直奔长乐宫，跪在刘邦灵前，差点儿哭昏死过去。

哭完，他立刻跑到吕雉那里，报告了刘邦让自己杀害樊哙的事情。意思是说，我没有执行圣旨，冒着掉脑袋的危险，才保全了樊哙的性命。

吕雉心中有数，她琢磨，没准儿杀樊哙的主意正是陈平给刘邦献的计。现在，刘邦已故，陈平便跑来倾诉。

心里虽这么想，但面上吕雉毫无表情，只是淡淡地回复陈平：“知道了。”

吕雉确实厉害，她心里很恨陈平，但却没有杀他。一方面，她担心杀了陈平，会引起连锁反应。毕竟，陈平是在执行刘邦圣旨，何况他最终并没有将樊哙就地正法。

因此，她不但没有处置陈平，反而善待。这既显示自己宽宏大量，又给自己增添了一股政治力量。

当然，对陈平，吕雉始终不信任，她最信任的干将非樊哙莫属。

再说樊哙看到冒顿给吕雉写的情书后，忍不住破口大骂，当即就向吕雉请命，愿领十万大军前去平定匈奴，击杀冒顿。

没想到，他这番铿锵有力的豪迈表白，当即遭到一个人呵斥。此人便是中郎将季布。他高声喝道："樊哙口出狂言，当斩！"

这一言令所有在场的人都大吃一惊！

季布却旁若无人地继续说："想当年，匈奴将先帝围困于平城，那时，我汉军尚有三十余万。如今樊哙只用十万人马，如何解围？那不等于是让大汉的将士去送死么？这样一来，天下大乱，你们说，樊哙该不该斩？"

这番话说得众人，包括吕雉以及樊哙本人都哑口无言。

而在场的几位文臣也人云亦云，一起攻击樊哙。吕雉听了他们的话，心里虽然气愤，但回想起当年刘邦白登山被围之事，也不寒而栗。她很清楚，凭现在大汉王朝的军事实力，要收拾匈奴是根本不可能的。

一些能征善战的老将已经故去，现存的将领，要么老弱，要么幼小，难以抵御如狼似虎的匈奴军。

只有求和，可怎么个求和法呢？人家送来了情书，最起码你得回复一封信吧。头疼的是，这回信该怎么写？

吕雉召来了谒者张释，让他代写回信。张释斟字酌句替吕雉表达心思。信写得很客气，说单于您让我们受宠若惊，只是现在我年纪大了，气力也衰弱了，头发也掉了，牙齿也缺了，没法满足您的欲望。我们这敝陋之地也一直没有冒犯您，还希望您宽宏大量。

这是一封忍气吞声、言辞卑微的信。堂堂大汉王朝，自称为敝陋之地，只求能够自保。堂堂汉王朝的太后，自称年老色衰，配不上匈奴王，难以满足其欲望，这真是把脸丢到姥姥家了。

单是这封丢脸的信，似乎还不足以打动冒顿单于，吕雉又下令，遴选了一些宗室女子，嫁给冒顿单于，作为和亲，另外，还送上了车马。

冒顿单于收到了吕雉的信和礼物，如数笑纳。他认为吕后是真诚的，便不再挑衅。

两封情书的来往，使大汉王朝的北疆又保持了一段时间的安宁与和平。

而就在这一年曹参病逝，按照刘邦生前的安排，王陵为右丞相，陈平为左丞相。

到了惠帝六年的时候，张良和樊哙也相继去世了，周勃被任命为太尉。不久，在最高军事长官的名单上又加上了在荥阳驻军的灌婴。

一帮老臣已去，汉朝进入了吕雉掌权的时代。

第十一章

NO.1 官场之上无敌友

汉惠帝无疑是个倒霉的皇帝，自从见识了吕雉的“人彘”事件，他便不理朝政，他既痛苦又恐惧，吕雉的残暴与专权时常让他不寒而栗。

在后宫，他过着声色犬马的日子，身体一天不如一天，很快支撑不住，于公元前188年八月驾崩，享年二十三岁，当算英年早逝。

惠帝死了，谁来继承皇位呢？张皇后年纪尚轻，没有为惠帝生下太子。太后吕雉便想了一条计策，从后宫的美人所生的婴儿中领养了一个孩子，取名刘恭，将之立为太子。但是，这位后宫美人，也就是刘恭的亲生母亲却被吕雉派人暗杀了。

刘恭即位后，由于年纪尚幼，朝政便由吕雉主持。从此，吕雉临朝称制。

惠帝去世的时候，在葬礼上，吕雉扯着嗓子干号了半天，眼中却没有一滴泪。此情此景，别人不曾察觉，单有一人看在眼里，记在心里。

此人便是张良的儿子，侍中张辟疆。这一年，张辟疆年仅十五岁，但聪慧过人，颇有其父张良之风。

当时，右丞相陈平就站在张辟疆旁边，他听到张辟疆问：“惠帝乃太后的独生子，如今驾崩了，太后虽然哭了，可哭泣中毫无悲伤之意，这是为何？”

陈平听到这个疑问句，吃惊不小，连忙一个劲儿摇头。

张辟疆见陈平不答，又自顾自地说：“看来，太后是怕你们这些元老重臣给她制造麻烦。我想，丞相如果让吕台、吕产、吕禄为将，接管禁卫军南北军的防务，并且，让吕氏的族人都入宫做事，太后便会心安，你们这些元老重臣也没有危险和祸患了。”

陈平听罢，暗暗钦佩，他在心里感慨道：这孩子，才十五啊！

转脸，陈平就依照张辟疆的计策，跑去与左丞相王陵商议。王陵虽贵为左丞相，行事却没有多少主见。陈平说怎么做，他便怎么做。

果然，不出张辟疆所料，陈平照其所言安排妥当后，吕雉便声泪俱下地哭起儿子来。

此时的吕雉，也许是真的伤心了。丈夫死了，儿子也死了，作为一个女人，她毕竟会有一种孤独的感觉。可是，过了不久，她的女儿，年仅二十六岁的鲁元公主也病逝了。

儿子去了，女儿也去了，这更加深了吕雉的孤独感。这种孤独感是双重的，家庭中，她失去了至亲；朝廷中，已分崩离析，分为两派。一派便是自己这一党，要夺权；另一派便是要保权。

眼下，汉朝的政局形同一个巨大的漩涡，有多少人会在这漩涡中被吞噬，又有多少人能够幸存下来呢？

吕雉想，必须拉拢更多能为自己所用的人。这样的人，最好是自己的娘家人。但要分封诸个吕氏，总要有个名正言顺的理由吧。

就在鲁元公主死后，她的儿子张偃被封为鲁王。这个事给了吕雉启发，既然张偃可以封为王，吕氏之人又为何不能呢？

于是，吕雉先召集几位重臣，来商议封王之事。

王陵首先提出异议，理由是，先帝刘邦早就与诸位大臣定下盟誓，非刘氏而为王，天下共击之。

意思很明确，如果封吕氏之人为王，天下都要共同讨伐。

这可把吕雉气坏了，但她只能强忍怒火不发作。

片刻，吕雉又征求陈平和周勃的看法。

这俩人就比王陵机灵多了，他们说，非刘氏而为王，天下共击之的盟誓，确乃先帝所定，因为天下是先帝平定的。如今可不一样了，太后您称制，晋封吕氏子弟是情理之中的事。正所谓，此一时彼一时也。

这个回答，吕雉当然很满意。可王陵很气愤，退朝后，他怒斥陈平和周勃，指责二人为了讨好吕后，竟然违背当初的盟约，这就是不仁不义，先帝在九泉之下岂能瞑目。

陈平和周勃受了指责，都不说话，只是淡淡地露出一丝苦笑。

其实，陈平和周勃一直有矛盾，相互戒备又相互提防，可是在分封诸吕的问题，却表现出前所未有的默契。

原因其实很简单，周勃虽然心性耿直，可是经过多年的磨砺，他的棱角已被磨平了。如果说，他以前是一块嶙峋锋利的怪石，那么现在，他就是一块圆滑的鹅卵石。

他很清楚，陈平已经义无反顾地投靠了吕后。当然，义无反顾这个词，从另一个角度讲，就是恬不知耻。

可无耻归无耻，识时务者为俊杰。周勃很清楚眼下的形势——吕雉身边多了一个陈平这般诡计多端的厉害角色，有什么事做不成的呢？提出分封诸吕，小范围征询意见，只不过是做做姿态罢了。他即便反对也没用，而且即便他、王陵、陈平一起反对，亦是徒劳无功。因此，他索性和陈平站在一起，附和吕雉的提议。

事实证明，无论是生意场上，还是官场之上，没有永远的敌人，也没有永远的朋友，只有永远的利益。

NO.2 关键人物

吕雉提出分封诸吕的意向，左丞相王陵坚决反对。可他没想到右丞相陈平和太傅周勃站在了一条战线上。

官场之上，是容不得王陵这般刚直正义，却没有多少头脑的人的。还好，王陵自己也看清了这一点，换句话说，他看明白了这场政治斗争的风险，为了规避风险，他毅然决然辞去官职，回家养老去了。

他一走，吕雉很欣慰，立刻提拔自己多年的贴心人审食其为左丞相，负责宫中的监管事务。右丞相陈平则负责处理政事。

然而，陈平虽然名义上负责政事，但实际上很多事情不由他说了算。原因是审食其和太后吕雉的关系非同一般。陈平亟须处理的政事，要等到上朝时，才能向吕雉汇报，审食其就不同了，他时常都在吕雉身边，有什么事当即就可以谈了，效率自然很高。

陈平深知审食其与吕雉的关系，因此他绝不与其争权。他决定以大局为重，不陷入朝廷中的内争。

左、右丞相定了，还有御史大夫一职，吕雉也打算找个可靠的人。遴选一番，她选定了上党太守任敖。此人想必你并不陌生，最早是沛县的狱吏，当初吕雉被关进县牢时，险些被强暴，是任敖危难之际显身手，援救了吕雉。

既感恩又信任，吕雉破格擢升任敖为御史大夫。

如此这般，朝廷中的首席领导队伍建立了位列三公的丞相、太尉和御史大夫，其中两个人，审食其和任敖，都是吕雉自己亲手提拔起来的，而陈平和周勃也明显表示支持太后，永远和太后并肩战斗。这样的情形，让吕雉十分满意。

有了这个首席领导团队做基础，趁此机会可以建立起更加牢固的吕氏政权，尤其是在各个封国，都要有自己的人。

吕雉是个谨慎的人，她不会因为开了个好头，而贸然行事。她先采取投石问路的方式，从追封死人做起。她首先追封自己的父亲吕公为吕宣王，追封自己的大哥吕泽为悼武王。

吕雉这个大哥吕泽也称得上是大汉朝的一员名将。早年，他起兵辅佐刘邦定天下。刘、项联合时期，他带来的队伍实际上是独立于刘、项之外的。项羽率军北上，吕泽率部策应，过河击秦。在后来的楚汉战争中，吕泽又参加了还定三秦的战役。

分封了这两位已不在人世的吕氏亲属，吕雉发现，群臣并没有任何过激的反应。于是，她进行了第二步，对皇族派进行分封，先是立惠帝刘盈的养子刘强为淮阳王，原来的淮阳王刘友则迁徙到赵国，封为赵王，并且将赵国的恒山郡独立出来，封为恒山国，将刘盈的另外一位养子刘不疑封为恒山王。

前两步完成以后，吕雉开始了第三步——安抚元功重臣。曹参的儿子曹窋、张良的儿子张辟疆、樊哙的儿子樊伉等，都相继得到了提拔和重用，连萧何的遗孀也被封为酂侯。

如此分封，各方各派的利益都得到平衡。朝廷上下，一派和谐。可即便如此，吕雉仍然不敢立刻实施她晋封诸吕的计划。因为“非刘氏而为王，天下共击之”盟誓的影响，实在是太深刻了。

就在此时，出现了一个关键性的人物，此人名唤田生，乃是齐国的一位游士。

田生早年穷困潦倒，幸运的是因为一次意外，被营陵侯刘泽看上了，便在刘泽帐下当了一个幕僚，给刘泽出了不少有用的点子，得到了刘泽的重用。

刘泽过生日的时候，田生精心给他的这位上司写了一首贺寿词，词中极尽吹捧，捧得刘泽飘飘然如升天一般。刘泽一高兴，就赏赐了田生二百斤黄金。

田生拿了这一大把金子，便不再为刘泽效力，独自回齐国去了。

两年之后，刘泽要用人，想起田生这个人，便派使者去找回了田生。

田生再次来到长安，却没有去见刘泽，而是自己租了一个大宅子安顿下来。然后，他指派自己的儿子去结交大谒者张释。

张释就是曾经帮吕雉给冒顿单于回信的那位，他虽是一个宦官，却深得吕雉的宠信。

田生的儿子与张释交往了几个月，还真把张释请到了家里。

张释到田生家里一看，大为惊叹，因为田家富丽堂皇。张释未及细问，田生便对张释说：“吕后辅助先帝成就帝业，功劳显著，可如今太后的年纪也大了，吕氏的势力却很弱，太后想立吕氏的一些人为王，却怕群臣反对，因此不好开口。但是，您在朝廷中威望极高，倘若您去劝说众臣，这事就好办了。到时候，太后欢喜，封您一个万户侯也是很自然的事。”

张释听完田生见解，既钦佩又赞同，便真的去游说群臣了。

吕雉后来分封诸吕一路顺利，可以说田生立了一大功。这之中，田生是关键人物，张释也是关键人物，朝廷中首席领导团队的四个成员，也是关键人物。

可见，在官场上混，让自己的权力更牢固，更坚实，并不一定要获得太多的支持，只要拥有几个关键的人物，把握住关键的机会，便可立于不败之地。

NO.3 政治联姻

话说张释听取了田生的建议，跑去做群臣的思想工作。工作还做得挺到位，于是，由他提议陈平、周勃、郦商、灌婴等一班元功老臣联合签名，请求封悼武王吕泽的长子吕台为吕王，并割齐国的济南郡为吕国，作为吕台的封地。

这个事自然让吕雉格外高兴，她奖励了张释一千斤黄金。

张释喝水不忘挖井人，他很感激田生给出了好点子，于是想把千斤黄金分一半给田生。

田生连连推辞，又给张释出主意说："吕台被封了王，一些朝臣肯定不服气。如今的营陵侯刘泽，在诸刘中辈分最长，先生如果能游说太后，分出十几个县来，让他也封王，大臣们怒气就可以平息。刘泽也会感激您，可谓一举两得。"

张释上次尝到了甜头，这次想也没想就去和吕雉谈了。刘泽的妻子是樊哙和吕媭的女儿，分封刘泽实际上也等于分封诸吕。吕雉当即就答应，封刘泽为琅琊王。

这天上掉下来馅儿饼，可把刘泽高兴坏了，马不停蹄去琅琊上任。

他这边刚一出关，吕雉就后悔了，急令使者去追回刘泽。

当时，吕雉封刘泽为琅琊王，纯属一时头脑发热，冷静下来仔细一想，无论怎么说，刘泽也属于刘家的人，琅琊王这个位置应该给吕家的人才对。

可是，吕雉派出的使者还是晚了一步，这时候，刘泽已经到了自己的封国。吕雉只好作罢，而她的妹妹吕媭也不是省油的灯，她的儿子樊伉是舞阳侯，现在她的女婿刘泽当上了琅琊王，加之她本人，一门三王侯，朝臣都惧她三分。

自封了刘泽为琅琊王后，吕氏的大批族人被封侯。

皇族派与外戚派便产生了矛盾，而且这种矛盾日益深刻，为了缓和这种矛盾，吕雉想出了一招：政治联姻。

要说在官场中，采用政治联姻的方式，达到个人的目的也不是个稀奇的事，在吕雉之前早有人这么干过，且收效不凡。但是，政治联姻并非是一味万能药。譬如吕雉下了这道药，就并没有见到奇效。

她本想通过政治大联姻，一方面稳定诸刘，一方面改变刘氏皇族的血统结构。如此一来，便可以逐渐扩张和巩固吕氏政权。但是，这个如意算盘，却没有让她如意。

首先，政治联姻是一种“拉郎配”式的婚姻，男女双方自然无真情可言，婚姻自然没有幸福。再则，吕家女儿脾气都挺大，嫁了皇族，脾气就更大了。另外，刘家诸侯王娶了吕家女儿，便会有多双眼睛监视他们，心里自然极不痛快。

就拿赵王刘友来说，他娶了吕氏族女为王后，但一点儿不喜欢自己的这位妻子。因为此女性情太烈，又仗着有娘家人撑腰，根本不把刘友放在眼里。

当年，赵王如意被吕雉谋害后，刘友便接替如意当了赵王，到现在已经有十几年了。刘友本人的脾气也不好，为人刚直，对于刁蛮的妻子他自然毫无感情，他与妻子只不过有一个夫妻的名分，他宠爱的是自己身边几个温顺可人的妃子。

这么一来，夫妻没法和睦，赵王后对那些妃子十分嫉妒，时常与刘友打闹。刘友却依然不管不顾，该享乐就享乐。

赵王后无计可施，就跑到太后吕雉那里去诉苦。

她对吕雉说，刘友对吕雉封王一直心怀不满，并常常说，太后百年之后，定要把吕氏王侯全部杀光，一个不留。

吕雉一听这话，立刻就坐不住了。这样大逆不道的话，是她心中最大的一个忌讳。于是，他立刻派遣使者前往赵国，召赵王来长安。

刘友到了长安，吕雉却不与他见面，只派武士把他送到行馆，并不准任何人来送饭。下了死命令：凡有胆敢给赵王送饮食者，一律治罪。

有些大胆的老臣，与刘友有些旧交情，不忍心看刘友挨饿，便偷偷派人送些食物去。吕雉得知以后，把送饭之人也一并打入牢狱。

刘友既饥饿，又悲哀，更愤慨，想自己堂堂一个皇子，居然落到连口饭都吃不上的地步。父亲刘邦打下的江山，如今全成了吕家人的天下。

越想越悲痛，到后来似乎也感觉不到饿了，刘友写了一首诗歌：

诸吕用事兮，刘氏微，
迫胁王侯兮，强授我妃。
我妃既妒兮，诬我以恶；

谗女乱国兮，上曾不寤。

我无忠臣兮，何故弃国？

快中野兮，苍天与直。

于嗟不可悔兮，宁早自贼！

为王饿死兮，谁者怜之？

吕氏绝理兮，托天报仇。

这首诗歌的大意是：刘家江山已经式微。吕后胁迫王侯，强授王后与我。这个王后又凶又妒，她用恶毒的语言诬陷于我，可是这个女人以谗言乱国，太后竟然执迷不悟，听之任之。我的冤屈向谁去诉说呢？吕家人做事太绝了，我死了做鬼也会找他们算账。

写完这首诗歌的几天后，刘友饿死了。守卫的士卒打开房门时，赵王刘友已经是一具僵尸。

但是，吕雉还不解恨，她下令不准以诸侯王的规格为刘友发丧，只将他像平民一样草草埋葬了事。

NO.4 勇气斗不过权势

刘友死了之后，赵王的位置空缺，由谁来继任这个位置呢？吕雉思量了很久，最终决定让梁王刘恢去赵国做赵王。

刘恢听到这个消息，心里很不乐意去赵国。但不乐意归不乐意，吕雉的诏令不能不从。

刘恢到了赵国，吕雉就把侄子吕产的女儿嫁给刘恢。吕产女儿带来的随从官员也个个都是姓吕。

这些官员到了赵国，飞扬跋扈，目中无人，想怎么擅权就怎么擅权，刘恢这个赵王只不过是个傀儡而已。

可想而知，刘恢与吕产女儿关系是相当恶劣的。而他的这个妻子与刘友的妻子一个德行，同样刁蛮心狠，而且更爱吃醋，她让自己的侍女时刻监视刘恢，不许其与别的女人有任何亲密接触。

刘恢曾经非常宠爱一个妃子，吕产女儿派人用毒酒鸩杀了这个宠妃。

宠妃之死对刘恢的打击非常大，他不分昼夜守护在宠妃的尸首旁，水米不进。

守护几日之后，刘恢感到无比绝望，用一条白绫自缢身亡了。

吕后听到刘恢自缢的消息，非常愤怒。

“堂堂一个赵王，居然为了一个妃子而自杀，有何资格配奉宗庙！”

于是，吕雉下令，刘恢的子嗣不得为赵王。

这样一来，赵王的位置又空缺了。

吕雉又思量了很久，想让代王刘恒去赵国做赵王。

刘恒眼见三位赵王都不得好死——如意被勒死，刘友被饿死，刘恢被逼自杀——哪里还敢去这是非之地？他给吕后写了一份“报告”，表示愿意为国长守边疆，这正是吕后所希望的。

吕雉趁机把她的侄子吕禄封为赵王。

吕雉忙着把吕氏家族的人封王，不知不觉中，一转眼，少帝刘恭已经八岁了。

八岁的刘恭，一天比一天懂事，小小少年，已经有了一些心事。他已经知道，自己并非张皇后亲生，他的亲生母亲已被太后吕雉给杀害了。

这个事情，让他失去了童年的欢乐。年少的他，对天发誓：长大以后，定要为母亲报仇。

如果这誓言只在心里打转便也罢了，要命的是，刘恭把这誓言变成口号，喊了出来，又被人听见，传到了吕雉的耳朵里。

虽是一句顽童不知天高地厚的愤愤之言，在吕雉听来，却是毛骨悚然，她感到一种危险在向她逼近。此时，吕雉动了废除少帝刘恭的念头。

此念一起，立刻行动。吕雉下令把刘恭监禁在永巷，限制他的行动。对外，则宣称皇帝重病在身，任何大臣都不许觐见。

接着，吕雉又宣布，皇帝重病，神志不清，恐怕已无法治理天下，祭嗣宗庙，为了国家着想，当从惠帝的儿子中找出一人来继任。

群臣没有一个敢提出反对意见。

于是，吕雉正式宣布废除刘恭的封号。之后，她又派人暗杀了刘恭，以绝后患。

再之后，吕雉又立恒山王刘朝为帝，更名为刘弘。

此时，吕雉已翻手为云，覆手为雨，废帝立帝轻松自如，更别说把吕氏之人封为诸侯王了。

吕雉大规模地分封诸吕，刘家的后人基本都很懦弱，无人敢跳出来反抗。这让吕雉很舒坦。

然而，荷花出水有高低，十根手指有长短，刘家人并不都是软骨头，还有一个骨头硬的人，此人便是刘章。

刘章是齐王刘肥的儿子。起初，吕雉还挺欣赏他，认为这个孩子有胆识，就安排他在宫中当了宿卫，又把吕禄之女许配与他为妻。

可是，刘章并不领情，因为吕氏一党的所作所为和目中无人，让他十分愤慨。

这一日，宫中举办酒会，吕雉命刘章做监酒官。这个职务就是负责维持宴会秩序。

刘章领命后，对吕雉说："臣是武将之后，太后让做监酒官，请让我以军法维持宴会的礼仪和秩序。"

吕雉还挺高兴，当即应允。

宴会开场，酒过三巡，吕氏中有个人喝得醉醺醺的，忽然想起家中有事，便趁众人不备，悄然离席而去。可是，他的行动，却被刘章看在眼里。

刘章也不动声色，只是提剑追去，疾步追上，砍掉其头颅。

须臾，刘章拎着血淋淋的人头回到席间，当众高声宣布："太后恩准，以军法监酒，此人擅自逃席，臣以军法将其斩首。"

众人惊惧，吕雉气得脸煞白，却说不出一句话来。她感到自己被刘章算计，这小子既有心计，又有勇气。把你气得牙疼，你还没法与他计较。

刘章演的这出好戏，给吕氏家族的人敲了一记警钟。让吕氏弄权者知道，刘氏之人并不全是孬种。

刘章的勇气让刘氏皇族和大臣们都很振奋，但勇气归勇气，振奋归振奋，如今的汉朝天下，全国三十八个郡，一大半被吕氏王侯占去。短短几年时间，刘邦的八个儿子，只剩下代王刘恒、淮南王刘长两人。而惠帝的遗孤们，也只能苟延残喘地活着。

勇气是斗不过权势的，要压倒诸吕，除非吕雉先死去。

NO.5 先下手为强

就在很多刘家人希望吕雉早死的时候，吕雉病倒了。她病倒的这一天是上巳节。

这个节日，在先秦时期就有了。在这一天，人们要到有水的地方祈福，免除灾祸。在民间，这一天又是男女自由相会的节日。因而，这是一个隆重而喜庆的节日。民间和宫廷都很重视。

吕雉在这一天去往长安郊外的水滨祈福。在回宫的途中，身体感到不适，她的腋下像火烧一般的疼，伸手一摸，有一个肿块。叫御医来看，御医煎了些药，让她喝下，过了几天，没见一点儿起色。

旁人怎么也想不通，上巳节本是去招福的，哪知福未招来，却招来了祸。

吕雉自己也感觉自己的病情日益加重，食量也一天天锐减，人消瘦得不成形。

眼看病情恶化，吕雉的妹妹吕媭时刻守护在她身旁。另外还有一个守护者，就是大谒者张释。除这二人之外，无人能接近吕雉寝宫。

作为女流之辈，吕媭也不是一盏省油的灯，趁吕雉病危之际，她索性包揽了内宫的一切事宜。而张释此时也耀武扬威起来，自吕雉病重，他已被封为建陵侯。他本是宦官，却被封为侯，这是汉代历史上的一个开端。

一般来说，人祸在前，天灾必然在后。就在吕雉病重的这一年夏天，长江和汉水洪水泛滥，两河流域的村庄、良田被淹成了一片泽国，百姓淹死无数。

没有人把这个消息上报给吕雉，因为上报了也无济于事，吕雉已没有心力去关心任何国家大事了，她已经一步步走向了生命的尽头。

与吕家最亲近的是女婿张敖一族，鲁元公主病逝后，她的儿子张偃被封为鲁王，第四个年头上张敖死了，追谥为鲁元王，张敖在娶鲁元公主之前，与姬妾生过两个儿子，一个名张侈，一个名张寿，都已经十五六岁了，对鲁王张偃很友好，吕后也很喜欢这两个孩子，想到鲁王日后也需要这两个异母兄长的扶助，趁自己还有口气，不能留下任何遗憾，于是下诏封张侈为新都侯，封张寿为乐昌侯。

又强撑了几个月，吕雉在弥留之际，发出她最后的一道诏令：任命吕产为相国，任吕禄之女为少帝皇后，任审食其为少帝太傅。这道诏令，吕雉是经过深思熟虑的，她死之后，朝廷的大权必须在第一时间移交给自己人，而这个人非吕产莫属。至于审食其，此刻在相位上干得不错，而一旦吕雉死后，他必然成为众矢之的，如改任太傅，或许可以得以保全。

交代完后事，吕雉闭上眼，当晚驾崩于未央宫。

吕雉的丧事，由陈平、周勃、审食其等三人操办。吕产和吕禄则遵照吕雉的遗嘱，把南北禁卫军团牢牢掌握在手中。

此时此刻，吕产和吕禄来不及悲伤，他们更多的是紧张，一旦有什么风吹草动，他们会当即举兵自保。这一点，也是吕雉交代给他们的。

宫里的气氛异常紧张，就像开弓的弦一样绷着，仿佛随时会断裂。

南北禁卫军团虽被吕产和吕禄掌握在手中，但是刘氏方面也组合了一支强大的军事武装力量，这就是以刘姓诸侯王为首的郡国军队。这支军队由楚王刘交、齐王刘襄、淮阳王刘强等人掌握。这支郡国军队，兵种很齐全，有步兵、骑士、轻车、楼船等多个兵种。其中，步兵的装备是最为精良和完善的，人数也是最多的。

吕产和吕禄虽然掌握了南北禁卫军团，但是这两个人根本没有带兵打仗的经验。而郡国军队中，有周勃、灌婴等名将，他们都是身经百战的老手，吕产和吕禄完全不是对手。

关于这一点，皇族派是很清楚的。因此，他们决定先下手为强！

首先发难的是朱虚侯刘章。当他识破吕产、吕禄伺机举兵的阴谋，便立刻派人同自己的哥哥齐王刘襄联系，发兵西征。

刘襄本人并不聪明，但他有一个足智多谋的舅舅，名唤驷钧。

出兵之前，驷钧给外甥刘襄分析天下大势，并向刘襄建议，以维护当年刘邦与众诸侯提出的“白马之盟”为旗号，号召天下，共同讨伐诸吕。

与此同时，刘章与东牟侯刘兴居，在京城联络宗室和权臣，他们打的主意是，让太尉周勃、丞相陈平作为内应，共同诛灭诸吕。事成之后，他们想拥戴刘襄为帝。

这样一来，齐王刘襄的信心更足了，劲头也更足了。他决定立即起兵。然而，就在他即将起兵的时候，却遭到了一个人的阻拦。

NO.6 尔虞我诈

阻拦刘襄起兵的人，是齐国的丞相召平。

召平得知刘襄欲出兵讨伐诸吕后，认为不可行，便率先下手，派军队包围了齐王宫。

中尉魏勃力挺召平的行为，他对召平说，齐王发兵，却没有调兵的虎符。丞相包围王宫，是正义之为。

说完，魏勃又信誓旦旦地请求，愿意作为先锋，率军在前线监督齐王。

召平自然很高兴，对魏勃充满感激和信任。于是，便将包围王宫的部队统帅权交给了魏勃。

哪知道，这是魏勃设的一个圈套。他掌握了统帅权后，立刻就把包围王宫的军队调走，调到了丞相府，反把丞相府死死围住。

召平这才知道上当，他派兵围困王宫，是大逆不道之举，此刻自己被围，必死无疑。于是，召平含恨自杀。

召平死后，刘襄委任驷钧为丞相，魏勃为将军，集结了国内的全部军队，发兵西征，讨伐诸吕。

在诸侯王中，齐国的军队原本是最强悍的。但是，由于吕雉生前割去齐国的四个郡，齐国的军事实力被削弱了不少。

因此，刘襄在出兵的时候，有一个很大的担心。因为在齐国的西面，是琅琊王刘泽的封国。刘泽是吕家的女婿，也是刘氏宗亲中，非常亲近吕氏的一派。

刘襄担心，他倾其全国军队出兵，刘泽会从西面袭击齐国。

驷钧看出外甥刘襄的担心，便想出一个主意，他让刘襄派内史祝午前去忽悠刘泽，就说齐王想发兵讨伐诸吕，但经验缺乏，年纪又轻，愿意将军权交给刘泽，只有刘泽在高祖皇帝时期就任将军，作战经验极丰富，恳请刘泽到齐国的都城临淄共商讨伐之事。

这话一听就是圈套，任何一个国家都不会轻易将自己的军权交给别国的大王。

然而，刘泽却当即就相信了，他答应与祝午一起去往临淄。

刘泽自以为自己在刘氏一党中，年龄最大，辈分最高，刘襄把齐国的军队交给他，似乎是理所当然的事。不得不说，单纯的刘泽，尽管年纪一大把了，心智却还很傻很天真。

话说刘泽随祝午到了临淄。他刚一下车驾，就被一群军士抓了起来，软禁在临淄。无奈之下，刘泽只好将自己本国的兵权交给祝午，编入齐军。

即便如此，刘襄也没有放他回国的意思。

刘泽十分惶恐，他担心刘襄会杀了他，于是讨饶说："大王是高皇帝的嫡系长孙，确实应该继立为皇帝。但现在京师的大臣公卿们想法不统一。我在刘氏宗室中辈分最高，不如由我出面去劝说、调和或许可帮大王成就一番伟业。"

听了刘泽这一番话，刘襄觉得有些道理，于是就给刘泽备了马车，让其赶赴关中。

刘泽前脚走，刘襄紧跟着就发兵西征。并向各路诸侯发了讨伐诸吕罪行的檄文。在檄文中，刘襄自称"寡人"。

很明显，此时刘襄摆出了急欲称帝的架势。

楚王刘交首先响应了刘襄。刘交在刘氏诸王中很有实力，他一响应，其他的刘氏诸王便纷纷跳了出来。

吕产和吕禄得知此消息后，十分惊慌。吕产立即派遣灌婴前往荥阳，组织部队抗击郡国军队。

可是，灌婴打了荥阳后，并没有一味遵从吕产的号令，而是先与众将商议，听取大家的意见后，才作决断。

大多将领都认为，如果帮助吕产和吕禄去打击郡国兵团，实际的结果是助长了吕氏一族的声势，这样的话，刘氏朝廷就会有更大的压力。

灌婴听从了众将的意见，并不发兵去抗击郡国兵团，而是派遣使者去找齐王刘襄，让其静观其变，在最合适时机出击，一同剿灭吕氏一党。

刘襄很高兴，遵照灌婴的安排，下令部队驻守在齐国边界，既不进攻，也不收兵。

相持不战的局面让吕产和吕禄不知如何是好，他们手里的重兵就像超级富豪在银行里的存款，只是一个庞大的数字，并没有什么实际的意义。而且，他们还没有指挥权，真正的指挥权在老将郦商手里。

郦商究竟是什么样的人呢？吕产和吕禄一直没看透。

NO.7 绑架平乱

郦商，原是高阳人。陈胜起义时，他率领数千人归附刘邦，在后来的战争中屡建奇功。刘邦建国后，封赏元老功臣十八人，郦商位居第六，其地位在韩信、王陵、灌婴之上。

可是，谁也没想到，建国后，郦商和吕雉走得很近，他帮助吕雉做不了少事，化解不少危机。他的儿子郦寄与吕禄甚至以兄弟相称。

现在，郦商在家养病，但身体虚弱的他，仍然掌控着南北军的指挥权。

陈平和周勃知道了这个情况后，决定绑架郦商。一旦困住了郦商，南北禁军便群龙无首了。

郦寄听说父亲被绑架后，就跑去找吕禄和吕产，游说他交出兵权，以救其父的性命。

吕禄和吕产是两个窝囊废。面对目前这外有重兵压境、内有皇族派和功臣派联合的局面，他们是六神无主，被郦寄一番劝说后，想来想去，觉得不如交出兵权，做个无事一身轻的自在王算了。

吕媭得知吕禄和吕产交出了兵权，气得哀叹：“吕家的气数尽了！”

吕产交出兵权后，约御史大夫曹窋到自己的府邸来商议，问问自弃军权后是否可以回梁国。

俩人刚一坐下，朗中令贾寿来了。贾寿是吕产的亲信，刚刚出使齐国回来。

于是，吕产拉他一块儿讨论。

贾寿说：“现在赴梁就国，为时已晚了。”

吕产吃了一惊，又问：“为何晚了？”

贾寿说，灌婴已联合齐、楚两国的郡国集团军，很快就要反攻长安，你想走是走不成了，吕产不知如何是好。

贾寿便给他出了一个主意——让吕产赶快去未央宫，把皇帝绑架了，挟天子以令诸侯。

吕产立即依计行事。哪知道，他和贾寿一出门，御史大夫曹窋就把这一情况报告给了陈平和周勃。

陈平和周勃认为，吕产离开了南军，吕禄却不知道贾寿带回的情报，此刻恰好可以钻个空子，把北禁卫军控制起来。

可是，周勃虽官居太尉，却无兵权，若要控制北军，首先必须要有皇帝签发的印信。

此时，掌握皇帝印信的机要员是襄平侯纪通。此人的父亲是纪信，在楚汉战争时为掩护刘邦而牺牲。因此，纪通是值得信任的。

于是，周勃让纪通签发了一道假符节，让郦寄去游说吕禄。

吕禄自然很相信郦寄，马上就交出了兵权，离开了北军。

周勃得以进入北军，掌握了北军的指挥权。

而对付吕产的事，就由陈平去安排。陈平召见朱虚侯刘章，让他协助周勃，监守军门。

同时，陈平又让御史大夫曹窋，抢在吕产之前在宫门布防，不让吕产进宫。

果不其然，吕产、贾寿来到未央宫大门口，便被宿卫拦住，双方形成了僵持状态。

此时，刘章率一千余骑兵杀到，一到未央宫门口，刘章便下令捉拿吕产。

军士们蜂拥而上，贾寿拉起吕产就往郎中府里跑，却没有逃脱追击。最后，吕产藏到了郎中府厕所里，被军士逮住，当场杀死。

少帝刘弘在宫里被困许久，侍奉他的审食其得知吕产已死，知道吕氏大势已去，就乖乖拿了皇帝的符节出宫来慰问刘章。

刘章干脆绑架了使者，夺了符节，直入长乐宫。

长乐宫的警卫总长，名唤吕更始，是吕党中一个元老级的人物。刘章自然不会放过他，下令将其诛杀。

翌日，吕禄也被斩杀，吕媭则被人用乱棍活活打死，她的儿子舞阳侯樊伉和一家老少男女，全被杀光。

自此，诸吕之乱平定。

诸吕之乱平定后，周勃、陈平、灌婴商议重建汉朝政权之事。

众所周知，刘弘并非是惠帝的儿子，是吕雉弄来顶替的，他的身份显然不合法。可是，废掉了刘弘，刘氏诸王中谁能可以继承皇位呢？

第一人选，自然是齐王刘襄。理由很充足：刘襄是齐悼王刘肥的嫡子，而刘肥是刘邦的庶长子，其身份是合法的。

然而，此时刘泽却跳出来反对，他的理由是，齐王刘襄的舅舅驷钧，也是一个恶人，比吕党更可怕，若立齐王为帝，吕党祸国的惨剧必会重演。

刘泽为什么要反对立刘襄，最直接的原因就是他让刘襄给骗去了军队和封疆，心里正窝着火呢。他在刘家宗室辈分高，说话占位置。他这一反对，别的大臣也不好再坚持了。

就这样，刘襄被否决了。

接着，有人提议立淮南王刘长为帝。

可是，又有反对者提出，刘长尚未成年。于是，刘长也被否决了。

最后，有人提议了代王刘恒。

刘恒乃刘邦的第四个儿子，他的母亲便是薄姬。

薄氏一族在外戚中最守本分，这一点，让老臣们很看重。

于是，拥立刘恒的提议终于一致通过了。

刘恒即汉文帝，汉朝历史中，最为明朗、辉煌的一幕——“文景之治”即将上演。